权威·前沿·原创

皮书系列为
“十二五”“十三五”国家重点图书出版规划项目

智库成果出版与传播平台

四川社会发展报告（2020）

ANNUAL REPORT ON SOCIAL DEVELOPMENT OF SICHUAN (2020)

——城乡基层治理

主　编／黄　进
副主编／刘　伟

社会科学文献出版社
SOCIAL SCIENCES ACADEMIC PRESS (CHINA)

图书在版编目(CIP)数据

四川社会发展报告：城乡基层治理．2020／黄进主编．－－北京：社会科学文献出版社，2020.11
（四川蓝皮书）
ISBN 978－7－5201－7338－4

Ⅰ．①四…　Ⅱ．①黄…　Ⅲ．①社会发展－研究报告－四川－2020　Ⅳ．①D677.1

中国版本图书馆CIP数据核字（2020）第180482号

四川蓝皮书
四川社会发展报告（2020）
——城乡基层治理

主　　编／黄　进
副 主 编／刘　伟

出 版 人／王利民
责任编辑／吴　敏
文稿编辑／王　展

出　　版／社会科学文献出版社·皮书出版分社（010）59367127
　　　　　地址：北京市北三环中路甲29号院华龙大厦　邮编：100029
　　　　　网址：www.ssap.com.cn
发　　行／市场营销中心（010）59367081　59367083
印　　装／天津千鹤文化传播有限公司

规　　格／开　本：787mm×1092mm　1/16
　　　　　印　张：16.5　字　数：245千字
版　　次／2020年11月第1版　2020年11月第1次印刷
书　　号／ISBN 978－7－5201－7338－4
定　　价／128.00元

本书如有印装质量问题，请与读者服务中心（010－59367028）联系

主要编撰者简介

黄 进 法学博士，研究员，现任四川省社会科学院社会发展与公共政策研究中心主任、社会治理学科建设首席专家，四川省有突出贡献的优秀专家，四川省先进工作者，主要从事社会政策和社会治理研究。兼任四川省社会学学会会长、四川省政府推进职能转变协调小组专家、“四川省灾后恢复重建专家服务团”成员。近年来，主持国家社会科学基金课题2项，作为骨干参与国家社会科学基金课题3项，主持省部级课题12项。合作出版《新形势下农民工社会政策研究》《社会协商论》《重大危机应对》等学术专著4部，发表论文30余篇。国家社会科学基金课题成果曾被全国社科规划办成果要报采用。获得四川省委、省政府领导批示的研究报告（含对策建议）18件，其中6件被时任省委书记批示。获得省部级社会科学优秀成果一等奖1项、二等奖4项。

刘 伟 副研究员，博士研究生，四川省社会科学院社会发展与公共政策研究中心副主任，研究兴趣集中在城乡基层治理、民族问题研究。近5年，主持国家社会科学基金课题1项，主研国家社会科学基金重点课题1项，主研国家社会科学基金一般项目3项，主持省部级科研项目3项（含成都市哲社规划项目1项）。出版学术专著《四川城市流动劳动力的城市适应研究》。主持和主研各级各类横向课题若干。曾获中国社会学会2015年全国学术年会优秀论文一等奖、中国社会学会2018年全国学术年会优秀论文二等奖、全国首届社科青年论坛优秀论文一等奖等荣誉。近5年，发表各级期刊论文十余篇，参与撰写的对策建议被省委常委以上领导正向批示8件。

摘 要

《四川社会发展报告（2020）——城乡基层治理》是四川省社会科学院社会学研究所主持编撰的年度报告，四川省社会科学院、四川省民政厅、成都市委组织部的相关领导对本书的调研、基础资料供给和写作给予了大力指导和帮助。本年度，报告的主题聚焦城乡基层治理。

全书分为四个部分。

第一部分为总报告，分为四川省社会建设成就与发展总体形势，面临的机遇、挑战与对策建议五个部分。总报告首先梳理了 2019 年四川省在政府机构改革、乡镇行政区划调整、构建基层治理新格局、持续改善民生、深度贫困地区的脱贫攻坚和九寨沟灾后重建等六大方面的社会建设成就。数据表明，2019 年四川省公共服务更加公开透明、人居环境明显改善、老年服务供给更加多元、社会救助更加全面，社会建设水平持续上升，社会发展形势总体平稳、健康。总报告同时指出 2020 年是四川决胜全面建成小康社会和决战脱贫攻坚的“双决”之年，亦是“十三五”规划收官之年，重点在补齐“三农”工作短板和打赢脱贫攻坚战。四川在把握全面建成小康社会、社会治理空间拓展、乡村治理重大发展和社会治理能力提升等诸多机遇的同时，也面临新冠肺炎疫情带来的经济短期下行和民生保障问题，以及省内城乡社区发育程度参差不齐、凉山州剩余 7 个贫困县脱贫难度较大、应对重大突发公共卫生事件能力不足等挑战。总报告同时有针对性地给出了相应的对策建议。

第二部分为主题报告篇，根据治理体系的不同结构性位置，选择了四篇研究报告作为主题报告，分别为代表城乡基层治理总体性机制的《城乡基层治理机制：成都市 2019 年“一核三治，共建共治共享”现状报告》，代表城乡基层治理重要社会力量的《2019～2020年四川省社会组织发展和管理现状调研报告》，代表城市最基层的组织化关系重建的《基层治理体系中的邻里关系重塑——基于成都市温江区经验》，代表乡村治理现状的《2020年四川乡村基层治理现状及形势预测》等。

第三部分为专题调查篇。针对四川省城乡基层治理的基本省情，我们特别挑选了四篇代表城乡基层治理领域不同面向的调查报告，分别为代表西部城乡基层典型弱势群体的《2019～2020年四川省农村留守儿童生存状况及治理研究》，代表城乡基层治理核心队伍的《2019～2020年四川省社会工作者发展专项报告》，代表未来城乡基层治理发展趋势的《四川省智慧社区发展专项报告》等。

第四部分为典型案例篇，收录了四川省四个区县城乡基层治理的典型案例。

2020年度，报告的研究方法依然坚持实证研究的基本取向，研究资料力图客观、全面、权威，能有效反映四川省的基本状况。在四川省各级民政部门、成都市及相关区两级组织部门的帮助下，本书作者先后在全省开展了深度田野调查与问卷调查，收集了大量宝贵的一手资料。本书内容翔实，从不同角度呈现四川城乡基层治理的不同面向，具有较强的参考和借鉴价值。

关键词： 四川省　基层治理　社会发展　社会建设

目 录

Ⅰ 总报告

Ⅱ 主题报告篇

Ⅲ 专题调查篇

Ⅳ 典型案例篇

皮书数据库阅读**使用指南**

总 报 告

General Report

B.1 2019～2020年四川省社会建设与社会发展的现状及趋势

黄 进 陈 序*

摘　要： 2019年四川省在社会建设方面聚焦政府机构改革、乡镇行政区划调整、基层治理新格局构建、民生持续改善、深度贫困地区的脱贫攻坚和九寨沟灾后重建，成就显著。公共服务更加公开透明，人居环境明显改善，老年服务供给更加多元，社会救助更加全面，可以说社会建设水平持续上升，社会发展形势总体平稳、健康。

关键词： 社会建设　社会发展　社会治理　四川

* 黄进，博士，四川省社会科学院社会发展与公共政策研究中心主任、研究员，研究方向为社会政策和社会治理；陈序，四川省社会科学院社会学研究所助理研究员，研究方向为社会治理。

一 2019年四川省社会建设成就

完善社会治理、提高民生保障水平是四川省社会建设两大任务，二者相互促进、协同发展。政府、社会和市场是社会建设最重要的三股力量，政府是社会建设的主导力量，发挥引领统筹作用；社会是多元力量参与社会建设的载体，发挥着基础性作用；市场是社会建设的重要协作者，发挥着提升效率的作用。社会建设的目标是形成政府、社会和市场良性互动的社会治理格局，提升公共服务水平，维护社会公平正义。2019 年，四川省重点围绕政府机构改革、乡镇行政区划调整、构建基层治理新格局、继续改善保障民生、九寨沟灾后重建、深度贫困地区的脱贫攻坚等重大任务开展社会建设，社会建设水平保持上升趋势。

（一）社会治理格局优化

1. 完成政府机构改革

政府机构改革是政府加强自身能力建设、提高政府治理能力的重要手段。2019 年，四川省政府机构改革如期完成。本轮机构改革以“坚持对标中央，结合省内实际”为原则，目的是促进政府治理能力现代化，实现社会经济可持续发展；重点是优化社会治理体系、改善民生。改革后的政府治理体系更加完善，解决了部分职能重叠问题；继续简政放权，赋予基层更多权限；成立弱势群体服务机构，政府职能继续转变，治理能力升级。

完善政府治理体系是提高政府治理能力的基础。在本次改革中，四川省从优化机构设置和职能配置开始，在省本级保留原办公厅、民政厅、人力资源和社会保障厅等 14 个组成部门以及省体育局等 7 个直属机构，新组建了四川省农业农村厅、四川省卫生健康委员会等 8 个部门和医疗保障局等 5 个直属机构。下属 21 个市州除因地制宜设置的必要机构外，与中央和省级机构对接。据统计，改革后省级层面与中央部门完全对应、基本对应的党政机构共有 43 个，占机构总数的 72%，保证了中央和地方的高度统一，让地方能够准确、有效、严格地执行党和国家的方针政策、法律法规，使政府治理体系得到优化。此外，四川省各级政府机构相应减少，其中，省本级政府机构43个，比改革前减少2个；成都市政府机构40个，乐山市37个，泸州市、达州市各36个，德阳市35个，绵阳市、自贡市、资阳市、南充市、攀枝花市和凉山彝族自治州各34个，眉山市、宜宾市、内江市、巴中市和阿坝藏族羌族自治州各33个，雅安市、广元市和甘孜藏族自治州各32个，广汉市28个，广安市27个，成都市以外的20个市州政府机构数量均没有超过37个，实现机构精简。

改革解决了部分职能交叉问题。改革后省内绝大部分县（市、区）新建或组建了集中负责本级政府行政许可事项的部门和市场监督管理局，分别在市场监管领域、生态环境保护领域、文化市场领域、交通运输领域和农业领域组建了综合执法队伍，承担行政区划内行政审批工作和食品、药品等产品质量安全监督管理工作，进一步厘清了部门职责边界，理顺了部门关系，真正落实“一枚印章管审批”“一支队伍管执法”，减少过往机构职能重叠、边界不清带来的行政成本增加、效率低下和利益博弈等问题。加大政事分开力度，取消下放事业单位的行政职权，原事业单位承担的行政职能全部划归职能部门，除法律明确规定外不再保留或新设承担行政职能的事业单位。改革期间省级机构总计转隶职责165项，划转行政编制553名，转隶和划转事业编制的单位37个，划转事业编制1800余名①。

基层政府直面社会和企业。下放权力是增强基层政府社会治理能力的关键。改革期间，四川省继续推进简政放权工作，在省内所有街道、乡镇建立统一的便民服务中心，把县（市、区）政务服务人员、资源、权限下沉到基层，明确审批事项、市场监管和综合执法等政策执行标准、流程和政务公开内容，保证人员、权力匹配到位，实现居民、企业办事不出社区、街道（乡镇）。通过便民服务中心，居民、企业可以查询办理税务、房管、社保、交通违规和签证等各项业务，还可以“一站式”完成餐饮服务许可、食品

① 《四川省级机构改革转隶职责165项》，四川省人民政府网站，2019年3月14日。

流通许可证等申报工作，减少审批麻烦和审批时间。便民服务中心的设立最大限度地方便了居民和企业。依托互联网技术，便民服务中心提高服务智能化程度，突破了政务服务的时空限制，使居民、企业满意度上升。

重视弱势群体帮扶。四川省为劳务输出大省，农民工数量多。通过本轮机构改革，四川省专门针对眉山市仁寿县、达州市大竹县等人口在80万以上的大县（市、区）统一设置了农民工服务中心，解决农民工实际困难，为农民工提供职业技能培训、创业引导、权益保障等专业化服务。目前省内农民工服务中心数量已经达到64个，服务覆盖1500万农民工。自精准扶贫以来，四川省在脱贫攻坚工作方面取得突出成绩，但仍然面临严峻的脱贫形势。此次改革将扶贫移民局更名为扶贫开发局，表明了政府部门继续巩固脱贫成效、建立稳定脱贫长效机制、强化深度贫困地区治理的决心。

2. 调整乡镇行政区划

行政区划虽然不是影响社会建设水平的决定性因素，却是社会政策资源、公共服务资源和市场资源落地的空间基础，行政区划的数量、规模、人口密度、经济实力直接影响行政区域内公共服务水平和社会治理水平，过大、过小、过强、过弱都会制约社会建设效能的发挥。必须探索科学的行政区划规律。乡镇建制是基层行政区划的组成部分。改革开放后四川省进行过多次行政区划调整，乡镇数量（不含街道办事处）已经从1999年的5025个减少到2018年的4259个，减少了766个，减少幅度为15.24%，但仍然高居全国第一，是第二位河南省乡镇建制数量（1791个）的2.4倍①，与四川省面积、人口与经济在全国的排名不协调。近年来，四川省乡镇数量过多的弊端日益凸显，增加了政府运行成本，制约了经济聚集效应的发挥，制约了农村社会治理和公共服务水平的提高。

2019年，《中共四川省委四川省人民政府关于推动县域经济高质量发展的指导意见》（以下简称《指导意见》）出台，为四川省乡镇行政区划调整

① 参见《四川省统计年鉴2000》《中国统计年鉴2019》。

指明了方向。依据《指导意见》，四川省把调整乡镇行政区划、优化乡镇规模结构、打造中心镇和特色小（城）镇作为推动县域经济高质量发展的主要路径，通过撤乡设镇、乡镇撤并、村居撤并，推动城乡要素自由流动，公共资源合理配置，城镇基础设施、公共服务向农村延伸。按照要求，本轮乡镇行政区划调整将在2年内完成，这将是四川省行政区划调整历史中规模最大、范围最广、触及利益最深的一次调整，完成后四川省乡镇建制数量减少约30%，将形成四川省农村基层治理的基本框架。从省内各市州召开的乡镇行政区划调整会议、制定的实施方案和乡镇行政区划调整成果来看，不同市州调整乡镇区划标准不同。

在经济条件较好的市州，调整乡镇区划标准有三条。一是以产业为载体，统筹主城区产业特色和功能布局，促进人口和资源向产业优势区域集聚流动，形成与主体功能区战略和产业功能区建设相适应的空间布局、管理架构和运行机制，创新“管委会＋专业化运营企业”基层治理运行机制，达到经济发展和社会治理的双赢。二是以特色为载体，依据不同乡镇的特色和差异，采取“特色镇＋林盘＋农业园区（景区、产业园）”等多种模式，打造一批功能复合、连城带村的特色镇。三是以治理为载体，围绕乡村治理和服务水平提升，拆分、合并人口过多或过少的乡镇，大并小、强并弱，推动形成与超大城市相适应的现代治理体系和治理能力。

发展较为一般的市州，采取了临县乡镇向县城集中、弱乡镇向强乡镇集中、偏远乡镇向中心镇集中、交通不便乡镇向交通发达乡镇集中、一般乡镇向有特色乡镇集中的策略，优化乡镇布局。四川省人民政府已经批复省内大多数市州的乡镇行政区划调整计划，各市州乡镇行政区划调整工作陆续完成。

在乡镇行政区划调整的同时，各市州政府还注意优化职能配置、增强公共服务能力，提升基层治理效能，建立健全协同高效的乡镇工作运行机制、增加财政投入机制和配套支持政策，优化教育、医疗、养老、文化等公共服务资源布局，健全服务惠民机制，使乡镇成为服务“三农”的基地，让群众享受到实实在在的改革红利。

3. 构建基层治理新格局

2019 年，四川省在创新城乡基层治理制度方面取得重大突破，其标志是 2019 年 12 月 6 日出台了《中共四川省委关于深入贯彻党的十九届四中全会精神推进城乡基层治理制度创新和能力建设的决定》（以下简称《城乡基层治理决定》）。该文件是为深入贯彻落实中共十九届四中全会精神，结合四川实际省情进一步夯实坚持和完善中国特色社会主义制度、推进国家治理体系和治理能力现代化的基层基础，就城乡基层治理做出的重大决议。

四川省面积较大，人口众多，是经济大省、农业大省，有平原、丘陵、山区和高原，产业形态多样，发展不充分不均衡的特点十分突出，人均 GDP 在全国大约排第 20 位。四川省既有经济发达、坐拥成都这样的超大城市的成都平原经济圈，也有发展差异明显、类型多样的广袤乡村，拥有 5800 多万农村人口，还有全国最大的彝族聚居区、全国第二大高原藏区和全国唯一的羌族聚居区，一共有 4600 多个乡镇（街道）、近 6 万个村（社区），因此基层治理的任务十分繁重。《城乡基层治理决定》既是对四川基层治理经验的总结，也是对未来 15 年基层治理的谋划。这次四川省委把城乡基层治理制度创新和能力建设作为全局性、基础性、紧迫性的治理问题，顺应了发展趋势和时代潮流，试图以此为突破口，解决基层治理的体制性障碍、机制性梗阻和政策性问题。

2020 年 1 月，四川省根据《城乡基层治理决定》成立了省委基层治理委员会，负责全省城乡基层治理的牵头统筹、组织协调、督导落实等。省委基层治理委员会设主任 1 人，由省委常委、组织部部长担任；设副主任 4 人，由省政府相关领导同志担任；设委员若干人，由省直相关部门（单位）负责同志担任。市县党委也相应成立领导机构，明确城乡基层治理的职能，具备条件的市县在机构限额内单设了城乡基层治理工作机构（例如成都市单独设立了城乡社区发展治理委员会）。

继乡镇行政区划调整后，四川将进行村级（包括行政村、社区）建制调整。当前四川省村级建制数量居全国第 2 位，存在“村庄密集化、干部老龄化、产业低端化、运行低效化”等突出问题，基层党组织战斗堡垒作用不强、乡村振兴内生动力不足、基层治理水平不高①。在综合考虑地理区位、交通条件、历史沿革、发展水平、产业功能等因素的基础上，四川省按照平原村、丘陵村、山地村、地广人稀村等不同类型，科学制定行政村和社区的人口规模和辖区面积的参考标准，较大幅度地减少全省村级建制数量，培育一批中心村、重点村和特色村。同时，把村级建制调整与乡村治理结合起来，规范村级组织工作事务，解决权责不对称、检查考核多等问题，切实减轻村级组织负担，增强服务群众功能。② 这样四川省从省到市州、县乡和村（社区），明确了治理权限，加强了治理权能，理顺了部门关系，构建了城乡基层治理的新格局。

四川省着力加强社区党建工作。城市社区在基层党组织领导下，加强小区党组织建设，理顺社区党组织、小区党组织和居民委员会、物业委员会、物业服务企业之间的关系，扩展党组织覆盖范围。已有多个社区着重探索党建引领的社区治理模式，如小区微治理模式、社区分类治理模式。在农村社区中加强党建就是要理顺社区党组织与村集体经济组织、专业合作社、民间组织之间的关系。2019 年四川省农村社区在乡村振兴、垃圾分类等具体工作中坚持党建引领，取得显著成效。

四川省强调坚持政府主导，在乡镇（街道）行政区划下，围绕政府职能转变，针对新的服务载体、服务内容，厘清权责边界，深化管理体制改革，优化机构设置，逐步剥离街道招商引资、税收等经济职能，让街道专注党建、治理和服务工作。2019 年，成都市武侯区、邛崃市、彭州市等多个区（市）试点了街道职能转变工作，制定街道权责清单，建立街道职责准入制度。

四川省不断深化居民自治，建立社区工作备案制度，杜绝各级政府随意给社区指派任务，让社区回归服务居民的本职工作。确实需要社区协助的事项必须经过县（市、区）党委审核，并配备经费和办公条件。2019 年省内

① 《四方面发力　做好“后半篇”文章》，《四川日报》2019 年 12 月 8 日。

② 《优化乡镇区划设置和村级建制》，《四川日报》2019 年 12 月 19 日。

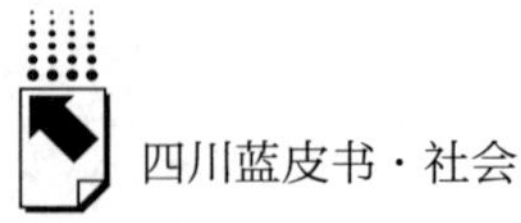

多个市州的部分社区开始落实社区事务准入制度，对社区工作内容进行清理，取消不符合要求的工作事项。

四川省继续增强社会协同，把发展社会企业、开发公益项目、政府购买服务作为社会协同发展的新方向。2018 年成都市率先认定了 12 家社会企业，涉及农村发展、社区服务、青少年儿童教育、生态保护等不同领域。2019 年有 40 余家社会企业在成都市政府各部门的主导下参与了社区对接会，开始发挥作用。

（二）民生保障坚强有力

2019 年四川省民生支出预算占一般公共预算支出的比重为 65.1%，与 2012 年以后预算支出占比基本保持一致①。减免非民族地区幼儿保教费、绿色惠民殡葬政策和彝家新寨等 30 项民生实事是 2019 年突出办好的民生大事，实际使用资金 982.4 亿元，占各级财政资金预算总额 817.69 亿元的 120.1%，多项民生实事超额完成目标②。2019 年上半年四川省物价水平保持平稳，下半年受猪肉及相关农产品价格上涨影响，物价水平上涨较为明显，2019 年居民消费价格指数涨幅为 3.19%，比 2018 年扩大 1.5 个百分点，打破2014～2018 年涨幅 2% 以下的平稳状态，略超过 3% 的调控目标，尚在可控范围。

1. 教育事业平稳发展

教育是社会进步的阶梯。四川省继续加大教育事业投入力度，在许多省级部门财政预算只减不增的情况下，2019 年省级教育预算比 2018 年增加近 15 亿元，总经费投入超过 2280 亿元。截至 2019 年末，四川省共有各级各类学校 2.5 万所、在校生 1593.1 万人、教职工 112.5 万人，其中专任教师 91.9 万人。无论是学校总量、教职工总数还是各种类型学校的招生人数、

① 《四川省第十三届人民代表大会预算委员会　关于四川省 2018 年预算执行情况和 2019 年预算草案的审查结果报告》，《四川日报》2020 年 1 月 29 日。

② 《2019 年 30 件民生实事全面完成　超六成超额完成年度目标》，四川省人民政府网站，2020 年 1 月 21 日。

在校生人数在 2017～2019 年都没有大的变化（见图 1、表 1），这表明四川省的学校教育发展进入一个相对平稳的阶段。四川省已经成为教育大省，学前三年、小学、初中、高中（毛）入学（园）率分别达到 84.64%、99.92%、99.64%、92.71%，均超过全国平均水平；高等教育毛入学率达到 45.4%，步入大众化阶段①。另外还有职业技术培训机构 4158 家，职业技术培训注册学员 202.1 万人次。

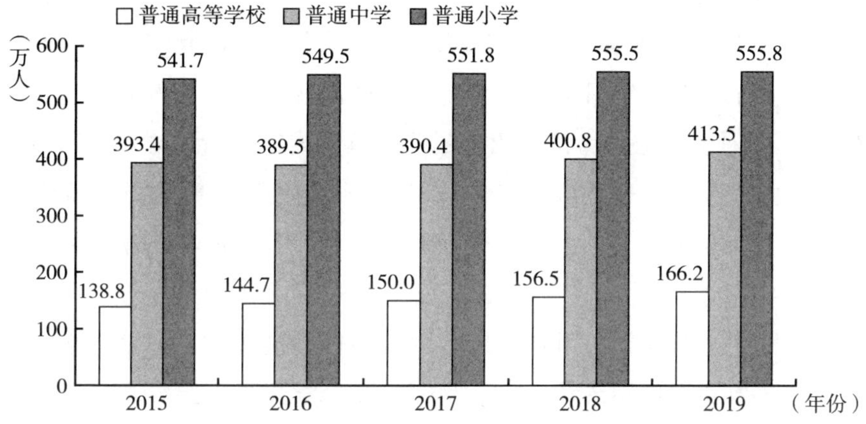

图 1　2015～2019 年各类学校在校学生人数

资料来源：2015～2019 年《四川省国民经济和社会发展统计公报》。

学前教育。2019 年四川省仍致力于解决“入园难”“入园贵”问题。新出台的《四川省学前教育深化改革规范发展实施方案》提出，到 2020 年四川省学前三年毛入园率达到 85%（原目标值为 75%）。配套出台的《四川省住宅小区配套幼儿园建设管理办法》规定了住宅小区配套幼儿园含义、建设用地范围、申报流程等，旨在提高普惠性幼儿园覆盖率。在 8381 个民族地区村内实施学前双语教育。减免非民族自治地区 44 万名普惠性幼儿园困难儿童、孤儿和残疾儿童学前教育保教费，减轻相关家庭负担。

① 《70 年来四川教育发生历史性变革　成名副其实教育大省》，四川省人民政府官网，http：//www.sc.gov.cn/10462/10464/10797/2019/9/6/f812da4047f24405be158c7f84e33ebc.shtml。

义务教育。2019 年末四川省共有小学 5725 所，招生 93.4 万人，在校生 555.8 万人；初中 3734 所，招生 94.3 万人，在校生 273.7 万人。2019 年，四川省严格按照国家新出台的《深化教育教学改革全面提高义务教育质量的意见》，结合四川省实际解决高海拔民族地区学生取暖问题，选派 1437 名教师到贫困地区、民族地区和革命老区支教。2019 年是四川省民族地区“9+3”免费教育计划实施的第十年。10 年来各级财政累计投入 20.73 亿元，覆盖 8 万余个民族地区家庭，偏远贫困的农牧民家庭子女占 90% 以上，毕业生初次就业率均超过 98%[①]，对促进四川省民族地区社会经济发展起到了积极作用。

高中教育。2019 年国家出台《新时代推进普通高中育人方式改革的指导意见》，就社会关心的考试和招生制度改革等内容进行了规定，四川省各市州都在加紧探索合适的高中教育模式。到 2019 年末四川省有普通高中 779 所，招生 48.4 万人，在校生达 139.8 万人；中等职业教育学校（含技工学校）498 所，招生 37.7 万人，在校生达 92.7 万人。

高等教育。2019 年四川省采用多种措施提升高等教育办学水平，保证高等教育智力支撑作用继续发挥，高等学校办学数量、招生规模稍有增加

表 1　2017～2019 年四川省教育事业发展基本情况

教育类型	学校(所)			招生(万人)			在校生(万人)		
	2019 年	2018 年	2017 年	2019 年	2018 年	2017 年	2019 年	2018 年	2017 年
小学	5725	5730	5721	93.4	95.2	91.1	555.8	555.5	551.8
初中	3734	3716	3722	94.3	92.4	87.1	273.7	261.8	249.1
特殊教育	129	128	127	0.3	0.265	0.265	1.6	1.5	1.5
普通高中	779	768	754	48.4	46.2	46.5	139.8	139.0	141.3
中职教育	498	508	520	37.7	37.6	39.6	92.7	94.2	97.4
普通高校	126	119	109	52.6	48.4	46.1	166.2	156.5	150.0
研究生培养单位	36	36	37	4.1	3.9	3.7	12.2	12.8	10.2

资料来源：2017～2019 年《四川省国民经济和社会发展统计公报》。

① 《我省民族地区“9+3”免费教育计划实施十年　惠及 8 万余个民族地区家庭　偏远、贫困的农牧民家庭子女占 9 成以上》，《四川日报》2020 年 1 月 6 日。

和扩大。2019 年末四川共有普通高校 126 所，全年普通本（专）科招生 52.6 万人，增长 8.7%；在校生 166.2 万人，增长 6.2%；毕业生 40.3 万人，增长 2.3%。研究生培养单位 36 所，招收研究生 4.1 万人，在校生 12.2 万人，毕业生 2.9 万人。成人高等学校 14 所，成人本（专）科在校生 32.7 万人；参加学历教育自学考试 54.0 万人次。

2. 卫生健康水平继续提高

居民整体卫生健康水平是衡量社会全面发展的重大标志，也是社会成员最关注的民生指标。2019 年四川省继续紧盯医药卫生体制改革，建立与常态化部门联系机制，加强对贫困地区的健康扶贫和血吸虫病防治，加紧建设密集型县域医疗共同体，调动基层卫生医疗机构的积极性，促进卫生健康资源的公平性和可及性；启动医疗卫生服务多元化监管试点工作，发挥机构、行业、政府和社会的监督作用，加强卫生健康管理体系建设和能力建设；改变卫生观念，举办全民健身运动会，开展职业病危害防治工作，保护劳动者职业健康权益，宣传健康生活方式，树立以健康为中心的医疗卫生理念。全省卫生健康事业向前发展。

第一，卫生健康资源更加丰富。2019 年末共有医疗卫生机构 83757 家，比 2018 年增加 2218 家，增长 2.72%（见表 2）。有医院 2417 家，其中公立医院 700 家，比 2018 年增加 8 家；民营医院 1717 家，比 2018 年增加 66 家。民营医院的数量不仅多于公立医院，而且增长幅度更大，但是民营医院的平均规模小于公立医院，为群众提供基本医疗保障的主要还是公立医院。基层医疗卫生机构共有 80499 家，比 2018 年增加 2072 家，增长 2.6%。从 2015 年到 2019 年，医疗卫生机构床位数一直在增长（见图 2），2019 年，共有床位 63.2 万张，比 2018 年增加 3.3 万张，增长 5.51%。卫生技术人员共有 60.2 万人，比 2018 年增加 3.9 万人，增长 6.93%。执业医师有 18.5 万人，执业助理医师有 3.6 万人，注册护士有 27.1 万人。妇幼保健机构有 201 家，在妇幼保健机构中有执业医师和执业助理医师 0.8 万人、注册护士 1.1 万人。2019 年乡镇卫生院共有 4416 家，比 2018 年、2017 年略有减少，主要受乡镇区划调整的影响，而医护人员的数量略有增长，在乡镇卫生院中有执业医师和执业助理医师3.6万人、有注册护士3.3万人，因此基层医疗资源的配置并没有减少，而是更加优化。

表2 2017~2019年四川省医疗卫生机构和医护人员基本情况

<table>
<tr><th colspan="3">项 目</th><th>2019年</th><th>2018年</th><th>2017年</th></tr>
<tr><td rowspan="5">医疗机构（家）</td><td colspan="2">总数</td><td>83757</td><td>81539</td><td>80492</td></tr>
<tr><td rowspan="3">医院</td><td>总数</td><td>2417</td><td>2343</td><td>2218</td></tr>
<tr><td>公立</td><td>700</td><td>692</td><td>699</td></tr>
<tr><td>民营</td><td>1717</td><td>1651</td><td>1519</td></tr>
<tr><td colspan="2">基层医疗卫生机构</td><td>80499</td><td>78427</td><td>77496</td></tr>
<tr><td colspan="3">床位（万张）</td><td>63.2</td><td>59.9</td><td>56.3</td></tr>
<tr><td rowspan="4">卫生技术人员（万人）</td><td colspan="2">总数</td><td>60.2</td><td>56.3</td><td>53.1</td></tr>
<tr><td colspan="2">执业医师</td><td>18.5</td><td>17.2</td><td>16.3</td></tr>
<tr><td colspan="2">执业助理医师</td><td>3.6</td><td>3.4</td><td>3.3</td></tr>
<tr><td colspan="2">注册护士</td><td>27.1</td><td>24.7</td><td>22.9</td></tr>
<tr><td rowspan="3">妇幼保健院</td><td colspan="2">总数（家）</td><td>201</td><td>201</td><td>202</td></tr>
<tr><td colspan="2">执业医师和执业助理医师（万人）</td><td>0.8</td><td>0.7</td><td>0.7</td></tr>
<tr><td colspan="2">注册护士（万人）</td><td>1.1</td><td>1</td><td>1</td></tr>
<tr><td rowspan="3">乡镇卫生院</td><td colspan="2">总数（家）</td><td>4416</td><td>4432</td><td>4466</td></tr>
<tr><td colspan="2">执业医师和执业助理医师（万人）</td><td>3.6</td><td>3.4</td><td>3.3</td></tr>
<tr><td colspan="2">注册护士（万人）</td><td>3.3</td><td>3.1</td><td>2.9</td></tr>
</table>

资料来源：2017~2019年《四川省国民经济和社会发展统计公报》。

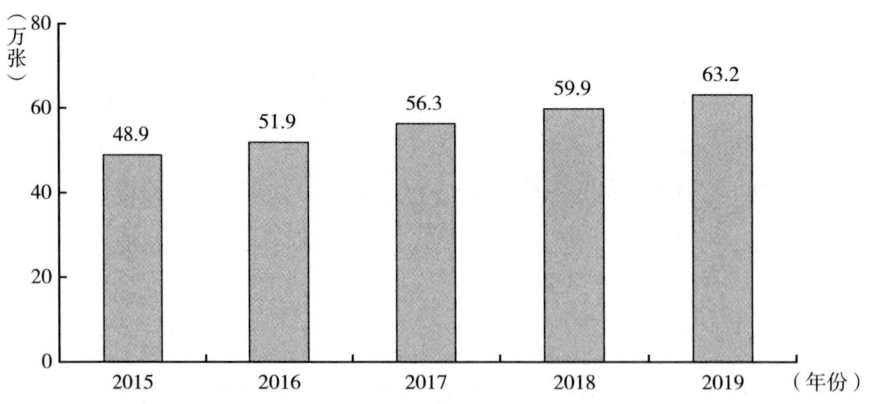

图2 2015~2019年四川省卫生机构床位数

资料来源：2017~2019年《四川省国民经济和社会发展统计公报》。

第二，“看病难”“看病贵”现象得到持续缓解。2019 年四川省在各级医疗卫生机构中继续普及网络就医，率先将 5G 技术应用到应急救援中，实现远程门诊和远程会诊，基层医院和上级医院的联系更加紧密、方便。“健康四川”公众健康服务云平台、医疗机构 App 等“互联网 +”手段更加成熟，方便居民网上预约挂号、查询检查结果和解读报告，有效缓解“看病难”问题。2018 年四川省公立医疗机构在 2016 年取消县级医院药品加成的基础上，又取消了医用耗材加成，进一步减轻居民医疗负担。2019 年，医疗机构总诊疗人次达到 56024.2 万，比 2018 年增长 8.6%，增长量主要来源于医院。2019 年医院诊疗人次 22241.3 万，比 2018 年增长 11.97%。公立医院的诊疗人次 18491.6 万，民营医院 3749.7 万。2019 年基层医疗机构的诊疗人次为 31579.2 万，比 2018 年略微增长。2019 年出院 1974.0 万人次，其中医院出院 1392.9 万人次（公立医院 1060.4 万人次、民营医院 332.5 万人次），基层医疗机构出院 516.9 万人次。2019 年县域内住院率 97.4%，分别比 2018 年、2017 年增长 11.8 个、10.7 个百分点（见表 3），这说明分级诊疗制度改革初见成效，对缓解“看病贵”现象发挥了积极作用。

表 3　2017～2019 年四川省患者就诊和出院人次

单位：万人次，%

<table>
<tr><th colspan="3">项目</th><th>2019 年</th><th>2018 年</th><th>2017 年</th></tr>
<tr><td rowspan="5">诊疗</td><td colspan="2">总数</td><td>56024.2</td><td>51590.9</td><td>48552.1</td></tr>
<tr><td rowspan="3">医院</td><td>总数</td><td>22241.3</td><td>19863.3</td><td>18648.8</td></tr>
<tr><td>公立医院</td><td>18491.6</td><td>16368.9</td><td>15324.7</td></tr>
<tr><td>民营医院</td><td>3749.7</td><td>3494.4</td><td>3324.1</td></tr>
<tr><td colspan="2">基层医疗机构</td><td>31579.2</td><td>29754.3</td><td>28040.6</td></tr>
<tr><td rowspan="5">出院</td><td colspan="2">总数</td><td>1974.0</td><td>1827.1</td><td>1818.1</td></tr>
<tr><td rowspan="3">医院</td><td>总数</td><td>1392.9</td><td>1281.8</td><td>1243.4</td></tr>
<tr><td>公立医院</td><td>1060.4</td><td>961.1</td><td>931.4</td></tr>
<tr><td>民营医院</td><td>332.5</td><td>320.7</td><td>312.0</td></tr>
<tr><td colspan="2">基层医疗机构</td><td>516.9</td><td>486.7</td><td>516.2</td></tr>
<tr><td colspan="3">县域内住院率</td><td>97.4</td><td>85.6</td><td>86.7</td></tr>
</table>

资料来源：2017～2019 年《四川省国民经济和社会发展统计公报》。

第三，居民健康水平继续提高。2019 年孕产妇死亡率降至 17.69/10 万，婴儿死亡率降至 5.38‰，5 岁以下儿童死亡率降至 7.40‰（见表 4）。2019 年 1 月 16 日，四川省卫生健康委员会发布《2018 年四川省人群健康状况及重点疾病报告》。该报告表明，2018 年全省人均期望寿命已经达到 77.1 岁，比 2013 年增加 1.45 岁，比 2017 年增加 0.2 岁。全省男性人均期望寿命为 74.34 岁，女性则为 80.34 岁①，男性比女性少 6 岁，与全国人均期望寿命发展趋势一致。在省级卫生城市（县城）方面，2019 年新增 2 个，分别为色达县、道孚县。全省新增卫生乡镇（街道）431 个，新增卫生村（社区）5083 个，新增卫生单位 1253 个，新增无烟单位 1310 个。2019 年农村卫生厕所普及率明显提高，达到 72.4%。

表 4　2017～2019 年四川省孕产妇、婴儿、5 岁以下儿童死亡率

	2019 年	2018 年	2017 年
孕产妇死亡率	17.69/10 万	18.51/10 万	18.63/10 万
婴儿死亡率	5.38‰	5.43‰	5.58‰
5 岁以下儿童死亡率	7.40‰	7.45‰	7.62‰

资料来源：2017～2019 年《四川省国民经济和社会发展统计公报》。

第四，传染病防控有力。从 2019 年全年报告的法定传染病发病数来看，除 1 例输入性霍乱外，四川省内全年无甲类传染病发生；全年报告的乙类传染病发病数前五位为肺结核 68515 人、乙肝 51707 人、梅毒 40270 人、艾滋病 17980 人、丙肝 14374 人，报告死亡数前三位为艾滋病 3993 人、肺结核 138 人、乙肝 24 人；全年报告的丙类传染病发病数前三位为流行性感冒 212790 人、手足口病 99527 人和其他感染性腹泻 39947 人，报告死亡数前三位为流行性感冒 28 人、其他感染性腹泻 2 人和手足口病 1 人。全年报告的甲乙丙类传染病发病总人数为 545111 人，死亡人数为 4202 人，总体处于可控的状态（见表 5）。

① 《四川发布 2018 年全省人群健康白皮书　人均期望寿命 77.1 岁》，《四川日报》2019 年 1 月 17 日。

表 5　2019 年四川省法定传染病发病和死亡人数

单位：人

病名		全年发病数	全年死亡数
甲类传染病	鼠疫/霍乱	1	0
乙类传染病	肺结核	68515	138
	乙肝	51707	24
	丙肝	14374	8
	梅毒	40270	8
	艾滋病	17980	3993
丙类传染病	流行性感冒	212790	28
	其他感染性腹泻	39947	2
	手足口病	99527	1
甲乙丙三类传染病合计		545111	4202

资料来源：四川省卫生健康委员会发布的 2019 年度 1～12 月四川省法定传染病疫情概况。

3. 就业和收入水平不断提升

就业是人民改善生活的基本前提和途径。2019 年，四川省依托信息化建设继续做好就业创业服务工作，从 1 月开始使用新的公共就业创业服务系统（V2.0 版本），通过升级优化系统，摸清全省就业情况，规范服务标准、服务模式和服务管理方式，提升服务质量；专门设立了全省农民工基本信息库及个人档案，为基层农民工服务中心开展工作提供数据支撑；正式启动实施青年就业启航计划，通过就业指导、创业基金、创业补贴、托底援助等手段，重点帮助 16～35 岁长期失业的青年人和残疾人实现再就业。

第一，就业总量继续增加。2019 年末全省城乡就业总量为 4889 万人，比上年末增加 8 万人。①

第二，就业结构持续优化。分城乡看，城镇就业人员 1716 万人，比上年末增加 36 万人；乡村就业人员 3173 万人，比上年末减少 28 万人。城乡从业人员比由上年末的 34.4∶65.6 调整为 35.1∶64.9。分产业看，第一产业就业人员 1716 万人，比上年末减少 36.3 万人；第二产业就业人员 1334.7 万人，比上年末增加

① 数据来源：《2019 年四川省国民经济和社会发展统计公报》。

7.1 万人；第三产业就业人员 1838.3 万人，比上年末增加 37.2 万人。三次产业就业人员比由上年末的 35.9∶27.2∶36.9 调整为 35.1∶27.3∶37.6①。

第三，城乡居民收入水平继续提高。2019 年全体居民人均可支配收入为 24703 元，比 2018 年增长 10.0%。按照常住地划分，城镇居民人均可支配收入为 36154 元，比 2018 年增加 2938 元，增长 8.8%（见图 3）。其中，工资收入为 20479 元，增长 7.6%；经营净收入为 4393 元，增长 12.6%；财产净收入为 2891 元，增长 7.2%；转移净收入为 8391 元，增长 10.6%。在城镇居民人均消费方面，总支出为 25367 元，增长 8.0%。其中，居住支出增长了 6.1%，生活用品及服务支出下降了 2.3%，交通通信支出增长了 2.6%，医疗保健消费支出增长了 23.2%。2019 年城镇居民恩格尔系数为 32.6%，受 2019 年猪肉价格上涨因素影响，恩格尔系数比 2018 年升高 0.8 个百分点，但比 2017 年低 0.7 个百分点②。

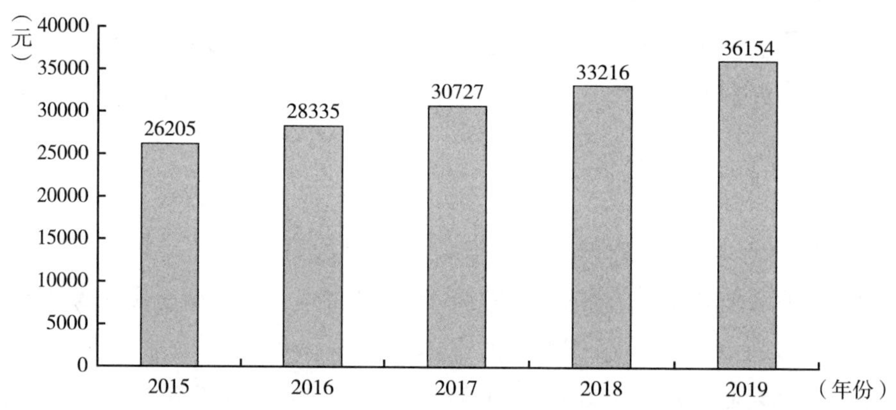

图 3　2015～2019 年四川省城镇居民人均可支配收入

2019 年四川省农村居民人均可支配收入为 14670 元，比 2018 年增加了 1339 元，增长 10.0%（见图 4）。其中，工资收入为 4662 元，增长了

① 数据来源：《2019 年四川省国民经济和社会发展统计公报》。

② 数据来源：《2019 年四川省国民经济和社会发展统计公报》。

8.1%；经营净收入为5641元，增长了10.2%；财产净收入为456元，增长了20.3%；转移净收入为3910元，增长了11.0%。在农村居民人均消费支出方面，总支出为14056元，增长了10.5%。其中，居住消费支出增长了9.9%，生活用品及服务消费支出增长了6.7%，交通通信支出增长了14.5%，医疗保健消费支出增长了14.6%。2019年农村居民恩格尔系数为34.7%，而2018年、2017年分别比这个数值低0.5个、2.5个百分点①。

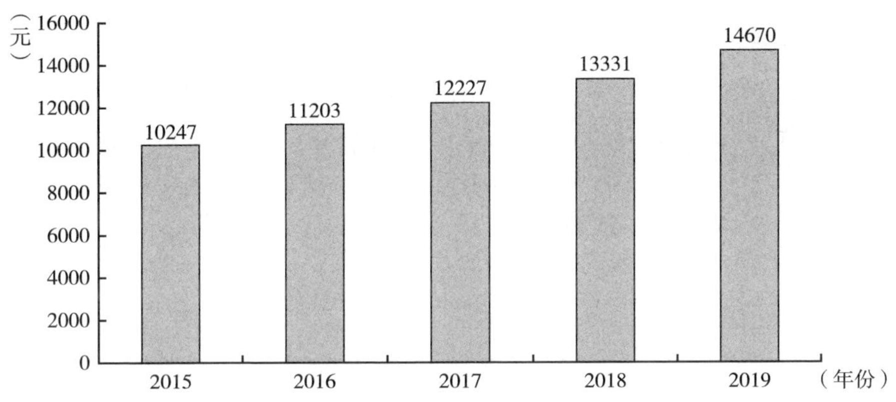

图4　2015～2019年四川省农村居民人均可支配收入

4. 社会保障持续改善

社会保障是维护社会公平正义的重要机制，兜底民生保障。统一社保卡是保证各类财政补贴资金公开透明发放的主要工具。从2004年四川省第一代社保卡在乐山市发放，四川省已经连续发放社保卡16年，至2019年全省持卡人数已经达到8904万，覆盖97.6%的户籍人口。与第一代社保卡相比，第三代社保卡新增异地就医、消费等多项功能，极大地拓展了社保卡的使用范围。2019年1月四川省开始发放惠民惠农补贴“一卡通”，到10月底全省已有99.4%的补贴对象持有此卡，彻底结束“一人多卡”的历史。2019年，四川省有关部门还连续印发《社会保障卡“一卡通”业务流程》

---

①　数据来源：《2019年四川省国民经济和社会发展统计公报》。

和《四川省惠民惠农财政补贴资金“一卡通”省级监管平台数据标准与接口规范》两项标准，规范“一卡通”的使用和管理。2019 年《四川省 2019 年调整退休人员基本养老金实施方案》出台，继续上调企业退休人员养老金。

2019 年参加社会保险的人数总体上延续了增长趋势。截至 12 月底，全省参加城镇职工基本养老保险人数达到 2700.3 万人，比 2018 年增长 6.2%；参加城乡居民基本养老保险人数 3368.8 万人，比 2018 年增长 4.5%；参加基本医疗保险人数 8616.9 万人，比 2018 年降低 0.2%；参加失业保险人数（不含失地农民）950.2 万人，比 2018 年增长 9.1%；参加工伤保险人数 1177.1 万人，比 2018 年增长 16.3%；参加生育保险人数 954.9 万人，比 2018 年增长 10.7%。

表 6　2017～2019 年四川省参与社会保险的人数

单位：万人

社会保险类型	2019 年	2018 年	2017 年
城镇职工基本养老保险	2700.3	2543.3	2335.1
城乡居民基本养老保险	3368.8	3222.4	3074.9
基本医疗保险	8616.9	8636.2	8173.4
失业保险(不含失地农民)	950.2	870.8	764.7
工伤保险	1177.1	1012.5	876.0
生育保险	954.9	862.3	776.3

资料来源：2017～2019 年四川省国民经济和社会发展统计公报。

2019 年，四川省共有 431 万人被纳入低保，其中城市低保人数为 76.7 万人，农村低保人数为 354.3 万人。从 2019 年 7 月起，城市居民最低生活保障标准低限调整为 540 元/月，农村居民最低生活保障标准低限调整为 350 元/月，均比 2018 年增加 40 元。全年有城乡特困人员 47.6 万人，其中分散供养人数为 35.9 万人，集中供养人数为 11.7 万人，集中供养率 24.6%。2019 年末社区服务机构和设施达到 25133 个，其中城镇社区服务机构和设施为 13358 个，农村为 11775 个。2019 年全年销售福利彩票 98.8 亿元，比 2018 年增加 6.4 亿元。

表 7　2017～2019 年四川省社会福利情况

项目		2019 年	2018 年	2017 年
低保(万人)	总数	431	438.5	486.8
	城市	76.7	94.6	118.9
	农村	354.3	343.9	367.9
特困人员（万人）	总数	47.6	49.0	51.5
	集中供养	11.7	13.0	17.4
	分散供养	35.9	36.0	34.1
社区服务机构和设施（个）	总数	25133	24548	22608
	城镇	13358	12871	12029
	农村	11775	11677	10579
福利彩票销售额(亿元)		98.8	92.4	89.2

资料来源：2017～2019 年四川省国民经济和社会发展统计公报。

5. 文体活动日益丰富

2019 年四川省继续完善文化体育基础设施建设，丰富居民文化体育活动，提升居民文化体育活动品质。截至 12 月底，全省文化系统内有 51 个艺术表演团体、41 个艺术表演场所、206 家公共图书馆、207 个文化馆、46 家美术馆、4412 个综合文化站；1 个国家级文化产业示范（试验）园区、2 个国家级文化和科技融合示范基地、1 个国家级动漫游戏基地、15 个国家级文化产业示范基地、11 个省级文化产业示范园区、5 个省级文化产业试验园区、59 个省级文化产业示范基地；256 个博物馆、173 个文物保护管理机构、262 处全国重点文物保护单位、1136 处省级文物保护单位；1 处世界文化遗产、1 处世界文化和自然遗产、333 个中国传统村落、1046 个四川省级传统村落；139 项国家级非物质文化遗产项目、611 项省级非物质文化遗产项目①。

四川省共有 91 个博物馆和纪念馆、40 个美术馆、203 个图书馆、206

① 数据来源：《2019 年四川省国民经济和社会发展统计公报》。

个文化馆、4267 个乡镇文化站和 311 个城市社区（街道）文化中心向社会免费开放，84 个大型体育场馆向社会免费或低收费开放。2500 个贫困村修建了文化室，25 万户未通电视的贫困户配置了接收设备，居民有了充足的文化体育活动场所。

深受居民喜爱的第四届群众广场舞集中展演顺利举行，展示了来自全省 41 个不同地方的优秀广场舞作品。经过近两年的准备，2019 年成都市终于获得除了奥运会外最高水平的国际综合性运动会——世界运动会（2025 年第十二届）的举办权。组委会高度认可中国、四川省和成都市举办世界运动会的理念和所做的准备工作。第十二届世界运动会筹备工作的开展，必将推动全省全民健身事业的发展。遂宁市首次承办的国家级龙舟赛事吸引了多支曾获得全国冠军、亚洲冠军和世界冠军的队伍参与。四川省成功举办第二届四川艺术节，在艺术节上呈现了众多彰显四川特色和文化特点的艺术精品，展示了四川文艺建设的成就。国际高端大型歌剧、舞剧、芭蕾舞剧大剧院——东来印象顺利封顶，为世界进一步了解四川、四川进一步融入世界提供了新的平台。

（三）脱贫攻坚取得决定性成就

2019 年四川脱贫攻坚的任务繁重。2018 年全省减贫 104 万人，贫困发生率从 2013 年底的 9.6% 下降至 1.1%①。“四大片区”66 个国定贫困县和 22 个省定贫困县中，有 29 个国定贫困县脱贫，有 21 个省定贫困县贫困发生率低于 3%，退出了贫困县序列，群众满意度高于 90%。这既代表了四川省在精准扶贫工作中取得的成就，也表明四川省脱贫攻坚即将进入决战决胜、全面收官的关键阶段。在“四大片区”尚未脱贫的 38 个贫困县中，有 37 个国定贫困县，其中有 27 个贫困县位于深度贫困的大小凉山彝区和高原藏区（见表 8）。少数民族深度贫困地区成为四川省脱贫攻坚的主战场，致贫原因复杂，贫困程度深，地方病高发，脱贫难度大。

---

① 《去年我省实际减贫 104 万人　贫困发生率降至 1.1%》，四川省扶贫开发局官网，2019 年 1 月 10 日。

表8　四川省“四大片区”贫困县脱贫情况一览

地区	市州	县(区/市)名单	至2019年初	
			已脱贫县(区/市)	未脱贫县(区/市)
秦巴山区	广元市	朝天区、青川县、昭化区、(利州区)、苍溪县、旺苍县、剑阁县	朝天区、青川县、昭化区、(利州区)	苍溪县、旺苍县、剑阁县
	巴中市	巴州区、南江县、(恩阳区)、通江县、平昌县	巴州区、南江县、(恩阳区)	通江县、平昌县
	达州市	(通川区)、(达川区)、(大竹县)、(开江县)、(渠县)、宣汉县、万源市	(通川区)、(达川区)、(大竹县)、(开江县)、(渠县)	宣汉县、万源市
	广安市	广安区、(前锋区)、(华蓥市)、(岳池县)、(武胜县)、(邻水县)	广安区、(前锋区)、(华蓥市)、(岳池县)、(武胜县)、(邻水县)	
	绵阳市	北川县、平武县	北川县、平武县	
	南充市	南部县、嘉陵区、仪陇县、阆中市、(蓬安县)、(高坪区)、(营山县)	南部县、嘉陵区、仪陇县、阆中市、(蓬安县)、(高坪区)、(营山县)	
乌蒙山区	泸州市	叙永县、古蔺县、(合江县)	(合江县)	叙永县、古蔺县
	宜宾市	屏山县、(筠连县)、(高县)、(珙县)、(兴文县)	(筠连县)、(高县)、(珙县)、(兴文县)	屏山县
	乐山市	沐川县	沐川县	
大小凉山彝区	乐山市	马边县、(峨边县)		马边县、(峨边县)
	凉山州	雷波县、甘洛县、盐源县、木里县、普格县、美姑县、布拖县、昭觉县、金阳县、喜德县、越西县		雷波县、甘洛县、盐源县、木里县、普格县、美姑县、布拖县、昭觉县、金阳县、喜德县、越西县
高原藏区	阿坝州	理县、茂县、马尔康市、汶川县、九寨沟县、小金县、金川县、若尔盖县、松潘县、红原县、黑水县、阿坝县、壤塘县	理县、茂县、马尔康市、汶川县、九寨沟县、小金县、金川县、若尔盖县、红原县、松潘县	黑水县、阿坝县、壤塘县
	甘孜州	泸定县、康定市、稻城县、九龙县、乡城县、丹巴县、色达县、石渠县、理塘县、德格县、甘孜县、新龙县、雅江县、炉霍县、得荣县、道孚县、巴塘县、白玉县	泸定县、康定市、丹巴县、九龙县、乡城县、稻城县	色达县、石渠县、理塘县、德格县、甘孜县、新龙县、雅江县、炉霍县、得荣县、道孚县、巴塘县、白玉县

注：县（市、区）名单中，括号外为国定贫困县，括号内为省定贫困县。属于四川省但在“四大片区”外的贫困县没有纳入。

资料来源：四川省人民政府公开文件。

2019年，四川脱贫攻坚工作主要分为两部分。一是巩固脱贫成效。为防止脱贫县、脱贫村和脱贫户因不可预期的原因返贫，四川省严格执行在脱贫攻坚期内脱贫不脱政策、不脱帮扶、不脱项目的要求。按照《四川省贫困村产业扶持基金使用管理办法》规定，脱贫的建档立卡贫困户仍然可以继续申请产业基金。各地继续探索稳定脱贫长效机制。在已脱贫的贫困村中普遍开展了大规模的排查工作，至少覆盖了全省80%的贫困户，并同步调查非贫困户，重点关注村民的饮水安全和住房安全，防止出现因病返贫、因灾致贫等情况。补齐扶贫工作中的短板，巩固脱贫成效，降低贫困人口返贫风险。二是继续攻克深度贫困堡垒。先后召开全省推动彝区与藏区脱贫攻坚工作会、深度贫困地区脱贫攻坚现场会进行工作部署，根据彝区、藏区不同特点抓住薄弱环节继续精准发力。在彝区围绕“十项扶贫工程”，加强对贫困村道路交通、农田水利设施等基础设施建设；加快产业发展，培养新型经营主体；增加教育资源投入；提高健康卫生水平；培养现代化生活方式；转移农村剩余劳动力。在藏区围绕“六项民生工程”，加大公共服务供给力度，提高公共服务质量，优化社会福利体系；利用藏区独特的自然风光、生态优势，使其走上“生态＋农业”的产业发展之路。2019年全省投入1500亿元（浙江、广东两省支持资金29.45亿元），实施19个扶贫专项，使产业扶贫快速发展，消费扶贫稳步推进，“十三五”易地扶贫搬迁任务基本完成。

截至2019年底，四川省共有50万人脱贫、1482个贫困村退出、31个贫困县摘帽。贫困发生率从2013年底的9.6%下降至2019年底的0.3%[①]。全省深度贫困地区累计减贫18.7万人，有635个贫困村退出。所有藏区贫困县达到退出标准，凉山州也首次有4个贫困县退出。四川省的脱贫攻坚取得决定性成就，创造了中国乃至世界减贫历史上的奇迹。至此，四川省“四大片区”中的3个片区已全部脱贫，不仅改变了区域内绝对贫困的面貌，也让年轻一代有了全新的发展机遇，为深度贫困地区的经济社会可持续发展提供了内生动力。

---

① 《回望2019脱贫攻坚》，《四川日报》2020年1月2日。

（四）灾后重建深入推进

2017 年 8 月 8 日九寨沟发生里氏 7.0 级地震后，四川省立刻组织全省力量稳步快速推进九寨沟灾后重建，先后公布了《“8·8”九寨沟地震灾后恢复重建总体规划》等多项政策，为九寨沟重建工作提供了方向、资金和人员方面的支撑。该总体规划融入地质灾害防治、生态环境保护、民族文化传承、扶贫、基础设施和公共服务重建、乡村振兴、产业发展等全新全域发展理念，目标是实现生态环境、经济、社会和文化整体提升。

2019 年是九寨沟灾后重建的攻坚之年，能否取得突破性进展对九寨沟在 3 年内完成灾后重建任务具有决定性影响。222 个灾后重建项目已经全部开工，其中以九寨沟县为主体实施的 111 个项目中有 102 个项目已经完工。九绵高速等交通骨干路网建设有序进行。98 处重大地质灾害工程治理基本完成，林地植被恢复 1.84 万亩，草原综合植被覆盖度恢复至 87%，生态环境功能基本恢复至震前水平。[①] 九寨沟县促进农业、旅游业产业融合，发展生态经济，全县绿色有机农产品种植面积比重达到 53.76%，120 个村集体经济收益达 405 万元，成为现代农业产业园区。九寨沟县获批国家级农业标准化示范县。景区部分环保厕所重建项目、设备安装工程通过验收。景区部分酒店、餐饮店、购物店、演艺中心恢复正常营业。景区采取限制游客数量的方式重新对外开放，吸引游客参加体育赛事活动、美食节和涂墨狂欢节等节庆活动，打造生态文化旅游产业链。全县 17659 户城乡住房维修加固和 104 户城乡住房重建全部完成，全县贫困发生率降至 0.15%，摆脱绝对贫困，退出贫困县序列。九寨沟县入选 2019 年全国电商精准扶贫典型案例 50 佳。

二 2019年四川省社会发展总体形势

2019 年，全省地区生产总值（GDP）达到 46615.8 亿元，常住人口

---

① 《九寨沟县重建规划内项目建设基本完成》，阿坝藏族羌族自治州人民政府，2020 年 1 月 8 日。

8375万人，全年全体居民人均可支配收入为24703元，比上年增长10.0%①，全面建成小康社会取得决定性重大进展，社会发展形势总体平稳、健康。在社会建设方面有突出表现，公共服务更加公开透明、人居环境明显改善、老年服务供给更加多元、社会救助更加全面，社会建设水平持续上升。

（一）公共服务更加公开透明

2019年，四川省人民政府办公厅印发的《四川省基本公共服务领域省与市县共同财政事权和支出责任划分改革方案》把义务教育、基本就业服务和基本养老保险等八大类18项纳入省与市县共同财政事权范围，深化公共服务体系建设，促进基本公共服务均等化。因政府机构对省内部分公共服务的事项名称、办理层级和所需材料进行了调整，相关部门立刻更换了《四川省公共服务事项基本目录》，方便居民办事。该目录公布了全省539项公共服务事项的实施依据和服务对象等要素，便于政府部门接受社会监督。其中纳入的公共服务事项，都可以通过全省一体化在线政务服务平台进行办理，流程公开透明，企业与居民享受同等服务。通过在全省开展公共服务质量满意度调查，政府相关部门广泛收集居民对养老、教育、医疗和政务服务的满意程度，及时了解居民民生需求变化。近几年四川省一直在积极打造中小企业公共服务平台，这类平台针对中小企业服务的各个环节，提供各类职业培训、行业交流、公司对接和资源互通。2018年四川省有5个中小企业公共服务平台获得国家肯定，荣获“国家中小企业公共服务示范平台”称号。2019年四川省制定了省内的中小企业公共服务示范平台名单，引导此类平台提高聚集资源的能力，帮助更多人创业。

在义务教育服务方面，小学生放学时间早于家长下班时间，学生放学后的去处问题一直是困扰市民的民生难题。针对这一问题，2019年成都市创新中小学生课后服务，出台了《成都市中小学课后服务实施意见》，将学校

① 资料来源：《2019年四川省国民经济和社会发展统计公报》。

的课后服务时间延长至18:00，弥补学生放学和家长下班之间的时间差。与以往的政策相比，此次颁布的实施意见更接地气。首先，延时课堂采取多种模式举办，可以由学校自行组织管理，也可以由学校管理的第三方机构承担，有条件的社区也可加入，由社区管理，学校提供资源。其次，家长、学生选择更灵活，以自愿原则决定是否参加延时课堂。学校自主选择安排兴趣活动或给学生进行作业辅导作为延时课堂的内容。再次，参与延时课堂的主体更多元，可以是学校教师、志愿者和其他有资质的第三方工作人员。据成都市教育局统计，2019年春季学期全市延时课堂参与率达65%以上，广受家长、学生欢迎。成都市还出台了《促进民办教育健康规范发展若干的措施》，规范社会力量合作办学，禁止事业单位参与、举办营利性民办学校，尤其重视对民办学校的收费管理、招生管理和风险管理。

（二）人居环境明显改善

2019年，四川省空气优良天数比例为89.1%，比上年提高0.7个百分点，未达标城市PM2.5平均浓度为38.6微克/立方米，比2018年下降0.8%。在全省87个国家考核断面中，水质优良断面达到85个，占比为97.7%，比2018年提升9.2个百分点；没有劣V类水质断面；10个出省断面水质全部达到优良标准。全省地级及以上集中式饮用水水源地水质优良率达到100%①。

2019年四川省连续推出9个行动方案强化污染防治工作，任务、手段和目标更具体、清晰，分别是《打赢蓝天保卫战实施方案》，降低PM2.5浓度和增加城市空气质量优良天数，改善城市环境空气质量；《打赢碧水保卫战实施方案》，消除劣V类水体、保护湿地；《打好长江保护修复攻坚战实施方案》，提高水质达标率和优良比例；《打好城市黑臭水体治理攻坚战实施方案》，消除全省地级城市建成区的黑臭水体；《打好饮用水水源地环境问题整治攻坚战实施方案》，整治饮用水水源地水质；《打好环保基础设施

① 数据来源：《2019年四川省国民经济和社会发展统计公报》。

建设攻坚战实施方案》，使城镇污水处理设施升级；《打好农业农村污染治理攻坚战实施方案》，使农村生活垃圾得到处理，有条件的村具备污水处理能力；《打好“散乱污”企业整治攻坚战实施方案》，治理企业污染问题；《完善生态环境准入促进绿色发展实施方案》，丰富、完善环境评估制度。这些措施在2019年得到良好的贯彻落实，四川的雾霾天数比往年减少，水质得到提升，面源污染大为减少，人居环境得到明显改善。

全年共安排省级环保专项资金23.6亿元。实施大气重点减排项目285个，新增燃煤机组超低排放改造120.0万千瓦，完成水泥行业深度治理36家。累计淘汰县级城市燃煤小锅炉542台，清理整治“散乱污”企业3.2万家。221家生产企业纳入全省强制性清洁，23条重点小流域纳入挂牌整治，17座磷石膏库完成整治。

在城市社区重点推进了垃圾分类工作。全省18个地级以上城市启动了生活垃圾强制分类工作。出台《四川省生活垃圾分类和处置工作方案》，对全省有效、有序、有步骤地推进垃圾分类工作进行了部署安排。至2019年底，成都市参与生活垃圾分类的居民累计达到375.2万户，垃圾分类覆盖率达60.2%；建成投用的生活垃圾焚烧处置设施5个，无害化卫生填埋设施7座，总处置能力达1.78万吨/日①。

在农村重点开展了人居环境整治工作。2019年初四川省18个政府部门高度重视农村环境整治工作，联合印发了《四川省农村人居环境整治村庄清洁行动方案》，并把行动结果作为实施乡村振兴战略评选先进县市区、乡镇和村的重要依据。该方案从污水处理、垃圾处理和厕所改建入手，采取清理黑臭水体，清收处理病死畜禽尸体、生产废弃物，改造旱厕或在村委会、日间活动中心等人口聚集点配套建设公厕等措施改变村容村貌。到2019年末已完成500个城镇生活污水和城乡生活垃圾处理设施建设项目，分别新（改）建公共厕所、农村户厕所6385座、990167座。完成1841个村的环境

① 《截至2019年底　成都市参与生活垃圾分类的居民累计达375.2万户》，四川省人民政府官网，2020年1月22日。

整治工作。逐步建立起“户分类、村收集、乡（镇）转运、县处理”的垃圾处理体系，实现农村垃圾处理常态化。

2019 年全省累计建成海绵项目 959 个，共 458.9 平方千米；创建省级生态园林城镇（村）9 个、省级重点公园 10 个、省级园林式居住小区和园林式单位 104 个。2019 年末全省有自然保护区 166 个，面积 8.3 万平方公里，占全省土地面积的 17.1%。全省共建成国家生态文明建设示范县 9 个、“绿水青山就是金山银山”实践创新基地 3 个[①]。

（三）老年服务供给更加多元

2018 年四川省 60 岁及以上老年常住人口已达 1762.5 万人，占全省常住人口的 21.1%，高出全国水平 3.3 个百分点，65 岁及以上老年常住人口共计 1181.9 万人，位居全国第二，老龄化程度深[②]。近几年，四川省不断加大养老服务供给力度，相继印发了《四川省人民政府办公厅关于全面放开养老服务市场提升养老服务质量的实施意见》《四川省人民政府办公厅关于制定和实施老年人照顾服务项目的实施意见》《四川省智慧健康养老产业发展行动方案（2019 ~ 2022 年）》，提出了四川养老服务业发展总体目标、重点任务和实施路径。四川省召开了首届养老产业发展峰会，促进行业交流。

2014 ~ 2019 年四川省内各级财政投入养老服务体系建设资金 100 余亿元，其中省级财政投入 67 亿元，累计发放高龄津贴 20 余亿元，为 65 岁及以上老年人进行免费健康管理。2019 年全省建成养老机构 3512 个，拥有各类养老床位 50.7 万张，每千名老人床位数达 31 张；建成城乡日间照料中心 9805 个，农村区域性养老服务中心 405 个，农村互助养老幸福院 5070 个，城乡居家养老服务覆盖率分别达到 90% 和 50%；通过政府购买服务为 200 万名特殊困难老年人提供居家养老服务支持；医养结合服务机构已达 2023

---

① 数据来源：《2019 年四川省国民经济和社会发展统计公报》。

② 《四川常住人口 8341 万人 2018 年已进入深度老龄化》，人民网，2019 年 3 月 19 日。

家，拥有护理型床位10万余张；家庭医生签约率达到56.2%[①]。2018年国家取消养老机构设立许可后，社会资本进入养老市场的积极性更高。2019年四川省重点创新试点社区嵌入式养老机构建设，扶持养老领域符合条件的微小企业，减免税收，对规模化养老机构进行金融支持。目前四川省养老服务业早已突破传统的生活照料、健康服务、文化体育健身等内容，拓展到老年产品用品、老年金融服务、老年旅游等众多门类，未来还将有更多市场主体加入养老行业，为老年人提供更加多元的服务和产品。

（四）社会救助更加全面

留守儿童帮扶。四川省是外出务工人员大省，除了有城乡最低生活保障家庭、城乡特困人员、优抚人员孤儿外还有大量留守儿童，至2019年5月底共有农村留守儿童75.4万人，居全国首位[②]。2019年国家颁布《关于劳动密集型企业进一步加强农村留守儿童和困境儿童关爱服务工作的指导意见》，对劳动密集型企业支持务工人员更好地履行家庭职责提出了更严格的要求，而且执行力度也将有所加大。按照要求，四川省除继续开展儿童关爱服务项目、关注留守儿童心理健康外，还将加强对深度贫困地区劳动力转移就业家庭留守儿童的关注，敦促用人单位更加关注务工人员子女生活。

特殊困难家庭救助。四川省深度贫困地区具有区域性整体贫困的特征，除了精准扶贫建档立卡贫困户，还有部分处在绝对贫困边缘的家庭需要社会救助。精准扶贫开始后，“四大片区”贫困县和市州不断完善社会救助体系，扩大社会救助覆盖面。2013～2018年阿坝州累计近102万人被纳入城乡低保范围。2019年凉山州救助临时生活困难群众5471人次，发放资金554.7万元，人均救助1013元[③]。

① 《巴蜀大地“夕阳红”　共创银丝下的春天——近年来四川省养老服务工作创新发展综述》，四川省民政厅，2019年11月7日。

② 《做呵护明天、托举希望的民政“守护神”——近年来四川省儿童福利工作成果综述》，四川省民政厅，2019年11月7日。

③ 《凉山州上半年社会救助工作有力有效》，四川省人民政府，2019年7月17日。

2019 年物价水平持续高涨后，四川省各市州政府立即为城乡低保对象、特困人员等困难群众发放了 1.9 亿元的临时价格补贴，人均补贴 21 元每月。优抚对象、困难残疾人和孤儿的保障水平继续提高。按照国家《关于调整部分优抚对象等人员抚恤和生活补助标准的通知》的要求，2019 年四川省提高了身有残疾，居住在农村、年龄较大、无工作，年满 60 周岁且 18 岁前未享受过抚恤金待遇的烈士子女等特殊优抚对象的抚恤和生活补助标准。困难残疾人生活补贴标准提高到 90 元/月，较此前提高 20 元/月。全省机构养育孤儿和社会散居孤儿基本生活费保障标准分别达到 1400 元/月和 900 元/月。

改善弱势群体住房条件。2019 年四川省实施城镇棚户区改造 19.9 万套，约 59.7 万城镇困难群众受惠。老旧小区改造项目开工 265 个，共 738 万平方米。实施农村危房改造 21.9 万户，土坯房改造开工 58 万户。新分配农民工公租房共计 6115 套，发放租赁补贴 687.8 万元[①]。

三　机遇

2020 年是四川省决胜全面建成小康社会、决战脱贫攻坚的“双决”之年，亦是“十三五”规划的收官之年，站在历史转折点上的四川面临全面建成小康社会、社会治理空间拓展、乡村治理取得重大发展和社会整体治理能力提升等诸多机遇。

（一）绝大部分县市脱贫，为全面小康创造了条件

全面建成小康社会，“小康”是指发展水平，“全面小康”既是经济发展、社会和谐、生活质量、民主法制、文化教育、资源环境等多方面的小康，也是全国全社会全民族整体的小康，为促进“城乡公共服务均等化”，

① 《四川住建交成绩单　预计 2019 全省常住人口城镇化率达 54%》，新浪网，2020 年 1 月 16 日。

推动“社会治理精细化”，实现“人的城镇化”，建构“橄榄形社会结构”提供了巨大的推动力。四川省作为全国的人口资源大省、经济大省，少数民族众多，是中国全面建成小康社会的重要组成部分。

贫困人口全部脱贫是全面建成小康社会的标志性指标。解决深度贫困地区整体贫困问题一直是四川省精准扶贫的重中之重。精准扶贫开始后，四川省农村贫困人口由 2013 年底的 625 万人减少到 2019 年底的 20.3 万人，贫困发生率从 9.6% 下降到 0.3%；贫困县由 2013 年的 88 个减少到 2019 年的 7 个。2019 年四川省藏区 32 个贫困县、2063 个贫困村、36 万贫困人口全部脱贫，贫困发生率降至 0.1%。凉山州已有 4 个贫困县退出贫困县序列。全省贫困村由 11501 个减少到 300 个，绝大部分县市已经彻底消除了绝对贫困的社会现象[①]。在此基础上四川省将继续加大对贫困地区扶持力度，贫困户生产经营性收入有望继续提升。目前，四川省经济、社会、政治、文化和生态环境面貌已经发生深刻变化。四川省第三产业增加值占 GDP 比重已经从 2013 年的 35.2% 上升到 2019 年的 52.4%，上升了 17.2 个百分点；R&D 经费支出占 GDP 比重已经从 2013 年的 1.52% 上升到 2017 年的 1.72%[②]；人均 GDP 从 2013 年的 32516 元增加到 2019 年的 55774 元，增幅超过 2.3 万元；城乡居民收入比从 2013 年的 2.83∶1 进一步缩小到 2019 年的 2.46∶1；城镇人口占比从 2013 年的 45% 提高到 2019 年的 54%；城乡居民人均可支配收入分别从 2013 年的 22368 元、8381 元提高到 2019 年的 36154 元、14670 元，分别提高了 13786 元、6289 元；城乡居民恩格尔系数分别从 2013 年的 39.6%、43.5% 下降到 2019 年的 32.6%、34.7%，为四川省全面建成小康社会创造了优越的条件。

（二）深化区域协同，拓展了社会治理的合作空间

2019 年四川省“一干多支，五区协同”战略部署实施进程加快，成都

---

① 《夺取脱贫攻坚战全面胜利　我省打好“五场战役”》，人民网，2020 年 3 月 28 日。

② 《2017 年四川省 R&D 经费投入统计简报》，四川省科技促进发展研究中心，2018 年 11 月 8 日。

市作为战略主干，已经与全省20个市州签订278个战略合作协议①，成德眉资同城化发展取得突破，绵阳、德阳在人力资源、生态环境上有了更深入的合作。川东北经济区交通一体化建设，川南经济区医养结合一体化发展联盟的打造和川西北飞地园区生态保护同步进行。成渝双城经济圈建设取得实质性发展。2019年6月从达州始发的首趟四川东出铁水联运班列正式开通，极大地提升物流时效，节约运行时间。2020年成渝双城经济将围绕全面建成“成德绵—南充—达州—万州港”“兰西新—广元—达州—万州港”“关中—安康（巴中）—达州—万州港”三条长江货运出海新通道的目标前进，共同打造巴蜀文化产业带。长江经济带是四川省向东发展的水运通道，近几年四川致力于长江上游生态恢复。2019年四川制定了长江经济带发展负面清单，完成国家交办的长江生态环境整改任务13个，调整产能过剩产业，管控关闭沿线污染严重企业，对国家级自然保护区管理进行评估，禁止在核心保护区内开设项目。中欧班列是四川深度融入“一带一路”贸易往来的世界桥梁，在四川生产的生活用品、电子产品、特色食品等都可以通过此班列送往沿线城市。至2019年四川中欧班列开行总量已经超过3000列，位列全国第一，从始发站成都出发后先后经过15个中国城市和25个国家的49个城市，到达终点站卢森堡仅需15天，便捷快速。

区域经济协同发展打破了社会治理行政区域界线，拓展了社会治理空间，为社会治理共同体的形成提供支撑。社会治理共同体的形成将有利于不同城市间社会治理资源的流动，创造就业岗位，使劳动力合理分布，促进基础设施建设和公共服务供给，提高社会保障覆盖率，帮扶弱势群体，有利于社会治安联防联控和应对突发公共卫生事件等的长效机制的建立，共同促进区域治理体系的完善和治理水平的提高。

（三）深入推进乡村振兴，乡村治理迎来重大机遇

2017年国家正式提出乡村振兴，2018年《中共中央国务院关于实施乡

---

① 《成都与20个市州签署全面合作协议278个》，四川省人民政府官网，2019年4月5日。

村振兴战略的意见》出台，指导乡村振兴工作，强调乡村振兴是经济、政治、社会、文化、生态和党建的全面振兴，其中产业兴旺是重点。

四川省是典型的农业大省，农村面积大、农业人口多，城乡发展不平衡。农村产业兴旺对四川省社会经济全面发展意义重大。2018 年以来四川以现代化农业产业体系建设为重点的乡村振兴工程已经取得五个方面重要突破。一是重视法治化建设，让乡村振兴有法可依，树立乡村治理法治意识。四川省人大常委会正在审议通过《四川省乡村振兴促进条例（草案)》，这是四川省首次针对乡村改革进行立法。树立法律意识，引导特色产品经营主体注册商标，抢先占领市场。二是全面发展完善乡村治理外部环境。四川陆续出台了《关于坚持农业农村优先发展推动实施乡村振兴战略落地落实的意见》《加强农村水环境治理助力乡村振兴战略实施工作的方案》等具体的政策措施和方案，推出了全省首个乡村振兴示范市，树立榜样、提供方向。三是土地政策灵活放宽激发乡村治理活力。四川一方面积极集中农村闲置资源，试点宅基地管理制度、土地征收制度和集体经营性建设用地入市制度，将农村闲置的农房、宅基地和耕地资源激活；另一方面鼓励“点状用地”，启发个体农户利用零星土地发展休闲农业、乡村旅游和健康养老等产业。四是强调人才兴村，为乡村治理提供人才保障。四川省采取措施吸引农民工回流，培养、发现创业人才和治理人才，解决劳动力转移输出带来的空心化和老龄化问题，保证农村人才发展的可持续性。五是产业体系横纵发展，乡村治理凝聚力更高。在横向上指导经营者从产品设计、生产、包装、运输、销售各个环节形成产业链条，保证农产品生产销售的稳定性。在纵向上突破行政区划限制，形成多个国家级、省级、市级和县级产业园区，合理布局产业、坚持适度经营。通过乡村产业振兴，四川农业发展的条件更加完善，农业资源优化重组，产业结构得到调整，深度贫困地区农业发展短板得以补齐。

2019 年国务院出台了《关于加强和改进乡村治理的指导意见》，把加强和改进农村治理作为继续深入推进乡村振兴战略的重点，提出 2020 年形成现代乡村治理制度框架、政策体系的近期目标和 2035 年基本实现乡村治理体系、治理能力现代化的长远目标。四川省也相应出台了《推进城乡基层治理制度创新和能力建设的决定》，把深入推进乡村治理制度改革作为四川省乡村振兴工作的核心内容，四川省乡村治理迎来重大机遇。

（四）基层治理新格局基本形成，为提升治理能力创造了条件

四川省在建构基层治理格局时始终坚持党的领导，成立了全国首个省级城乡基层治理委员会，统筹各市州城乡基层治理党建引领工作，督办城乡基层重大任务，组织协调城乡基层治理资源，为提升基层治理能力提供了领导保证。近年来四川省各街道办事处围绕政府职能转变继续进行管理体制改革，扩充服务职能、收缩经济职能。四川省完成了对大部分非贫困县或已脱贫摘帽的县（市、区）的乡镇区划调整，乡镇数量减少，空间布局优化，面积扩大，居民人数增加，资源得到整合，功能特色得到突显。基层政府服务职能更多、权限更大，工作人员编制平均从25.9名增加到36名，为服务居民、提升治理能力提供了人员保障。夯实乡村振兴基础，为村级建制调整创造了良好条件。四川省计划在乡镇行政区划调整完成后开始调整村级建制，综合考虑村庄的地理位置、资源禀赋和人员规模等因素，对村庄进行拆建合并，改变四川省村庄密、能力弱、分布不合理的状况，形成高效简约的农村治理体系，为提高村级组织治理能力提供保障。

发展和延伸了原有的“三驾马车”［党组织、居民委员会、居民监事会（议事会）］社区治理模式。在没有聘请物业管理企业的老旧院落建立了网格化的自治服务体系，成立院落自治小组，组建院落监事会，选举楼栋长。聘请物业管理企业的小区，形成了凝聚居委会、物管企业和业委会等多元治理力量的工作机制，变“三驾马车”为“多驾马车”。强化了村级党组织对村民委员会、集体经济组织的领导，从优秀返乡农民工、返乡大学生、致富能手中选择了合适的对象培养成党员，充实了村党组织的力量。社会组织活力进一步激发。为了提高对社会组织的管理水平，四川省制定并实施了全国首个地方《社会组织登记规范》，撤销不符合要求的社会组织。新基层治理

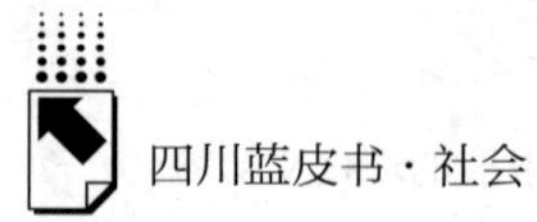

格局基本形成，为有效提高基层社会公共服务供给能力、资源配置能力、居民参与能力、法制水平、矛盾化解能力、文化引领能力等创造了条件。

四　挑战

（一）新冠肺炎疫情带来经济短期下行和民生保障问题

四川省面临经济短期下行的挑战。2020 年初新型冠状病毒引发的肺炎疫情暴发后，全国部分交通停运，企业停产，医院日常工作秩序被打乱，饭店、旅游景点、寺庙、影院、博物馆、图书馆、茶楼、宾馆等场所停业，人口流动停止，学生停课，家长停工，养老场所关闭，这对餐饮、旅游和交通等服务业冲击巨大，农林牧渔等行业受到波及。四川省经济下滑，尤其是中小企业和个体户等市场主体处境困难：生产经营成本增加，客源减少，订单大量下降，原材料供应不足、运输不畅、融资难度加大，致使利润减少，人力需求减弱，无法提供充足的就业岗位。四川省 1 ~2 月规模以上工业企业增加值同比下降 5. 2% ，居民消费价格同比上涨 6. 5% ；社会消费品零售总额 2787. 6 亿元，同比下降 15. 5%[①]。国内整体经济形势也不容乐观。中国企业联合会发布的数据显示，1 ~2月中国交通运输业业务量同比下降近 40% ，损失近 2. 5 万亿元；餐饮业损失大约在 7000 亿元；旅游业收入损失至少 1. 5 万亿元，经济下行明显。根据国家统计局统计，2 月中国城镇失业率为 6. 2% ，全国企业就业人员平均周工作时间为 40. 2 小时，比 1 月减少 6. 5 小时[②]。至 3 月 25 日新冠肺炎疫情已经波及全球 160 多个国家和地区，欧洲股市跌幅扩大，美国股市多次熔断，原油价格下调。国际权威金融机构预测 2020 年全球经济将萎缩 1. 5% ，陷入负增长，如果疫情蔓延程度加剧，情况可能会更糟糕。

---

① 《2020 年 1 ~2 月四川省国民经济主要指标数据》，四川省统计局官网，2020 年 3 月 17 日。

② 《1 ~2 月调查失业率上升　中国将加大政策力度稳就业》，2020 年 3 月 16 日。

民生保障难度加大。一是生计来源减少。经济下行导致就业岗位不足，失业率上升，人均可支配收入减少。1～2月消费价格上涨严重影响四川省城乡居民生活水平的维持和提高。二是医疗服务难以保障。医院是抗击疫情的最前线，为防止疫情蔓延，疫情期间省内医院封闭运行，医疗资源、医护人员向重点疫区、重点科室集中，打乱了正常的就医秩序，对需要长期服药治疗的慢病患者、老年疾病患者的医疗卫生服务保障困难。三是公共服务供给水平降低。抗击疫情成为基层政府和社区组织的主要工作。公共服务资源难以集中，对弱势群体服务减少。文化健身场所关闭，影响正常公共服务供给水平和效率。四是教育保障困难。为保证学生的学习进度，四川省各级各类学校都采取上网课的方式确保学生“停课不停学”，对家庭教育能力和学生学习能力提出了更高要求。多数家长和子女对远程教育和在家学习的准备并不充分，家庭教育压力增大，学习质量难以保证。五是社会救助水平难以提高。疫情期间政府财政收入减少，影响对低保户、特困人员、优抚人员等弱势群体社会救助水平的提高，弱势群体生计更加困难。六是家政类服务业供需矛盾凸显。随着社会分工精细化，护工等家政类服务成为民生需求新增长点。疫情期间，养老服务业和居民家庭生活等领域都出现了家政类服务人员缺少的现象。由于人员流动受限，家政公司运营困难，家政类行业供需两端严重脱钩，家庭类服务难以保证。

（二）凉山7个贫困县脱贫难度仍然很大

精准扶贫后四川省采取有力措施有效扭转了凉山州的贫困面貌，至2019年底已经有木里县、雷波县、甘洛县和盐源县等4个县退出了贫困县序列。但是目前凉山州还有普格县、美姑县、布拖县、昭觉县、金阳县、喜德县和越西县7个县300个贫困村17.8万人没有摆脱贫困，占四川省脱贫任务的87%，凉山也是四大片区中唯一还没有完全脱贫的地区。2020年初四川省再次把凉山州脱贫攻坚取得胜利作为四川省乃至全国脱贫攻坚取得胜利的标志进行强调，严格督查凉山州脱贫工作进展。但凉山州7个县脱贫难度仍然很大，至2019年底中国贫困发生率高于10%的6个贫困县中有4个在凉山州，可以说凉山州是中国精准扶贫最难啃的骨头。同时省内还有近6万名建档立卡贫困人口易地搬迁工作没有完成①。除凉山州外还有2.5万名未脱贫的人口分散在达州、德阳和泸州等市。四川省要按时完成脱贫任务并不容易。

（1）凉山州7个县民族文化浓郁。四川省凉山州是全国最大的彝族聚居区，民族文化保存较好。普格县、美姑县、布拖县、昭觉县、金阳县、喜德县和越西县一直是彝族的集中分布地区，传统的对待疾病的观念和疾病治疗方法盛行、重视丧葬习俗，是常见的致贫原因，但行为方式、文化观念改变困难。

（2）凉山州7个县贫困程度极深。自我国以政府为主导的大规模扶贫工作开始以来，大小凉山彝区就一直是国家和地方政府帮扶的重点对象。但政府的持续投入一直没有从根本上解决凉山彝区的贫困问题，到2013年大小凉山彝区还有79.7万贫困人口，贫困发生率高达28.9%，至2018年末大小凉山彝区虽然农村贫困人口减少到31.8万，贫困发生率降至11.5%，但与贫困发生率低于3%的脱贫标准还有很大差距。

（3）新冠肺炎疫情加剧了凉山州脱贫难度和返贫风险。新冠肺炎疫情暴发后凉山州不得不减缓脱贫攻坚工作进度，水利工程建设、安置小区建设、易地扶贫搬迁施工、学校建设等项目暂停。自发搬迁贫困群众点多、面广、线长，疫情防控难度加大，春耕时间有所耽误，农民增收受到影响。贫困劳动力安全出行、按时复工的难度加大，劳动力转移就业岗位减少，增加了已经脱贫的贫困村、贫困户返贫风险。

（三）大部分城乡社区发育程度仍然不足

四川省经济总量增大，但人均水平仍低，社区发育程度不均衡。2019年四川省地区生产总值（GDP）达到46615.8亿元，同比增长7.5%，高于

① 《四川省128万人实现易地扶贫搬迁》，中华人民共和国中央人民政府网，2020年3月28日。

全国6.1%的增长水平，总量和增速均排在全国第6位。但四川省人均GDP和人均可支配收入仍然低于全国平均水平。2018年四川人均GDP和人均可支配收入分别排在全国第20位和第21位。人口多、底子薄、不平衡、欠发达的基本省情没有发生根本改变。成都是四川省经济最发达的地方，2018年人均GDP高达94782元。成都市高度重视城乡社区发展，不断加大对城乡社区建设的财政投入，提高社区公共服务资金投入标准，拨付专项资金资助社区营造行动，率先设立城乡社区发展治理委员会，出台全国首个市级城乡社区发展治理总体规划。无论是城乡社区治理体系建设还是治理能力提升，成都市都已经走在全国前列。

此外，四川省还有很多欠发达的城乡社区，虽然基础设施建设和民生保障水平已经得到很大改善，但是与发达城镇社区相比还有很大差距，尤其是偏远的农村社区。数量多、人口少、实力弱、农村空心化、农民老龄化、农户空巢化、农业产业技术不发达等因素制约了农村社区治理能力的提升。2018年四川省农村户籍人口仍占全省户籍人口的64.1%。四川省有45524个农村村民委员会，部分地区人均GDP仅24446元。经济发展落后、发展不平衡导致劳动力大量外流。2019年四川省农村劳动力转移输出2480万人，其中有1300余万人在省内转移就业，1100余万人转移到省外①。青壮年劳动力外流极大地影响了农村社区治理体系的完善和治理能力的提升。由于社区治理主体乏力和参与主体缺少，居民自治发展速度缓慢；有大量资源，却没有发展起集体经济；有对低保户、特困人员、残疾人和孤儿等弱势群体的优惠政策，却没有很好落实；有日间照料中心等公共活动场所，却没有发展为社区公共空间；有独具特色的乡土文化，却没有进行保护和开发。留守儿童和空巢高龄老人教、养困难，心理问题突出。传统社区治理模式失效，新的社区治理模式还没有形成，社会矛盾得不到有效化解，社区缺乏活力，社区现代化发育水平低。

---

① 《四川外出务工人员大数据画像：45～60岁最多　省内就业多于省外》，新浪四川，2020年3月26日。

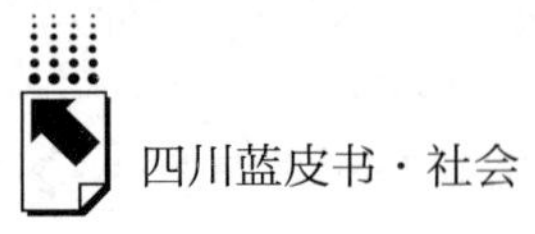

五 对策建议

（一）注重经济下行期间的民生保障

当前疫情肆虐全球，国际专家估计全球疫情防控时间至少延长至1年左右，全球经济萎缩风险极大。随着国内疫情防控形势持续向好，各级政府在严防境外输入病例的同时应继续围绕改善民生开展工作，做好经济下行期间的民生保障。一是加大财政民生投入力度，保证公共服务的正常供给。二是保障食品、药品的供给，维护市场价格稳定。三是保障就业。加强金融优惠服务，拓宽融资渠道，降低融资成本，保障民生项目恢复运转，做好涉农金融服务，保证春耕春种。加大对服务业、餐饮业、旅游业等受疫情冲击较大产业的融资支持，帮助企业复工复产，提供更多的就业岗位、公益岗位，降低失业率。提供健康证明，保证交通通畅，为人员自由流动提供条件。四是保障消费。控制社会物价水平，防止食品等商品价格过快增长。五是保障教育。做好各级各类学校开学复课工作，保证学生升学、毕业等工作开展，完成教学任务。六是保障医疗卫生工作。尽快恢复正常就医秩序，保障居民能够得到有效治疗。七是保障社会救济。继续提高社会保险覆盖水平，提高对弱势群体的救助水平，做好对困难弱势群体兜底工作。落实特殊困难老人关爱服务。

（二）攻克凉山最后7个县的贫困堡垒

凉山州最后7个贫困县的脱贫工作是四川省2020年必须完成的政治任务、硬性指标。新冠肺炎疫情暴发后，凉山州脱贫工作进度受到影响。四川省既要统筹疫情管理又要采取措施继续加强跟踪，把疫情影响降到最低，把耽搁的时间追回来完成脱贫目标。实地督导，掌握工作进展情况，省级相关主管部门要派出专门工作队伍，现场解决困难。用好对口帮扶力量，保证凉山剩下的7个贫困县顺利脱贫，防止已脱贫的贫困县、贫困村、贫困户返贫。继续为扶贫工作的开展提供财政、人员、政策、制度等方面的有力保障。加快住房建设、饮水工程和公路、学校、幼儿园、卫生室修建等扶贫项目的开工和复工，倒排工期推进工作进度。重视贫困群体就业工作，为贫困劳动力提供“点对点”返岗复工服务；增加临时就业岗位，鼓励各类企业、扶贫重点项目优先吸纳贫困劳动力就近就地就业；鼓励开发保洁环卫、防疫消杀等公益性岗位，优先安置受疫情影响无法返岗复工的贫困劳动力。建构扶贫产品产业体系，尤其是销售机制，充分发挥电商平台优势，组织开展订单农业，多渠道确保扶贫产品的产销对接，加大对扶贫产业的支持力度，增加小额贷款。不能放松对控辍保学、禁毒防艾和自发迁居等专项工作的重视，继续高效整改在“两不愁三保障”回头看大排查工作中发现的问题。建立健全返贫监测预警和动态帮扶机制，及时帮扶脱贫不稳定户、边缘易致贫户以及受疫情等其他因素影响家庭收入骤减或支出骤增的贫困户。建立稳定脱贫长效机制，布局相对贫困治理工作，把相对贫困治理工作作为下一步扶贫工作的重点。

（三）健全社区公共卫生事件应急管理

社区是疫情防控的前沿阵地。应明确社区在公共卫生应急管理中的职能，健全社区应对重大公共卫生事件的响应机制，联合辖区内企业、单位、医疗卫生机构群防群治；依靠网格化管理，确保责任到边，防止社区规模过大、人员过多带来的应急管理压力，让应急管理有规可循。进一步完善社区应对重大公共卫生事件的组织架构，充分发挥“社区党委—网格党支部—楼栋党小组—党员”组织体系的作用，组建疫情防控志愿服务队，让应急管理有人可用。提升城乡社区应急响应能力，强化社区工作人员应急管理意识，提高社区和居民对公共卫生事件的敏感度，配备必要应急响应设施设备，对社区工作人员进行培训，定期开展应急演练。减少不必要的工作内容、工作程序，切实减轻社区在应急管理工作中的负担。加强社区信息化建设，引导推广互联网技术在社区治理中的应用，借助大数据等互联网手段，提高社区工作效率。培育社区对接社会组织资源的能力，动员社区力量有序加入社区应急管理工作。

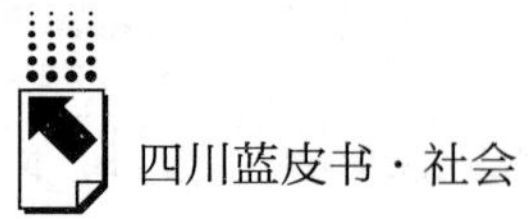

（四）完善社区治理体系，提高社区治理能力

完善社区治理体系，提高社区治理能力具有长期性和系统性。完善村党组织领导的村级治理体制机制，加强党对社区治理的领导。结合乡村振兴补齐“三农”短板，改善办学条件和医疗条件，为加强社区建设奠定基础。在产业振兴、人才振兴、文化振兴和生态振兴中完善社区治理体系，提高社区治理能力。通过产业振兴发展集体经济，提高公共服务供给能力，创造公共空间，提高居民凝聚力，调动居民参与公共事务的积极性，为社区治理提供物质基础。通过人才振兴，吸引劳动力回流，让更多居民可以参与社区治理体系建设，组成社区治理的治理主体和参与主体，发展社区自治，解决农村空心化、空巢化带来的一系列问题。通过文化振兴，培育家风文化，恢复邻里文化，创新矛盾化解机制，畅通诉求表达渠道，维护农民合法权益，塑造现代化生活习惯、生活方式，提升农民的市民化程度。通过生态振兴，培育居民环保意识，形成居民主动参与的生活垃圾、禽畜粪便治理和污水处理机制，降低对农药的依赖程度，改善人居环境。

主题报告篇

Special Topics

B.2

城乡基层治理机制：成都市2019年“一核三治，共建共治共享”现状报告

成都市“一核三治，共建共治共享”基层治理机制研究课题组*

摘　要： 成都市作为四川省的首位城市，率先在全国探索城乡基层治理机制，以系统治理为逻辑起点，建立了“一核三治，共建共治共享”的基层治理机制，不仅在全国起步较早，还积累了相应的治理经验。本研究聚焦“一核三治，共建共治共享”基层治理机制的执行现状，通过面向成都市城乡居民的问卷调查，对该机制的运行现状进行系统评估并寻找规律。研究发现，共享指数呈现由关注“公共服务”向关注“公共安全”转型升级

* 课题组成员：中共成都市委组织部调研组；黄进，博士，四川省社会科学院社会发展与公共政策研究中心主任，研究员；刘伟，博士研究生，四川省社会科学院社会学研究所副研究员；刘宗英，硕士，四川省社会科学院社会学研究所助理研究员；王楠，四川省社会科学院社会学研究所副图书馆员。

的特征；共建指数呈现公共治理格局达成、社区活动新民生不足的特征。共建共享方面，“共建力”弱于“共享值”，共建共享指数呈“反圈层”格局。治理内在机理方面，以党建为根本引领，“三治”的影响不一；党建指数方面，基层党建基础全面夯实，信息公开成为阶段性短板；“三治”指数方面，自治激活政治效能感，且大幅高于德治、法治。

关键词： 共建共治共享　基层治理　成都

一　研究背景

（一）溯源：成都社区治理发展的简要历程

2017 年，党的十九大报告提出“加强农村基层基础工作，健全自治、法治、德治相结合的乡村治理体系”，为新时期党领导基层社会治理指明了方向。2018 年 12 月修订后实施的《中国共产党农村基层组织工作条例》和 2019 年 5 月出台的《中共中央办公厅关于加强和改进城市基层党的建设工作的意见》对深入推进党建全面引领城乡社区发展治理提出了更高的要求。

成都市从 2003 年开始探索党建引领城乡社区基层治理机制，在贯彻党中央决策部署和回应时代需求过程中，一步步走到了全国基层治理的前列。2003 ~2006 年，为配合国家经济和社会体制改革的需要，城市社区逐渐承担起企业剥离出来的社会职能和政府转移出来的服务职能，针对原来的“单位人”缺乏“社会人”意识的状况，成都市以“一核主导，激活自治”为重点，开启了基层治理的探索。2007 ~2012 年，在统筹城乡综合配套改革试验区和灾后重建中，针对农村居民参与基层治理能力弱、村民自治难、村级公共事务推进难、村两委监督难等农村基层治理中的问题，成都市按照

“一核主导，强化自治”的思路，构建起了“村支部领导、议事会决策、村委会执行、监事会监督”的新型村级治理机制。2013～2017年，特别是跻身新一线城市以来，随着经济社会的发展，成都市实际管理人口超过2000万，基层社会活力竞相迸发。成都市通过引导、扶持、整合社会力量积极参与基层治理，初步形成了“一核多元，合作共治”的基层治理格局。2017年，围绕建设全面体现新发展理念国家中心城市这一奋斗目标，成都市在全国率先成立社区发展治理委员会，开启了特大城市治理体系建设的探索，城乡社区治理向“一核多元，共治共享”转变。

在新的历史进程中，在党中央的新要求、新部署下，成都市提出构建“一核三治，共建共治共享”城乡社区治理新机制。这是一个时代的命题、一次承前启后的探索。本报告旨在了解成都市居民对“一核”“三治”“共建共享”的认知、评价和期待①，为成都市“一核三治，共建共治共享”城乡基层治理新机制的建设提出有针对性的建议。

（二）深描：大样本基础上的评价与分析

为充分体现以人民为中心的理念，更加精准地研判成都市城乡社区治理现状，将城乡社区治理的顶层设计思路与群众现实诉求和评价相对接，经与成都市委组织部协商，课题组以城乡居民评价为基点，通过德尔菲法和文献梳理法，构建了三个层面（共建共享、党建引领、三治并举）、六大领域（共享、共建、党建、自治、法治、德治），共计109个具体测评指标的六大指数。通过实施大样本的问卷调查，对“一核三治，共建共享”的现状进行群众维度的精准研判。指标体系具体包括三个层面。

第一层面：共建共享指数。习近平总书记指出，社会建设要以共建共享为基本原则。共建是社区居民的权利与义务，也是成都市建设高品质和谐宜居生活社区的实现路径。共建的关键在一个“共”字，此次调研重点针对居

① 在本报告成文时，成都市尚未提出“一核三治，共建共治共享”，只提出“一核三治，共建共享”，所以本文没有涉及共治指数，相关论述也表达为“共建共享”。

民对社区治理参与主体的知晓情况，居民对社区共建的认知、态度、行为等。共享的要义是社区居民对美好生活的追求。共建共享指数用来测量和评价群众共建共享的达成现状，指向治理目标层，包括群体感知层面的“共享评价指数”和行动意愿层面的“共建评价指数”两大指数。党的十九大报告特别强调，必须“保证全体人民在共建共享发展中有更多获得感”。其中，共享评价指数内容涉及安全感、幸福感、获得感等（下称“三感”），以及围绕“三感”而设计的相关问题。共建评价指数内容涉及人民群众的共建意愿、共建认识与共建行动三个面向，以及围绕三个面向设计的一系列问题。

第二层面：党建引领指数。用来测量和评价群众对党建引领的认识、认同、行动现状，指向城乡社区治理的核心路径层。对党建在基层社区落地落实的方方面面进行系统测评，共涉及21个指标。

第三层面：三治并举指数。用来测量和评价群众对自治、法治、德治的认识、意愿、行动现状，指向城乡社区治理的执行路径层，包括“自治评价指数”、“法治评价指数”以及“德治评价指数”三大指数，以及围绕三大指数设计的一系列问题。

最终，课题组向成都市20个区（市、县）及天府新区成都直管区共发放问卷6500份，调查对象包括城乡普通居民、社区（村）干部，以及社会组织工作人员，问卷全部回收且有效，调查成功率100%。

二　实证求索

（一）共享评价指数：由关注“公共服务”向关注“公共安全”转型升级

数据显示，成都居民拥有较高的安全感与幸福感。其中，安全感主要由城乡公共服务的高质量供给达成；同时，不论横向比还是纵向比，生活在成都，居民普遍有较高的幸福感。数据同时还显示，同共享最为密切相关的群众获得感的核心关切，已由社区公共服务转向社区公共安全，社区公共安全成为制约群众获得感的核心要素。历经“平安成都”百日攻坚后，社区公共安全依然是群众获得感达成的核心关切。总之，共享评价指数显示，成都居民共享社会治理取得阶段性成果，“幸福成都”“安居成都”当之无愧。

1. 群众表达：公共服务满足群众安全感，公共安全制约群众获得感

我们对共享评价指数所得数据进行主成分分析（见表1）以期降维聚类①，更清晰地呈现共享评价指数的结构性特征，共计提取出符合统计学要求的三项公因子，包括安全感、幸福感、获得感。其中，安全感指标同“社区公共服务满意度”“社区居民福利满意度”“社区公共空间设计满意度”三项指标聚类，表示在当前，群众安全感主要来自社区公共服务供给。可见，成都市多年来深耕对城乡居民的公共服务精准、有效供给，特别是自2017年举办城乡社区发展治理大会以来各项提升社区公共服务的举措，有效提升了群众的安全感。幸福感指标则同“与过去纵向比幸福感”“与他市、他人横向比幸福感”“未来预测幸福感”“国家认同感”“个人安全感”等五项指标聚类。获得感指标则同公共安全相关的四个指标高度相关，但特别值得说明的是，尽管影响获得感的重要指标全部为公共安全，但获得感指标同公共服务与个人幸福感的各个指标亦都有较强联系，表示获得感是一种以安全感、幸福感为基础，在社会发展治理的共享领域级别更高的群众感知。这亦表明，成都群众获得感的核心关切，已由公共服务向公共安全转型升级。

表1　共享评价指数主成分分析旋转后矩阵[a]

影响因素	共享评价指数指标	公因子		
		安全感	幸福感	获得感
公共服务	1. 我所在社区的公共服务基本能满足我的需要	0.810		0.291
	2. 我所在社区的居民福利多，且很丰富	0.817		0.275
	3. 我所在社区的公共空间设计利用得越来越好	0.823		0.195
	4. 总的来说，我有较强的安全感	0.772		

① 降维聚类是指将三级指标的维度降低，将具有同类意义的指标聚类整合，通过统计学技术处理，建立一个具体的指标的过程。

续表

影响因素	共享评价指数指标	公因子		
		安全感	幸福感	获得感
幸福认知	1. 与2009年相比,我幸福多了		0.762	0.345
	2. 生活在成都,我十分幸福		0.787	0.275
	3. 与周围人相比,我幸福多了		0.670	0.264
	4. 未来10年,我会更幸福		0.795	0.228
	5. 追求个人幸福不能有损他人、社会、国家利益		0.743	0.265
	6. 我需要非常注意家中用电、煤气、门窗等安全		0.696	0.396
公共安全	1. 深夜在我家附近街区单独行走,不用担心安全			0.497
	2. 我所在小区的消防(通道)设施维护良好			0.673
	3. 我居住的小区常常有盗窃等治安事件发生			0.821
	4. 我可以放心让10岁以下的孩子独自下楼玩耍			0.573
	5. 总的来说,我有较强的获得感		.	0.778

说明：提取法，主体元件分析；转轴方法：具有Kaiser正规化的最大变异法；a：在5迭代中收敛循环。

2. 群众感受："幸福成都""安全成都"实至名归，"获得成都"尚欠火候

从共享评价指数的群众评价排名来看，幸福感与安全感的绝大部分指标得分超过4分（总分5分，下同），只有排名末三位的指标得分低于4分，另有低于3.5分的指标2项，低于3分的指标1项。具体来看，排名前三的指标均为幸福感指标，群众普遍的幸福自信感支撑起核心的积极共享评价；公共服务类指标紧随其后，支撑力亦相对强劲，优质公共服务赋予成都群众较强安全感。从群众感知不难看出，"幸福成都""安全成都"已实至名归。排在后三位的指标为安全感指标和获得感指标，"获得成都"需要将公共安全这一感知植入群众心中。

表2　共享评价指数中各指标群众评价得分

（有效N=6042，满分5分）

单位：分

公因子	共享评价指数指标	得分(排名)	标准差
安全感 均分 4.09	1. 我所在社区的公共服务基本能满足我的需要	4.10(11)	0.96
	2. 我所在社区的居民福利多,且很丰富	3.85(13)	1.09
	3. 我所在社区的公共空间设计利用得越来越好	4.11(10)	0.98
	4. 总的来说,我有较强的安全感	4.30(6)	0.82

续表

公因子	共享评价指数指标	得分(排名)	标准差
幸福感均分4.50	1. 与2009年相比,我幸福多了	4.39(5)	0.89
	2. 生活在成都,我十分幸福	4.50(4)	0.76
	3. 与周围人相比,我幸福多了	4.19(9)	0.95
	4. 未来10年,我会更幸福	4.52(3)	0.75
	5. 追求个人幸福不能有损于他人、社会和国家利益	4.69(1)	0.66
	6. 我需要非常注意家中的用电、煤气、门窗等安全	4.68(2)	0.65
获得感均分3.63	1. 深夜在我家附近街区单独行走,不用担心安全	4.03(12)	1.15
	2. 我所在小区的消防(通道)设施维护良好	4.25(7)	0.90
	3. 我居住的小区常常有盗窃等治安事件发生	2.38(15)	1.43
	4. 我可以放心让10岁以下的孩子独自下楼玩耍	3.25(14)	1.43
	5. 总的来说,我有较强的获得感	4.24(8)	0.88

成都市共享评价指数得分较高，加权总分高达4.12分，充分说明成都市民共享城乡社区发展治理的目标初步达成。

（二）共建评价指数：公共治理格局达成，社区活动地气不足

数据显示，成都居民从意愿到行动均呈现极强的公共治理参与性，居民参与公共治理的格局形成。但是，数据也揭示出当前社区活动的社会吸纳力不强，不论是提升人民群众生活质量，还是助力党委政府，基层组织与社区活动对城乡居民整合的效力都比较弱。同时，老百姓对社区是自治组织还是政府组织的认识仍然普遍模糊。

1. 公共治理：从群众意愿到群众行动的“双达成”

在共建评价体系的14项指标中，群众参与公共治理意愿与行动的10项指标得分全部在4分以上（见表3）。在公共治理意愿方面，群众普遍有极高的热情，十分愿意为社区（村）居民服务（4.51分），对所居住社区具有很强烈的归属感（4.41分），愿意将自身资源投注所在社区（村）的发展与治理当中（4.39分），不仅愿意参加社区（村）的发展与治理各项事务（4.39分），更愿意了解所在社区（村）的管理情况（4.31分）。在公共治理行动方面，大部分群众不仅主动向社区（村）反映意见或问题（4.28

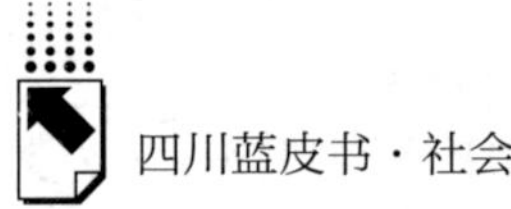

分），还对“社区（村）治理是街道和社区居委会（村委会）的事，与我无关”的说法持正确认识（4.15分）；不仅参与所在社区（4.09分）和所在小区（4.03）的公共事务，还对担任社区（村）干部保持积极性（4.01分）。数据揭示，成都市人民群众在参与公共治理领域已基本实现从意愿到行动的“双达成”。

2. 社区活动：社会吸纳力有待强化，还需更接地气

在共建评价指标体系的14项指标中，参与社区活动意愿的3项指标得分全部在4分以下（见表3）。其中，群众在同亲朋活动进行比较后，对社区（村）组织的各项活动评价得分仅为3.14分；更多群众将居住小区定位为居住功能，现阶段居民小区的其他功能（如工作与娱乐功能）明显不强（2.79分）；群众对参与社区组织的各类活动（如娱乐、文体、兴趣、联谊等）的兴趣不强（2.37分）。可见，社区活动对居民的吸引力还有较大的提升空间。以社区活动丰富人民群众美好生活，助力党委、政府对基层社会整合的效力还有待强化，尤其是社区活动的组织主体（社区、社会组织、社区自组织）还需要更接“地气”，要以人民群众诉求为导向。

3. 自治认识：社区的政治功能已“入脑入心”

在共建评价指标体系的14项指标中，有一项指标为“对社区（村）党群服务中心是否为一级政府的正确认识”，该指标的得分仅为1.74分（见

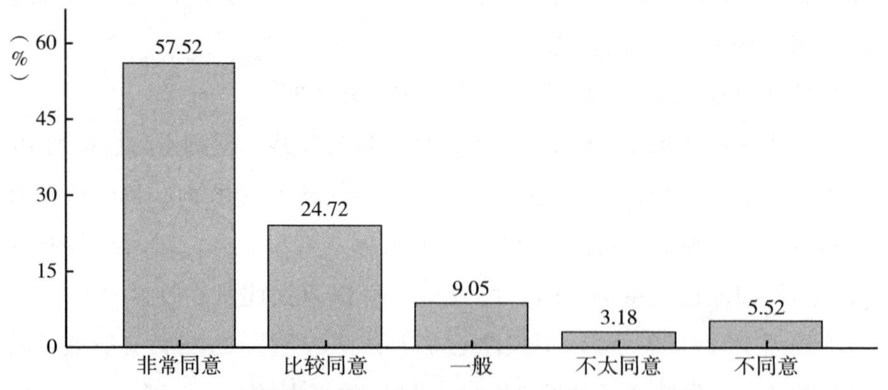

图1 对“社区（村）党群服务中心是否为一级政府”认识情况（满分5分）

表3），这表示绝大多数被访者认为社区（村）党群服务中心是一级政府。如图1所示，57.52%的被访者“非常同意”社区（村）党群服务中心是一级政府，24.72%的被访者“比较同意”，两项比例加总为82.24%。尚有9.05%的被访者选择“一般”这一模糊选项，真正“不太同意”和“不同意”比例总计仅为8.70%。这表明，社区的政治功能已在城乡社区居民中“入脑入心”。

表3　共建评价指数各指标群众评价得分

（有效N=6500，满分5分）

单位：分

类别	共建评价指标	得分	排序	标准差
参与公共治理意愿与行动	对成为社区(村)里的志愿者、为社区(村)居民服务的意愿	4.51	1	0.78
	对所居住的社区(村)有很强的归属感	4.41	2	0.84
	为社区(村)的发展或活动提供自己的资源的意愿	4.39	3	0.81
	参加社区(村)发展与治理的各项事务的意愿	4.39	3	0.82
	了解所在社区(村)的管理情况的意愿	4.31	5	0.88
	主动向社区(村)反映意见或问题的行动	4.28	6	0.89
	对“社区(村)治理是街道和社区居委会(村委会)的事，与我无关”的认识	4.15	7	1.26
	参与所在社区公共事务的行动	4.09	8	1.07
	参与居住小区公共事务的行动	4.03	9	1.10
	对担任社区(村)干部积极性	4.01	10	1.20
参与社区活动意愿	对社区(村)组织的各项活动评价(同亲朋活动相比较后)	3.14	11	1.39
	将小区定位为居住功能，忽略其他(工作、娱乐等)功能	2.79	12	1.36
	对社区组织各类活动(如娱乐、文体、兴趣、联谊等)参加的兴趣意愿	2.37	13	1.29
自治认识	对社区(村)党群服务中心是否为一级政府的正确认识	1.74	14	1.11

（三）共建共享格局：“共建力”弱于“共享值”，共建共享指数呈“反圈层”格局

数据显示，成都市共建共享指数得分呈“反圈层”格局，城乡社区发展治理之起点优劣，并没有影响群众的获得感、幸福感、安全感与参与共建

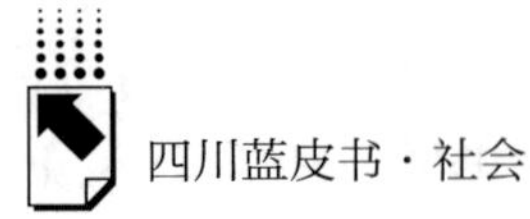

的意识行动。同时，共建评价指数得分低于共享评价指数得分。

1. 共建共享指数呈现“反圈层”格局

如图 2 所示，成都市各圈层的共享评价指数得分大致呈现出明显的“反圈层”效应，即圈层越靠近中心，得分越低；圈层越接近边缘，得分越高。一圈层群众共享评价指数得分为 4. 08 分，二圈层为 4. 12 分，三圈层为 4. 14 分，天府新区直管区评价得分为 4. 23 分。这一结构性特征亦在共建评价指数中得到体现。如表 4 所示，一圈层群众共建评价指数得分为 3. 90 分，二圈层为 3. 94 分，三圈层为 3. 96 分，天府新区直管区评价得分为 4. 02 分。

这一方面提示越靠近中心城区的社区，矛盾纠纷越多，居民的相对剥夺感越强，因而这些区域的社区发展治理的任务越重；另一方面也表明中心城区居民对共建共享城乡社区发展治理的成果有更多期待。

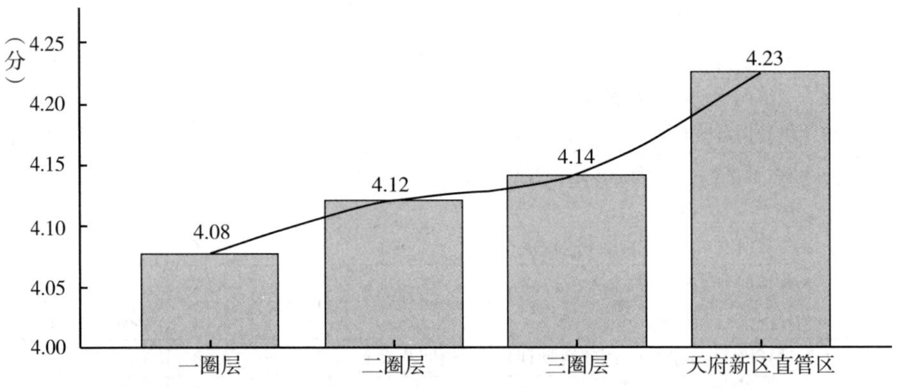

图 2　成都市各圈层共享评价指数加权得分统计（满分 5 分）

2. “共建力”明显弱于“共享值”

成都群众的共享评价指数总体得分（加权分）为 4. 12 分，而共建评价指数总体得分（加权分）为 3. 94 分，群众对共享的评价明显高于共建。同时，共建评价指数的标准差低于共享评价指数的标准差，表明群众对共建的评价得分的集中度与一致度更高，共建评价指数得分的稳健性更强。若将共建共享作为城乡社区治理的目标层，那么一方面共建、共享均已达到较高水准，另一方面共建的努力空间，明显大于共享。

表4　共建共享评价指数各圈层群众评价得分

（有效 N = 6500，满分 5 分）

单位：分

所在圈层		共享评价指数（加权分）	共建评价指数（加权分）
一圈层	得分	4.08	3.90
	标准差	0.61	0.53
二圈层	得分	4.12	3.94
	标准差	0.61	0.53
三圈层	得分	4.14	3.96
	标准差	0.61	0.50
天府新区直管区	得分	4.23	4.02
	标准差	0.59	0.45
总计	得分	4.12	3.94
	标准差	0.61	0.52

（四）治理内在机理：以党建为根本引领，“三治”的影响不一

成都的实践经验表明，“一核”与“三治”是支撑城乡社区治理的内在机理的核心要素，要素之间有其内在规律性的逻辑关联。有学者提出治理要素的整体论，认为“一核”与“三治”各有侧重，有优先次序，但更需要同时发力、交织前进，以便发挥要素结合的乘数效应。本报告统计模型显示，当前成都城乡社区治理各要素之间呈现如下规律：以党建为根本引领，以德治为第二内驱，自治的结构性、功能性位置清晰，但法治的结构性、功能性位置比较模糊。

1. 党建领航——成都群众共建共享目标达成的根本引擎

在统计学中，皮尔逊相关系数旨在揭示各要素之间是否存在相互影响的关系，系数值0.7以上为强相关，0.3～0.7为中度相关，0.3以下为弱相关。我们将成都群众对六大指数的测评结果进行皮尔逊相关关系测算，以期发现成都城乡社区（村）治理模式中，“一核”要素、“三治”要素分别对人民群众共建共享目标达成的内在影响逻辑。模型结果显示，同共享评价指

数与共建评价指数高度相关的首要因素均为党建评价指数，分别达到0.709和0.708的高度相关性，表明在成都所践行的城乡社区发展治理模式中，“一核”要素正从根本上、当仁不让地、内在性地强势引领着人民群众共建共享的达成（见表5）。

表5　六大指数评价得分的皮尔逊相关系数

	共享评价指数	共建评价指数
共享评价指数	1	0.537**
共建评价指数	0.537**	1
党建评价指数	0.709**	0.708**
法治评价指数	0.374**	0.394**
德治评价指数	0.670**	0.564**
自治评价指数	0.506**	0.510**

注：** 表示相关性在0.01水平上显著（双尾）。

2. 城市品德——成都群众共建共享目标达成的第二内驱

数据显示，“三治”之中德治（城市品德）仅次于党建，是与成都市群众共建共享目标达成密切关联的第二要素，可被视为共建共享目标达成的第二引擎，相关系数分别达到0.670（同共享评价指数相关关系）和0.564（同共建评价指数相关关系）。相对于自治和法治，德治所涉及的爱国教育、天府文化、城市精神、社会心态、市民培育正潜移默化地深刻影响着城市治理的内在成效。自2017年成都市城乡社区发展治理大会召开以来，以推进天府文化建设为核心内涵的德治建设始终为成都市推进城乡社区（村）治理工作的重点，基层德治工作正配合基层党建工作，描绘出成都城乡社区（村）治理工作的坚强底色。

3. 自治法治——社区（村）治理的“结构性位置”：自治稳健，法治较弱

自治处在城乡社区治理中的基础性位置，在城乡社区治理的要素中最先发力也最易显现成效。数据显示，一方面，“三治”之中自治对成都市群众共建共享目标达成影响程度居中，相关系数分别为0.506（同共享评价指数相关关系）和0.510（同共建评价指数相关关系）；另一方面，群众对当前

成都市自治成效的评价，在“一核”与“三治”中，位列第一，不仅总计得分高达4.25分，三个圈层与天府新区直管区的得分也均超过4.20分（见表6）。一方面，群众对自治评价打分高；另一方面，自治与共建共享目标的相关关系处于中等水平，表示自治在城乡社区治理各要素中的结构性位置已相对稳健，就当前来说，其在影响共建共享目标达成的结构性位置中，处在党建与德治之后、法治之前。

与自治不同，法治则在城乡社区治理中的结构性位置不够稳健。数据显示，一方面，“三治”中之法治与成都市群众共建共享目标达成的关联最弱，相关系数分别仅为0.374（同共享评价指数相关关系）和0.394（同共建评价指数相关关系）（见表5），说明法治与共建共享目标的相关关系不强；另一方面，群众对当前成都市法治成效的评价在“一核”与“三治”中最低，总分为4.13分。这说明，法治在当前的城乡社区治理中的结构性位置并不稳健，还有较大的提升空间。

表6 “一核三治”各指数评价得分

（有效N=6500，满分5分）

单位：分

所在圈层		党建评价指数（加权分）	法治评价指数（加权分）	德治评价指数（加权分）	自治评价指数（加权分）
一圈层	得分	4.17	4.12	4.16	4.23
	标准差	0.58	0.47	0.49	0.71
二圈层	得分	4.16	4.10	4.15	4.21
	标准差	0.62	0.48	0.50	0.74
三圈层	得分	4.21	4.17	4.21	4.29
	标准差	0.60	0.48	0.48	0.72
天府新区直管区	得分	4.26	4.17	4.26	4.38
	标准差	0.56	0.45	0.43	0.66
总计	得分	4.18	4.13	4.18	4.25
	标准差	0.59	0.48	0.49	0.72

（五）党建指数：基层党建全面夯实，信息公开成为阶段性短板

1. 总体分析：群众组织归属感极强，阶段性工作短板浮现

数据显示（见表7），成都市城乡社区的基层党建工作全面夯实，得到人民群众的高度认同。群众不仅对基层党组织的归属感极强，且高度的认同感几乎覆盖到基层党建的全部领域。得分排名前五的指标分别为“社区（村）党组织是社区各类组织与各项工作的领导核心”（4.56分），“社区（村）党组织应该开展经常性的理论学习，提高理论认识”（4.53分），“社区（村）党组织负责人和社区党员经常参加各级党组织学习教育或培训”（4.53分），“社区（村）有专门的党员活动室”（4.52分），“我所在社区（村）党组织做到了维护群众利益，受到了群众拥护”（4.51分）。同时，数据显示，社区（村）党组织在高效运用传统党建工作方式方法的基础上，正向新型工作方式方法扩展，且成效显著（“我所在的社区，党员干部运用微信、QQ、党建 App 等新媒体组织活动”，获得4.44分）。

解决实际问题、党务公开、“四风”问题等依然是群众的核心关切与党建工作痛点。得分排名后五项的指标全部低于4分，分别为“社区（村）党组织解决群众反映的热点、难点问题的能力存在一定程度的不足”（3.01分），“社区（村）党组织成员中尚存在官僚主义和形式主义现象”（3.32分），“我所在社区（村）的各项制度，并未得到良好的执行”（3.38分），“党务公开的是党的内部事务，主要公开对象为党员干部，不必向群众公开”（3.43分），“党务公开的主要目的是‘公开’，因此可以不设置信息反馈机制”（3.55分）。可见，解决问题能力、“四风”问题、执行制度与党务公开，成为现阶段群众对基层党建工作的最大困惑。课题组的访谈信息表明，这一系列的困惑，主要产生于信息不对称导致的信息传播缺失或者失真，因此信息公开（不限于党务信息）依然是现阶段基层党建工作的相对短板。

2. 分项描述：城乡居民评价中的党建图景

第一，社区（村）党组织的思想建设、组织建设。社区（村）党组织思想建设和组织建设是社区（村）治理的基石，也是社区（村）治理纵深

表 7　党建指数群众评价得分

（有效 N = 6500，满分 5 分）

单位：分

	得分	排序	标准差
社区(村)党组织是社区各类组织与各项工作的领导核心	4.56	1	0.72
社区(村)党组织应该开展经常性的理论学习,提高理论认识	4.53	2	0.73
社区(村)党组织负责人和社区党员经常参加各级党组织学习教育或培训	4.53	2	0.74
社区(村)有专门的党员活动室	4.52	4	0.77
我所在社区(村)党组织做到了维护群众利益,受到了群众拥护	4.51	5	0.76
我所在的社区(村)党组织定期召开民主生活会	4.49	6	0.77
社区(村)党组织定期向社区党员代表、居民代表进行述职述廉	4.49	6	0.77
社区(村)党组织定期对服务群众效果进行满意度测评	4.48	8	0.78
我所在社区(村)党员干部的模范带头作用发挥较好	4.47	9	0.77
民主集中制是党的根本组织原则	4.44	10	0.84
社区(村)定期召开党建联席会议,与辖区内各单位、各组织一起研讨社区发展治理工作情况	4.44	10	0.79
我所在的社区,党员干部运用微信、QQ、党建 App 等新媒体组织活动	4.44	10	0.79
遇到困难时,我很容易找到社区(村)党组织帮我解决	4.42	13	0.84
我所在社区(村)党组织、社区各项工作制度是较为完善的	4.41	14	0.81
我对所在社区(村)党委书记换届选举的情况十分了解	4.30	15	0.89
党支部党风廉政建设主要通过党内监督进行	4.15	16	1.12
党务公开的主要目的是“公开”,因此可以不设置信息反馈机制	3.55	17	1.56
党务公开的是党的内部事务,主要公开对象为党员干部,不必向群众公开	3.43	18	1.61
我所在社区(村)的各项制度,并未得到良好的执行	3.38	19	1.57
社区(村)党组织成员中尚存在官僚主义和形式主义现象	3.32	20	1.59
社区(村)党组织解决群众反映的热点、难点问题的能力存在一定程度的不足	3.01	21	1.47

发展的助推器。如图 3 所示，被调查者对于“基层党组织是社区（村）各类组织与各项工作的领导核心”的说法，选择“非常同意”的有 4453 人，

占总的数 68.51%，选择“比较同意”的有 1356 人，占样本总数的 20.86%，表明基层党组织在社区（村）治理工作中的领导核心作用得到绝大部分受访者的认可。

被调查者对于“经常开展理论学习”，选择“非常同意”的有 4296 人，占样本数的 66.09%，选择“比较同意”的有 1457 人，占样本数的 22.42%，选择“不太同意”“不同意”“不清楚”的都不足总数的 1%，由此可见，在思想建设方面，基层党组织比较重视理论学习，党员的思想理论意识比较到位。

被调查者对于“定期召开民主生活会”，选择“非常同意”的有 4189 人，占样本总数的 64.45%，选择“比较同意”的有 1413 人，占样本总数的 21.74%。对于“党员活动中心”，被调查者选择“非常同意”的有 4349 人，占总数的 66.91%，选择“比较同意”的有 1305 人，占总数的 20.08%。从统计结果看，作为党建工作的载体，大部分基层党支部有专门的党员活动阵地，能定期召开民主生活会，开展学习、工作、议事等活动，有利于增强党组织凝聚力和战斗力，提升党员素质。

对于“定期召开党建联席会”，被调查者选择“非常同意”的人有 3978 人，占样本总数的 61.20%，选择“比较同意”的有 1530 人，占样本总数的 23.54%。通过问卷数据和实地访谈，笔者了解到社区（村）与驻区单位共建互补力度在加大，一些新兴领域的党建工作也在拓展深化，党建“盲区”在逐步消除。社区党组织以党建联席会为平台，与驻区单位、各行业、各组织共同研讨社区发展治理工作正在成为一种新常态。

总体来看，社区党组织在思想建设、组织建设上高度重视，把增强党性、凝聚党员、织密组织体系作为首要任务来抓，以社区党组织为核心紧密连接辖区单位、行业、各新兴领域党组织的组织体系正在逐步完善。在多元主体参与的社区治理中，社区党组织已成为社区群众的主心骨。

第二，社区（村）党组织的服务能力。服务群众、造福群众是基层治理的出发点。如图 4 所示，在遇到困难时，“群众很容易找到社区（村）党组织解决问题”，有 3949 人选择“非常同意”，占样本总数的

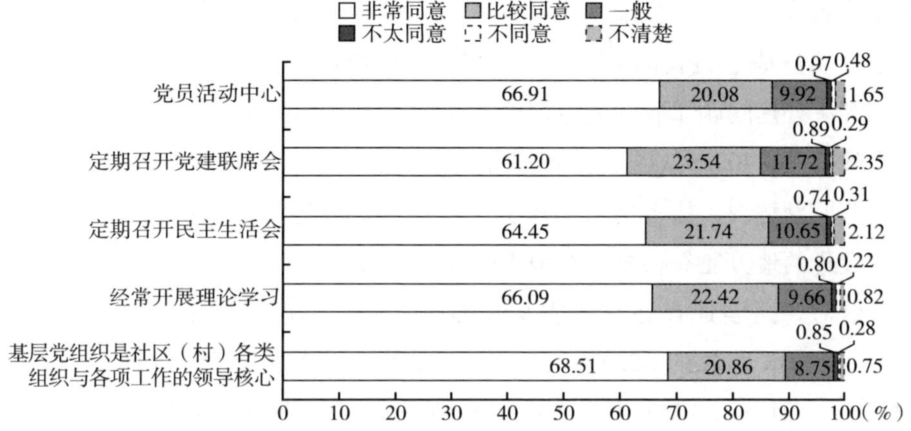

图3　成都市城乡社区（村）党组织思想建设、组织建设情况

60.75%，有1554人选择"比较同意"，占样本总数的23.91%。在回答社区干部"运用新媒体联系群众"时，有3946人选择"非常同意"，占样本总数的60.71%；1600人选择"比较同意"，占样本总数的24.62%。结合问卷和访谈情况，在群众看来，党组织已经不再是过去"看不见，摸不着，想不起"的状态，党群服务中心成为党组织与群众密切联系的实体场所，微信、QQ、公众号等新媒体方式的运用，使居民快捷高效地找到党组织反映问题，同时党组织也能通过各种渠道对群众的需求快速回应。

调查显示，在处理解决各种矛盾问题时，"党员干部发挥模范带头作用"，有4018名受访者对此"非常同意"，占样本总数的61.82%，另外有1606名受访者"比较同意"，占样本总数的24.71%，只有极少数受访者不同意此说法，仅占0.38%。总体来看，党员干部在社区治理中发挥的示范引领作用受到了广泛认可。

在对社区（村）两委处理解决矛盾问题的能力进行调查时，对于"社区（村）两委解决问题的能力不足"问题，1413名受访者表示"非常同意"，占样本总数的21.74%；1203名受访者表示"比较同意"，占样本总数的18.51%；1598名受访者表示"不同意"，占样本总数的24.58%；880

名受访者表示“不太同意”，占样本总数的 13.54%；另外有 209 名受访者表示“不清楚”，占样本总数的 3.22%。从统计数据上看，对社区（村）两委解决处理问题矛盾的能力评价，呈现认可和否定两极分化，二者在数据上大致持平，40.25% 的受访者明确认为社区（村）两委能力不足，表明居民对其问题解决、服务方式、服务手段的满意度还不高，社区（村）两委需要改进的地方还有很多，有很大的提升空间。

针对“两委还存在官僚主义和形式主义”问题，2498 人选择“不同意”，占样本总数的 38.43%；670 人选择“不太同意”，占样本总数的 10.31%。但也有 1443 人和 695 人分别选择了“非常同意”和“比较同意”，分别占样本总数的 22.22% 和 10.69%。可以看出，认为两委不存在官僚主义和形式主义的受访者更多一些，持有相反意见的受访者接近总数的 1/3。结合访谈分析，部分社区（村）两委在处理实际问题时存在脱离群众、缺乏深入调研、工作中疲沓推诿的现象，这些可能是造成群众满意度不高的主要原因。

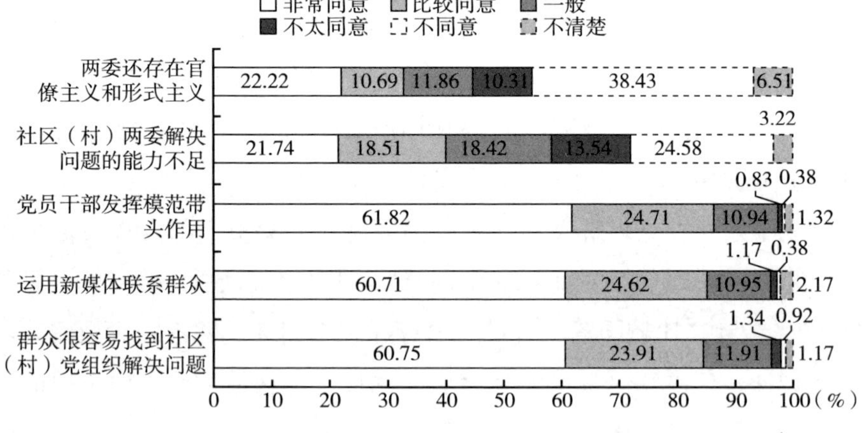

图4　成都市城乡社区（村）党组织服务能力情况

总体来看，居民和社区的联系更紧密了，沟通渠道多样化，方便快捷、精准高效。目前社区两委在服务群众、解决矛盾问题方面还有不足之处，在转变工作作风、整合资源、改进服务方式和服务手段方面还有很多工作要做。

第三，社区（村）党组织的党风廉政建设与制度建设。如图5所示，在受访者中，对“社区党委定期述职述廉”，4213人表示“非常同意”，占样本数的64.82%；1372人表示“比较同意”，占样本数的21.11%。

在回答“党务公开主要针对党内，不必向群众公开”时，2776人表示“不同意”，占样本总数的42.71%；751人表示“不太同意”，占样本总数的11.55%。有1384人和745人分别选择了“非常同意”和“比较同意”，分别占样本总数的21.29%和11.46%。可以看到，超过半数的受访者认为党务方面，除涉及党和国家秘密不得公开或者依照有关规定不宜公开的事项外，都应对外公开，特别是基层党务的内容。

针对“社区（村）党组织工作制度较为完善”问题，3804人表示“非常同意”，占样本总数的58.52%；1670人表示“比较同意”，占样本总数的25.69%。有关“各项制度未得到良好执行”问题，2553人选择“不同意”，占样本总数的39.28%；742人选择“不太同意”，占样本总数的11.42%。但也有1291人和769人分别选择了“非常同意”和“比较同意”，分别占样本总数的19.86%和11.83%。可以看到，社区（村）党组

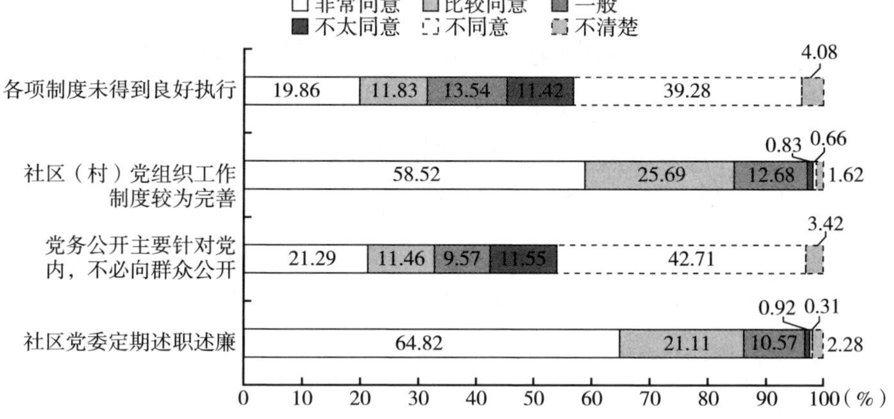

图5　成都市城乡社区（村）党组织党风廉政建设与制度建设情况

织现有的工作制度已经比较完善，一些在社区治理中形成的成熟经验和具体做法已经转变为制度性安排，由于一些历史性原因，社区职能界限还未完全清晰，社区行政化现象依然存在，导致社区工作的制度化还需要进一步加强。

（六）“三治”指数：自治激活政治效能感，且大幅高于德治、法治

如前文所述，成都城乡社区治理的经验表明，“三治”对共建共享的成效影响不一，既需要各自找准自身在城乡社区治理中的结构性位置，充分、最大化地发力，又需要助力城乡社区治理，发挥“三治”的乘数效应。

1.“三治”激活群众政治效能感的成效

萨缪尔·亨廷顿指出，在外在环境与个体参与行为之间，存在着一个中间环节，并在很大程度上影响着参与行为的发生程度，这个中间环节就是个体的政治效能感。对人民群众而言，良好的政治效能感有助于提升个体的政治参与意愿，而对城乡社区治理而言，自治、法治、德治的一系列举措，就是为了提升个体的政治效能感，提升个体参与城乡社区治理的意愿与行动自觉。

表 8 数据显示，在成都市城乡治理中，自治对激活人民群众基层治理参与的政治效能感成效，是德治的 3.41 倍、法治的 14.5 倍。我们以共建评价指数（总得分）作为因变量，分别将自治评价指数（总得分）、法治评价指数（总得分）、德治评价指数（总得分）作为自变量，构建 OLS 多元线性回归模型，用以测评“三治”指数在激活治理参与的政治效能感方面的具体影响力。模型分析结果显示，自治评价指数对共建评价指数的标准化影响系数为 0.58，德治评价指数对共建评价指数的标准化影响系数为 0.17，法治评价指数对共建评价指数的标准化影响系数仅为 0.04。自治激活的政治效能感最高，德治次之，法治最低。

表8 “三治”影响共建评价指数的OLS多元线性回归模型统计

		非标准化系数		标准化系数	T值	显著性
		B	标准误差	Beta		
模型	(常数项)	17.18	0.64	—	26.96	0.00
	法治评价指数(总得分)	0.05	0.01	0.04	4.21	0.00
	德治评价指数(总得分)	0.16	0.01	0.17	14.84	0.00
	自治评价指数(总得分)	0.23	0.01	0.58	49.00	0.00

说明：有效N=6500。因变量：共建评价指数（总得分）。调整拟合度0.521，模型F值=2356.419，P=0.000。

2. 自治图景：高度自治秩序中的成都社区——制度、服务、意识

自治是在一定制度规则之下的自我治理。社区（村）自治是指使基层百姓有序参与社区治理，通过遵守一系列制度安排，形成集体选择自主管理社区事务的过程。本报告通过社区（村）的制度性自我管理、公共服务供给，以及民主选举、决策、管理、监督意识等群众意识三个方面来具体测量。数据显示，成都市城乡社区治理在制度、服务与意识三个方面，正呈现出高度的自治秩序。

第一，自我管理：自治制度执行有力。我们将村（社区）的自治管理分为居（村）民代表大会的作用、居（村）民议事会的作用、政/村务公开情况、网格员工作情况以及治安状况五个方面进行评价。数据显示，社区（村）自治管理各项情况均评价良好，居（村）民对自治管理反映“非常好”的均占半数以上，尤其对“政/村务公开情况”的评价“非常好”的占比高达62.25%。稍微薄弱的是“居（村）民代表大会的作用”，居（村）民评价“非常好”的占比为54.40%，评价为“一般”的占比也有15.08%（见图6），可见自治制度执行十分有力。

第二，公共服务：供给效率普遍偏高。我们将公共服务供给操作化为被调查者对所在居（村）民委员会的各项服务评价，同时还测评了具有准公共服务性质的社会组织提供的服务，以及社区政务、文化、商业、养老、家政和物业等商业性服务等。由图7可知，一方面，被调查者对居（村）委会、社区政务和社区文化等公共服务，以及由社会组织提供的准公共服务评

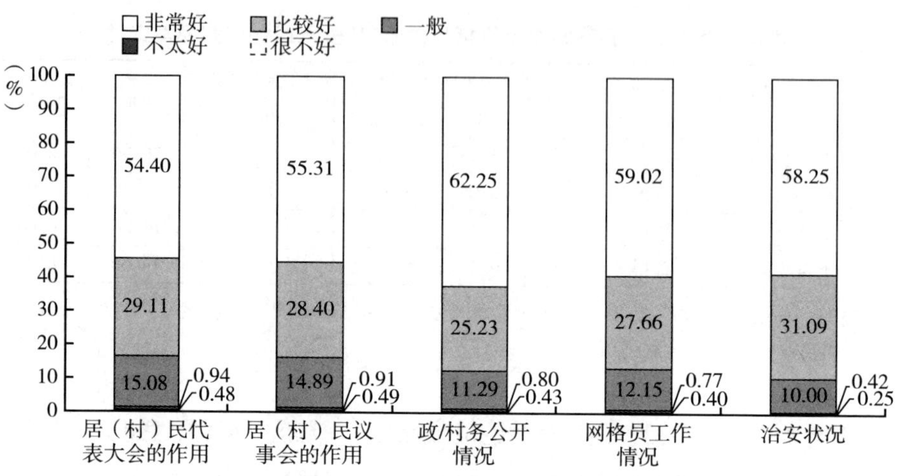

图 6　被调查者对所在社区的各项自治管理情况的评价

价普遍较高，选择“非常好”的占比都在 55% 以上。另一方面，被调查者对所在社区的商业、养老、家政和物业服务评价稍低，选择“非常好”的占比多在 46% 以下，尤其是对社区家政服务的评价，明显低于其他社区服务项目，被调查者对所在社区家政服务选择“非常好”的比例为 38.18%。可见，在由党委政府供给的基础性公共服务方面，供给效率高，百姓满意度普遍偏高。

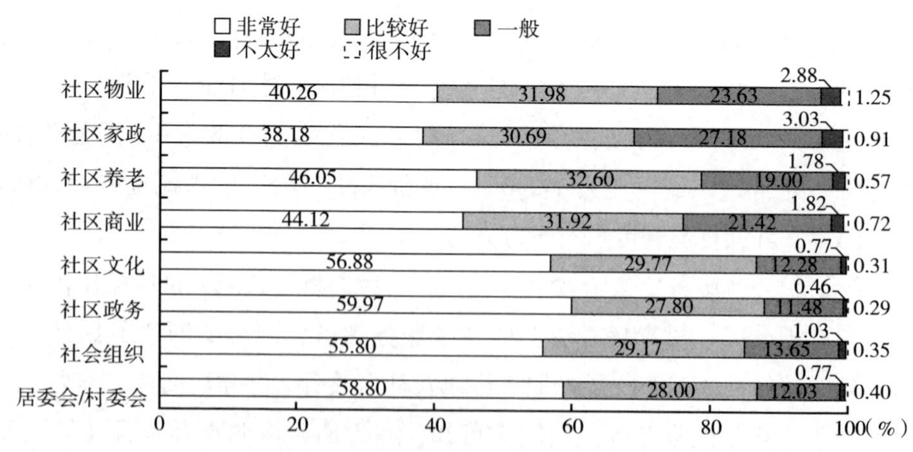

图 7　被调查者对所在社区的各项自治服务的评价

第三，群众意识：自治觉悟普遍较高。城乡社区的居民自治离不开自治意识。本次调查主要瞄准城乡居民对自治意识的态度和看法。由图 8 可知，被调查者对“履行义务权”赞同性最高，高达 72.45% 的被调查者非常赞同自身应该对社区（村）履行相应的义务。被调查者对“公共事务讨论权”即“每个人无论水平高低，都有同等的权利讨论社区公共事务”这个观点有较高的赞同性，选择“非常同意”的占比达到 64.94%，相反，被调查者对“高知/能力者优先权”即“讨论社区里的大事时，需要比较高知识和能力，只能让有较高知识和能力的人参与”这个观点的支持率很低，选择“非常同意”的占比低至 22.29%，而选择“不太同意”和“不同意”的总占比为 53.9%。从社区（村）大事的民主决策方面来看，被访谈者更多地倾向于决策的合理性而非趋利性。因此，群众的自治觉悟性较高，有利于夯实自治精神层面的建设。

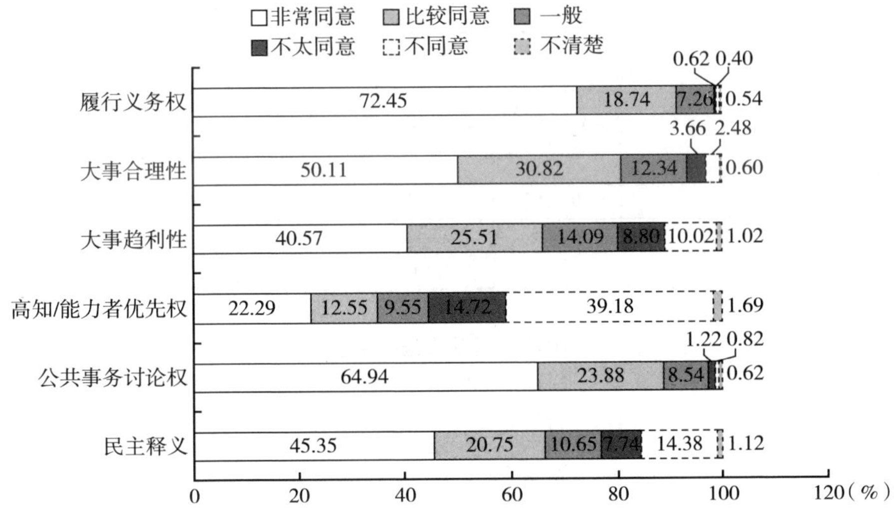

图 8　被调查者对社区自治的态度

3. 法治图景：群众法治基础已然建立，法治意识尚需进一步提升

城乡社区治理中法治内涵主要在于为政府、村委会和民众提供保障，同时也制约这三方的行为，使三者在基层社会治理中形成动态均势。从群

众的角度看，城乡社区的法治可体现在群众对法律的基本认知、法治意识水平以及对执法主体的认知这三个方面。本部分，我们将从这三个方面来具体测量。

第一，法律认知：群众基本知晓基础法律，社区法治底部基础初步建立。图9数据显示，成都市民对基础性法律（本调查选择了《宪法》《刑法》《治安管理处罚法》和《物权法》）的知晓率很高，城乡社区依法治理的认知基础初步建立。被访谈者对《宪法》的知晓度最高，选择“熟悉，知道内容”的人数占比高达80.35%，其次是对《刑法》的知晓度较高，选择“熟悉，知道内容”的占比达到了76.02%，最后对《治安管理处罚法》和《物权法》选择“熟悉，知道内容”的占比分别是73.97%和64.26%。

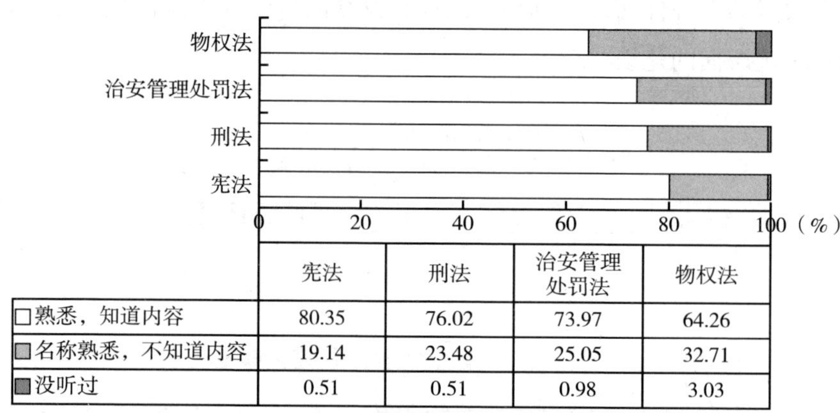

	宪法	刑法	治安管理处罚法	物权法
□熟悉，知道内容	80.35	76.02	73.97	64.26
■名称熟悉，不知道内容	19.14	23.48	25.05	32.71
■没听过	0.51	0.51	0.98	3.03

图9　被调查者对基本法律的认知情况

第二，法治意识：群众对法律知识了解程度不一，对部分法律知识认知模糊。表9显示，一方面，成都群众对法治的基础认知较为明确。比如，“《宪法》是我国最高的法律”得分高达4.68分，“正常的社会秩序需要法律来维护”得分为4.63分，“一个人要享受国家给予个人的权利，也必须履行相应义务”得分为4.62分，“每个人无论文化水平高低，都有同样的权利讨论社区公共事务”得分为4.51分。但另一方面，在较深入或迷惑性较强的指标认知上，受访者则态度摇摆、模糊不定。例如，“民主就是政府要为民作主”得分仅为2.25分①，表示大部分被访者不认同这个说法；“讨论社区里的大事时，需要比较高的知识和能力，只能让有较高知识和能力的人参与”得分为3.36分，表示有相当大比例被访者认同这个说法；“只要是出于保护社会利益的需要，党委政府在紧急时可以不遵守国家法律”得分为3.63分；“决定社区大事，关键是看结果是否对大家有利”得分为3.78分，这些充分说明群众对有些法律知识认知模糊。

表9　法治意识指数群众评价得分统计

（有效N=6500，满分5分）

单位：分

	得分	排名	标准差
《宪法》是我国最高的法律	4.68	1	0.66
正常的社会秩序需要法律来维护	4.63	2	0.70
一个人要享受国家给予个人的权利，也必须履行相应义务	4.62	3	0.69
每个人无论文化水平高低，都有同样的权利讨论社区公共事务	4.51	4	0.78
进城农民工应该享受与城市居民相同的待遇	4.40	5	0.82
决定社区大事，关键是看做出决定的方法是否合理	4.22	6	0.98
决定社区大事，关键是看结果是否对大家有利	3.78	7	1.33
只要是出于保护社会利益的需要，党委政府在紧急时可以不遵守国家法律	3.63	8	1.60
讨论社区里的大事时，需要比较高的知识和能力，只能让有较高知识和能力的人参与	3.36	9	1.61
民主就是政府要为民作主	2.25	10	1.45

第三，对执法主体的认知：对执法主体认知模糊。如图10所示，当个人权益受到伤害时，群众对该找谁解决问题的认知不够确定，社区（村）居委会、小区业委会、政府相关部门、社区（村）党组织、物业管理公司、公安局（派出所），甚至社区（村）内的民间调解组织都可能成为群众寻求解决问题的执行主体。同样，如图11所示，当群众遇到社区（小区）内部公共财产

① 得分已经做“反向”处理，即类似这样的“反向”指标，得分越高，表示越不认同，得分越低表示越认同。

损坏、丢失时，对所应当求助的执行主体如社区（村）居委会、小区业委会、社区（村）党组织、物业管理公司、公安局（派出所）等认识亦较为模糊。

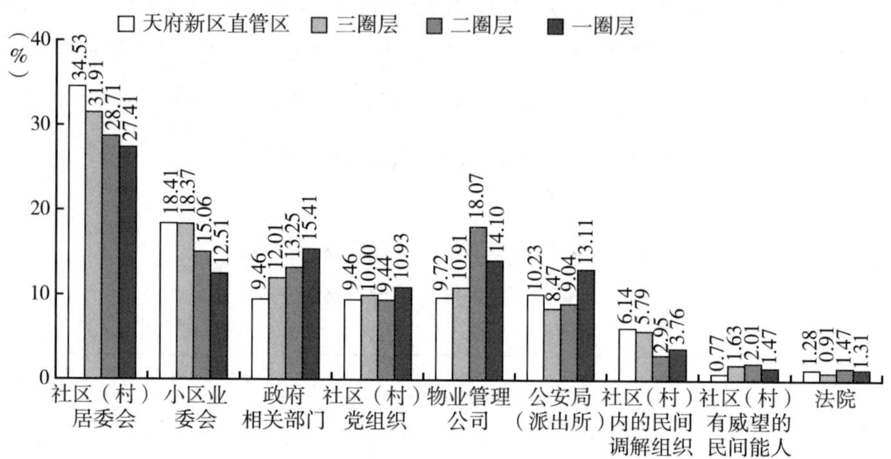

图 10　被调查者对个人权益受到伤害时的求助对象的认知

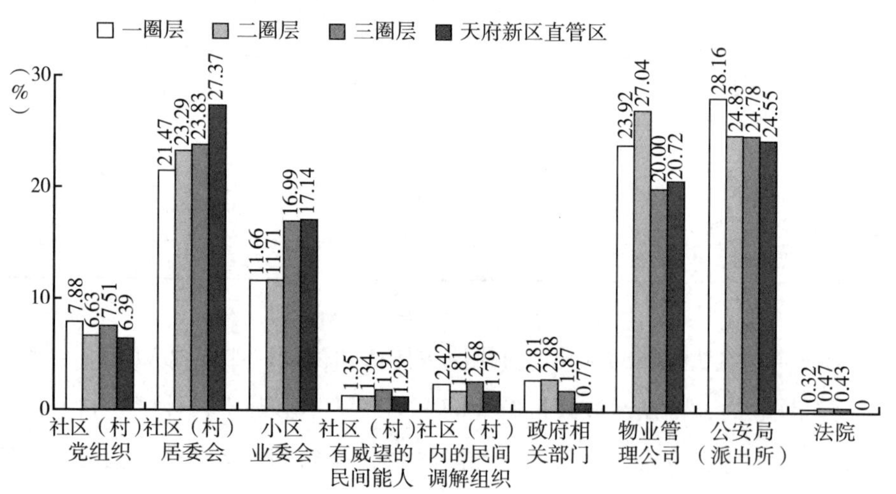

图 11　被调查者对社区（小区）内部公共财产损坏、丢失执法主体的认知

4. 德治图景：以党政为中心的社会信任差序格局形成

如前文所述，“三治”之中德治仅次于党建，是与成都市群众共建共享目标达成密切关联的第二要素。本部分，我们将从社会信任的角度，简要描述城乡社区治理的德治图景。

首先，社会信任依然是今天德治工作中最难啃的骨头。如表 10 所示，针对“当前这个社会诚信度低”，受访者评价得分仅为 3.11 分，表示大部分被访者认同社会诚信度低的判断，社会诚信受到挑战；“闹得越凶，事情越容易解决”得分也仅为 3.90 分，表示有一部分被访者认同矛盾纠纷的解决可以不靠制度，而靠“闹”来解决，制度规则的权威性受到挑战；“在社区中，我比较相信权威或道德典范的话”得分为 3.92 分，表示有一定比例的被访者并不相信权威或道德模范的话，道德权威的信任度受到挑战。可见，社会信任依然是今天摆在德治工作面前最难啃的一大骨头。

其次，以党政为中心的社会信任差序格局形成。“差序格局”一词由我国著名社会学家费孝通先生提出，旨在描述亲疏远近的人际关系格局，如同水面上泛开的涟漪一般，从石头落水的中心（自我为中心）延伸开去，一圈一圈，按与自己距离的远近来划分亲疏。数据显示，在群众心目中，基层党委、政府处在信任格局的中心（得分为 4.41 分），社区居委会（村委会）处在信任格局的次中心（得分 4.39 分），亲朋好友处在信任格局的相对外围（得分 4.28 分），而邻居则处在信任格局的最外围（得分 4.00 分）。一方面，党委、政府和社区（村）两委赢得了群众较为显著的信任，另一方面，邻里关系较为冷淡，社区依旧温度不足。

表 10　德治评价指数群众评价得分统计

（有效 N＝6500，满分 5 分）

单位：分

	得分	排序	标准差
做人，就是要讲信用	4.79	1	0.52
建设信用制度十分重要	4.71	2	0.59
生活在成都让我感到自豪	4.62	3	0.69
我的身边，绝大多数人能够与人为善	4.43	4	0.74

续表

	得分	排序	标准差
我对基层的党委、政府高度信任	4.41	5	0.81
当别人说成都不好的时候，我会反对	4.40	6	0.90
我对社区居委会(村委会)高度信任	4.39	7	0.83
我的身边，绝大多数人能够包容别人	4.36	8	0.78
现在社会中的大部分人有“国家兴亡，匹夫有责”的想法	4.35	9	0.89
我对我的亲朋好友高度信任	4.28	10	0.84
我对我的邻居高度信任	4.00	11	1.00
在社区中，我比较相信权威或道德典范的话	3.92	12	1.09
闹得越凶，事情越容易解决	3.90	13	1.42
当前这个社会诚信度低	3.11	14	1.41

三　结论与启示

社区是国家治理体系的基础，是党和国家巩固基层政权的阵地，新时代的社区发展治理是我党始终践行为人民服务的宗旨，实现基层再组织、凝民心、保发展的重大举措。以实现人民群众共建共享为目标，以人民群众安全感、幸福感、获得感为表征，调查数据充分证明，成都群众拥有较高的安全感与幸福感，成都市群众共享社会治理成果之格局阶段性达成，“幸福成都”“安居成都”当之无愧。这是成都市多年深耕城乡社区发展治理，勇于开拓、大胆创新的结果。数据同时显示，同共享最为密切相关的群众获得感的核心关切，已由社区公共服务转向社区公共安全。社区公共安全成为制约当代成都市人民群众获得感的核心要素。虽然“平安成都百日攻坚”活动已经举行，社区公共安全依然是群众获得感达成的核心关切，完善社区公共安全成为新阶段助力成都人民群众获得感达成的重要内容。

（一）社区治理格局已经形成，社区活动整合力尚需进一步加强

数据表明，一方面，成都群众从意愿到行动均呈现极强的社区治理参与性。成都市群众在参与社区公共治理领域基本实现从意愿到行动的“双达成”，人民群众参与社区治理的格局已经形成。另一方面，社区活动对人民群众的吸纳力还不足。以社区活动丰富人民群众美好生活，助力党委、政府形成对基层社会的整合吸纳力，这方面的工作还有待强化，尤其是社区活动的组织主体（社区、社会组织、社区自组织）还需要更接地气，更进一步以人民群众诉求为导向。再有，人民群众对社区是自治组织还是政府组织的认识仍然普遍模糊，社区“三去一改”还没有进入“入心入脑”的攻坚阶段。

（二）治理成效呈“反圈层”特征，城乡社区治理进入全面推动、均衡发展之新阶段

数据表明，成都市城乡社区发展治理成效存在区域不均衡的状况，表现在两个方面。一是区域发展非均衡。共建共享指数得分呈较为明显的“反圈层”格局，亦即圈层越靠近中心，得分越低；圈层越接近边缘，得分越高。这也反映出城乡社区发展治理之起点优劣，并不影响群众的获得感、幸福感、安全感的获得与参与共建的意识与行动。尽管二、三圈层的城乡社区发展治理起点相对较低，但群众的获得感、幸福感与安全感相对较高。这一方面提示，越靠近中心城区的社区，矛盾纠纷越多，居民的相对剥夺感也越强，因而这些区域的社区发展治理任务更重；另一方面也提示，越靠近中心城区，居民对共建共享的成果要求越高。二是共建、共享发展的非均衡。这表现为共建评价指数得分明显低于共享评价指数得分，“共建力”明显弱于“共享值”，群众对共享的评价明显高于共建，说明利益分配的公平性高于居民的参与性。同时，共建评价指数的标准差低于共享评价指数，表明群众对共建的评价得分的集中度与一致度更高，更为稳健，而共建的努力空间明显大于共享，居民的参与性还有待提高。

（三）成都治理机制的内在脉络逐渐清晰化，党建引领“三治”共同发力的格局正在建立

成都的基层治理实践经验表明，“一核”与“三治”是支撑城乡社区治理的内在机理的核心要素。本研究通过建立统计模型，揭示了当前成都城乡社区治理各要素之间呈现如下基本规律。首先，党建为城乡社区治理之根本引领，表现为同共享评价指数与共建评价指数高度相关的首要因素均为党建评价指数，分别达到0.709和0.708的高度相关性，表明在成都所践行的城乡社区治理模式中，“一核”要素正从根本上、当仁不让地、内在性地强势引领着人民群众共建共享。其次，德治为城乡社区治理之第二内驱，表明以推进天府文化建设为核心内涵的德治建设，始终是成都市推进城乡社区（村）治理工作的重点，基层德治工作正配合基层党建工作，描绘出成都城乡社区（村）治理工作的坚强底色。数据模型同时显示，自治的结构性、功能性位置清晰，其在影响共建共享目标达成的结构性位置中，处在党建与德治之后，法治之前。而法治在城乡社区治理中的结构性位置则不够稳健，其结构性、功能性位置依然较为模糊。党建引领“三治”共同发力，重点需要进一步探索法治的有效性及作用。

（四）基层党建全面夯实，成都进入基层党建弥补阶段性短板新时期

数据表明，成都市城乡社区的基层党建工作全面夯实，得到人民群众的高度认同。群众不仅对基层党建的归属感极强，且高度的认同感覆盖基层党建的绝大多数领域。基层社区党组织不仅在思想建设、组织建设、服务能力、党风廉政建设、制度建设方面均全面夯实，还在高效运用传统党建工作方式方法的基础上，正向新型工作方式方法扩展（如运用微信、QQ、党建App等新媒体组织活动等），且成效显著。数据同时表明，解决实际问题能力、党务公开、“四风”问题等依然是群众的核心关切与党建工作痛点。这一系列的群众困惑，主要产生于信息不对称导致的信息传播缺失和失真，因

此信息公开（不限于党务信息）依然是现阶段基层党建工作的相对短板。课题组认为，在基层党建方面，成都市进入弥补信息公开等阶段性短板的新时期。

（五）“三治”成效有差异，需通过提升法治、德治水平进一步激发群众政治效能感

数据表明，在当前成都市城乡治理中，自治对激活人民群众的基层治理参与的政治效能感成效最高，是德治的3.41倍、法治的14.5倍，德治与法治的效用亟待进一步发挥。自治方面，自我管理、自治制度执行比较有力，公共服务供给效率普遍较高，群众自主觉悟也普遍较高，呈现出高度的自治秩序，自治建设成效显著。法治方面，尽管人民群众已经有了一定的法律认识水平，社区法治的基础已经建立，但群众的法治意识水平与依法治理的法治要求还不相匹配。德治方面，尽管以党政为中心的社会信任差序格局形成，也即党委、政府和社区（村）两委得到了群众的较高信任，成为最被信任的中心，但全社会普遍性的社会信任格局尚未建立，邻里互信仍然是德治面临的重要问题。下一阶段，亟须系统研究和充分挖掘法治与德治的社区（村）治理效能，助力人民群众政治效能感的进一步激发。

B.3

2019~2020年四川省社会组织发展和管理现状调研报告

张雪梅　四川省民政厅社会组织管理局课题组*

摘　要： 四川社会组织当前面临有利的发展环境：从全国来看，社会组织在国家治理体系中的主体地位不断提升，国家层面法律法规和政策体系加速完善，“放管服”改革不断优化发展环境等。从四川省来看，一系列政策和制度的改革创新促进社会组织发展持续深化。调查结果显示，当前四川省社会组织的发展具有总体数量多、规模小、资金少，区域和城乡发展极不均衡，行业集中度过高等特征。四川省社会组织在服务经济、社会、文化建设上的作用较为显著：在服务经济建设上，以行业协会为代表的社会组织，促进了行业经济发展，推动了经贸交流合作，有效地反映了行业诉求、提升了行业自律，有序参与脱贫攻坚；在服务社会建设上，推动了公益慈善事业发展，承接公共服务、提供社会服务，参与基层社会治理，吸纳就业、缓解就业压力；在服务文化建设上，推动了文化艺术发展，促进了教育提升和科学技术进步。四川省社会组织的监督管理也日益规范，党建引领不断强化，等级评估逐步推进，信息化建设初见成效。同时，社会组织发展和管理仍然存在四个问题：相关法律法规滞后；社会组织发展和管理总体规划

* 张雪梅，博士，四川省社会科学院社会学研究所副研究员；四川省民政厅社会组织管理局课题组成员：冉敬军、兰田、廖亮、李可嘉。

不明确；党委政府监管体制机制不顺；社会组织自身建设问题突出。基于以上问题，本报告提出了相应的对策建议。

关键词： 社会组织　发展管理　四川

2019年7~12月，四川省民政厅社会组织管理局与四川省社会科学院共同成立调研小组，先后赴省内外多地开展专题调研，实地考察社会组织、街道、社区、职能部门等多个点位，通过访谈、座谈会，邀请民政、人社和劳动、工商、文广旅体、卫健等部分职能部门和社会组织、智库专家、街道、社区代表参加，对全省社会组织发展和管理的现状和问题进行了深入的调查研究。在此基础上，课题组撰写本调研报告，分析研究四川省社会组织发展和管理情况，发现与之不相适应的问题，按照中央促进社会组织健康有序发展的精神，结合四川省实际，提出加强与完善四川省社会组织管理的对策建议。

一　当前社会组织的发展环境

（一）社会组织在国家治理体系中的主体地位不断提升

党的十八大特别是党的十九大以来，习近平总书记就社会组织工作做出了一系列重要批示指示，特别指出“社会组织是各国民众参与公共事务、推动经济社会发展的重要力量”。党的十九大报告将社会组织纳入中国特色社会主义事业“五位一体”的总体布局。社会组织被视为新时代治理体系的重要主体和全方位参与国家建设与发展的重要力量。党的十九届三中全会关于深化党和国家机构改革的决定，将社会组织作为党的统一领导下，协调行动和增强合力的九大主体之一；并在统筹党政军群机构改革中，单独详细论述了推进社会组织改革，充分体现了社会组织在国家治理体系建设中的重要地位。党的十九届四中全会则进一步强调了社会组织在社会主义协商民主和人民群众制度化参与基层社会治理中的重要作用。

（二）国家层面法律法规和政策体系加速完善

国家层面法律体系不断健全完善，为社会组织发展提供了法治保障。最近三年我国密集颁布实施了多部直接关系社会组织的重要法律、法规。例如，2017 年 10 月 1 日开始施行的《民法总则》，首次明确了社会团体、基金会、社会服务机构三类社会组织的非营利法人地位，促进了社会组织参与社会服务的公平竞争，有利于社会组织的生存发展，也有助于社会组织健全法人治理结构和依法自治。又如，2016 年以来《境外非政府组织境内活动管理法》《慈善法》《慈善信托管理办法》《志愿服务条例》等法律法规相继出台；社会组织三大条例《基金会管理条例》《社会团体管理条例》《民办非企业单位管理条例》的修订合并和《社会组织法》立法研究也连续几年被列入立法计划。此外，民政、财政、税务、人社、公安、教育等各部委制定的社会组织相关法规多达 110 余部，较为系统地构建起了社会组织发展和管理的法律环境。

（三）“放管服”改革不断优化发展环境

“放管服”改革的持续推进，改善和优化了社会组织发展与管理的环境。在全面清理和取消大量非行政许可审批事项的基础上，民政部制定公布了社会组织管理专项权责清单，使得民政部门对社会组织管理的权责事项、设定依据、履责方式、追责事项、承担责任等都更加明确清晰。同时，依托“互联网 +”，社会组织相关政务服务不断优化，业务办理更加便利，并推动了社会组织信息共享和信用监管平台的建设，创新了网络监管方式。四川省社会组织管理体制随着“放管服”改革的推进，也产生了较大的变化，社会组织登记审批工作不再由民政部门承担，而是通过行政审批集中办理，效率大大提高。

（四）四川省政策和制度改革创新持续深化

国家层面法律法规和政策的加速完善及“放管服”改革，推动了四川省政策和制度环境的改革创新。一系列政策措施制定出台，落实中央决策部署。2015 年民政厅联合财政厅出台《关于进一步做好政府购买服务工作有关问题的通知》，结合行政审批制度改革，依法依规逐步将社会组织能够自律管理的事项和可以由社会组织承担的具体社会事务以及专业服务职责，转移或委托给具有相应能力的社会组织承担。配合财政部门的购买服务条件保障，初步建立起四川省政府购买社会组织服务改革的政策体系。财政、税务部门贯彻落实中央关于社会组织税收优惠减免的各项政策，对公益性捐赠税前扣除资格审批流程进一步简化。贯彻落实行政脱钩政社分离的中央决定，制订四川省行业协会、商会与行政机关脱钩实施方案，通过机构分离、职能分离、资产财务分离、人员管理分离、党建外事分离等，划分行政机关与行业协会、商会职能边界，规范主管关系，进一步厘清政府、市场、社会职能边界。制度改革创新持续深化，2017 年，四川省委办公厅、省政府办公厅就促进四川省社会组织健康有序发展出台了相关实施意见，对加大社会组织扶持力度、创新社会组织登记制度、强化社会组织活动管理、形成社会组织监管合力、推动社会组织建设、加强社会组织党建工作、夯实社会组织工作保障等方面提出 31 项改革措施。其中，以成都市为代表的社会组织培育和发展创新在全国引起了较大的反响和关注。

二　四川省社会组织发展现状和特征

（一）发展现状

1. 社会组织数量

四川省社会组织数量位居全国第五。2016～2018 年连续三年，四川省社会组织数量年增长率保持在 8% 左右，截至 2018 年底，依法登记社会组织 4.4 万个，包括社会团体 2.04 万个、社会服务机构（民办非企业）2.34 万个、基金会 169 个。其中，认定慈善组织 133 个（给予公开募捐资格 82 个）、社工服务机构 828 个、标识志愿服务组织身份 623 个。此外，还有纳入城乡基层群众自治管理的社区社会组织 1.53 万个、志愿服务队伍 1.9 万支。从社会组织数量上看，四川仅次于江苏、山东、浙江、广东，位居全国第五、西部第一。从每万人拥有量来看，四川社会组织每万人拥有 4.85 个，高于全国每万人拥有 3.26 个的平均水平；其中，成都经济区每万人拥有 7.18 个。

2. 社会组织规模

从资产规模上看，2017 年，四川省社会组织固定资产总值达 299.73 亿元，单位平均固定资产约 68.2 万元。2018 年较 2017 年资产增加 62.73 亿元，为四川省 GDP 增长贡献了约 0.16%，为第三产业产值增长贡献了约 0.3%。2018 年四川省社会组织总收入 1075.7 亿元，单位平均收入 254.4 万元。

从人员规模上看，2017 年末四川省社会组织职工总人数为 55.88 万，占全省就业人口（4872 万）的 1.15%，单位平均从业人员 13 人。其中，社会团体从业人数占 54.3%，单位平均从业人员约 15 人；社会服务机构（民办非企业）从业人数占 45.6%，单位平均从业人员约 11.6 人；基金会从业人数占比不足 0.1%，单位平均从业人员 3.4 人。

3. 从业人员构成

社会组织人才荟萃、知识密集、信息灵通、联系广泛，特别是科技类社会组织中专家学者教授众多。年龄日趋年轻化，35 岁以下者占比从 2014 年的 37.03% 提高到 2018 年的 38.59%，56 岁以上者占比从 2014 年的 13.55% 下降到 2018 年的 10.14%；素质不断提高，本科及以上学历人员占比从 2014 年的 12.52% 提高到 2018 年的 16.64%。社工专业人才队伍不断扩大，助理社工师和社工师的数量从 2015 年的 955 名、255 名增长到 2018 年的 1583 名、818 名；志愿者注册人数增长十分迅猛，2018 年实名认证志愿者 529.8 万人，记录志愿服务时间 505.6 万小时。

（二）发展特征

1. 社会组织数量大、规模小、资金少

虽然四川省社会组织数量已达4.4万个，固定资产总量约300亿元，但是社会组织固定资产在经济总量中的规模仍然很小，年度增加值对经济增长的贡献仍然很小，2018年固定资产增加值对四川省GDP增长的贡献率仅约为0.16%。从社会组织的收入来看，2018年四川省社会组织单位平均收入为254.4万元，而实际上大量社会组织的年度收入远远低于这一平均值。在广安和绵阳随机调查的33个社会组织中，2018年资产规模在50万元以下的占75.8%，其中近40%的社会组织资金规模小于10万元（见表1）。

表1　2018年四川省社会组织资产规模

		数量(个)	百分比(%)	有效百分比(%)	累计百分比(%)
有效	小于10万元(含)	12	36.4	36.4	36.4
	10万～50万元(含)	13	39.4	39.4	75.8
	50万～100万元(含)	1	3.0	3.0	78.8
	100万～500万元(含)	4	12.1	12.1	90.9
	500万元以上	3	9.1	9.1	100.0
	总计	33	100.0	100.0	

从社会组织从业人员规模来看，2017年末四川省社会组织从业人数仅占全省就业人口的1.15%，单位平均从业人员仅13人。其中，社会团体数量比社会服务机构数量少7%，但是从业人员比社会服务机构多8.7%。结合社会团体工作性质，可以推断大量尚未完成行政脱钩的行业协会、商会类社会团体中，存在一定数量的冗余人员，而民办非企业类社会组织的发展空间还很大。

从2016～2018年四川省社会组织数量发展变化来看，其经历了一个增速放缓的过程。2017年四川省社会组织数量减少了563个，2018年又新增2834个。从2016年起，四川省对社会组织行政执法力度加大，集中处理撤销了一批不按规定开展年检、长期不开展活动的社会组织，逐年优化社会组织发展

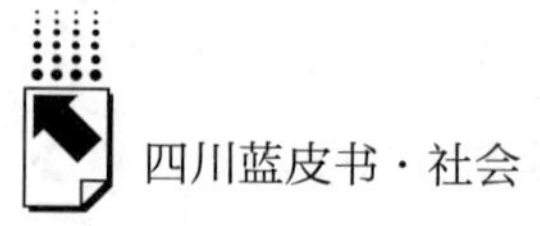

的生态环境。四川省社会组织从注重数量增长转变为更加注重质量提升。

2. 区域和城乡发展极不均衡

四川省社会组织在省本级和21个市州的分布极不均衡，从图1可以看到，社会组织数量除省本级外，集中分布在成都、绵阳、德阳、泸州、南充、宜宾、达州等几个市州，其中成都市又占绝对优势，社会组织数量占全省1/4强。成都市作为省会城市和西部特大型中心城市，其社会组织一枝独秀，甚至在全国范围也走在前列。

其他市州社会组织在数量上、政策支持力度上、社会影响力上极不均衡。如果以城市和农村的维度进行分析，这种社会组织发展上的极不均衡就更加显著。

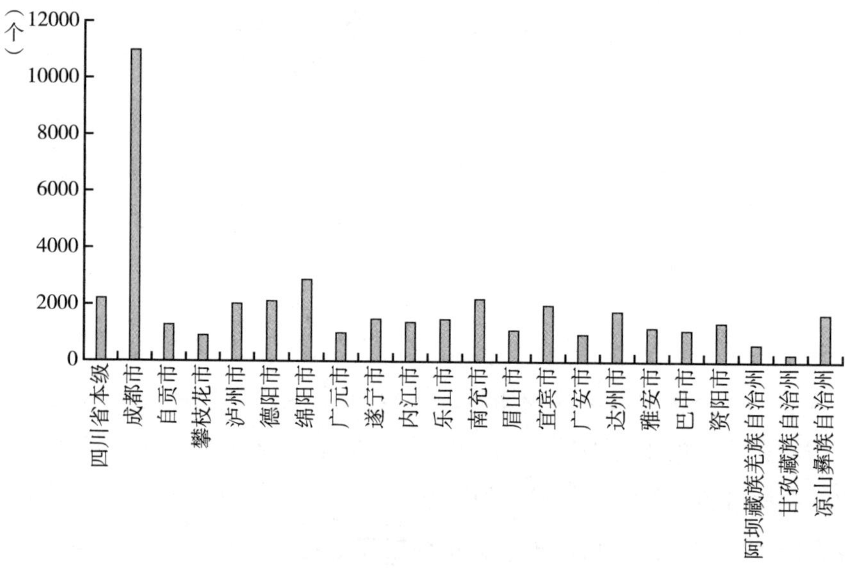

图1　2018年四川省社会组织市州分布

3. 行业集中度高

按照民政部门的统计口径，四川省社会组织按行业分为14类，其中教育、文化、医疗、社会服务、农业及农村发展等五类社会组织约占68%；而民办非企业的行业集中度更高，65.4%都集中在教育上。文化教育行业社会组织集中度过高，给这些行业的业务主管单位带来了管理上的挑战（见表2）。

表2　2018年四川省社会组织行业分布

	单位	科技	生态环境	教育	医疗	社会服务	文化	体育	法律	工商业服务	宗教	农业及农村发展	职业及从业组织	国际及涉外组织	其他
社会团体	个	610	561	680	628	2690	2199	1608	170	1741	334	3891	1340	4	3693
	%	3.0	2.8	3.4	3.1	13.4	10.9	8.0	0.8	8.6	1.7	19.3	6.7	0.0	18.3
基金会	个	4	0	58	2	34	4	2	2	0	0	1	2	0	49
	%	2.5	0.0	36.7	1.3	21.5	2.5	1.3	1.3	0.0	0.0	0.6	1.3	0.0	31.0
民办非企业	个	556	15	14366	1546	2021	741	590	37	410	3	61	23	0	1606
	%	2.5	0.1	65.4	7.0	9.2	3.4	2.7	0.2	1.9	0.0	0.3	0.1	0.0	7.3
总体	个	1170	576	15104	2176	4745	2944	2200	209	2151	337	3953	1365	4	5348
	%	2.8	1.4	35.7	5.1	11.2	7.0	5.2	0.5	5.1	0.8	9.3	3.2	0.0	12.6

三　四川省社会组织发展和管理取得的成效

（一）社会组织服务经济、社会、文化建设的作用彰显

1.服务经济建设

在经济建设方面，社会组织成为一支重要力量，特别是行业协会、商会在促进行业发展上发挥了积极作用。

一是促进了行业经济发展。积极开展行业管理、协调、自律，举办展览展销、开拓市场，成为促进行业发展的“催化剂”。四川省珠宝玉石首饰行业协会制定《贵金属珠宝玉石首饰专卖店（专柜）等级划分规范》，开创标准化管理先例；省房地产协会制定《关于促进民营经济健康发展的实施意见》，服务民营企业发展；四川省川商总会成功举办各类品牌推介、经济交流、商业论坛等活动200余场和组织返乡投资考察活动50余次。

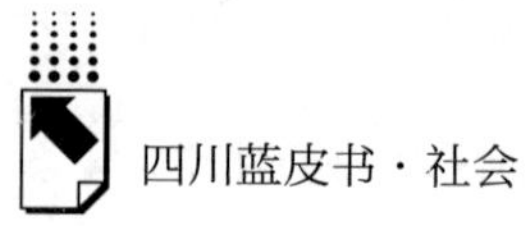

四川省川商总会

四川省川商总会是2016年继浙商总会之后成立的全国第二家商会总会，主管单位为四川省经济合作局。四川省川商总会的会员架构目前已实现地域、产业门类、所有制三个方面全覆盖，基础会员总量突破30000家，核心圈层理事126家，理事企业平均年营业收入约为100亿元。四川省川商总会聚集了一大批企业家，不断增强川商服务国家、建设四川的强大动能，每年协助四川省各级政府在全球范围内组织数十次招商引资引智活动，每年开展多场“遇见”“走进”两大系列活动，宣传“大美·奋进四川”，展示四川营商环境，主动引导川商回乡考察投资。四川省川商总会每年专门组织十余场大型重大项目对接活动和数十场常规项目对接会，截至目前，已累计引导川商签订重大返乡投资项目近200个，签约投资总额超过2000亿元。

二是推动了经贸交流合作。充分整合民间各种资源，组织招商引资、融资投资，推动经济发展。四川省眼镜商会帮助行业实现销售额由2007年的5.5亿元增加到2018年的22亿元；四川省浙江商会每年促成浙商在川新增投资项目100余个、投资额400多亿元；四川省电子商务协会以电商推动内外贸网络交易额实现27亿元、网络零售额实现3320亿元；四川省河北商会会员企业在川投资2479亿元、纳税90多亿元；四川省湖北商会帮助会员企业每年实现利润近30亿元。

四川省电子商务协会

四川省电子商务协会是四川省商务厅主管的社团，2008年成立以来，致力于推动全省银企合作建设电子商务结算平台、电商融资平台、电子商务品牌企业、“电子商务进农村”服务商联盟。通过电商推动重点企业“走出去”，每年推动内外贸电商交易额实现27亿元，网络零售额实现3320亿元。

三是推动了高新科技产业发展。紧扣国家重大战略，汇集高新技术企业，聚焦科技行业发展前沿，社会组织成为培育高新技术产业并助推其发展的孵化器。

四川省川联科技装备业商会

四川省川联科技装备业商会会员覆盖航空航天、机械制造、IT电子、五金机电、生物医药、石油能源、节能环保、农业科技、大数据等诸多领域，推荐民营企业成功领取“全军武器装备采购信息入网U盾”100余家、入选《军民两用高新技术推荐目录》企业30多家，主动引领企业开展产业转型、技术升级，有力推动了四川省高新技术产业发展。

四是反映行业诉求、提升行业自律。行业协会通过积极参与制定相关法律政策、行业标准、行业规范，有效地反映了行业诉求，推进了行业自律，并通过矛盾纠纷调解和维权活动，保障了会员的合法权益。四川省政协委员、四川省律师协会会长秦守泰在四川省政协第十二届二次会议上提出了《关于建立西部法律中心的提案》；四川省银行业协会参与制定《商业银行法》和《成都建设国家西部金融中心若干政策措施的意见》；四川省医药行业协会参与制定《四川省人民政府办公厅关于改革完善仿制药供应保障及使用政策的实施意见》和《药品网络销售监督管理办法》；四川省特种设备安全管理协会向国家和四川省政府反映电梯行业税收问题，减少四川省客运索道运营和使用单位税负6000万元。2018年，四川省保险行业协会调解处理纠纷1367件，达成协议1121件，涉案金额1.22亿元，调解成功率84.41%，履约率100%；四川省重庆商会为会员维权48次，挽回经济损失1.5亿元，为渝籍企业商家533户维权23起，为农民工300多人讨回经济赔偿193.3万元。

四川省特种设备安全管理协会

四川省特种设备安全管理协会是四川省民政厅主管的社团，2016年获中国5A级社会组织殊荣；2016年12月被四川省民政厅、人社厅评为先进社会组织集体；2018 年 12 月被四川省委、省政府表彰，成为“促进民营经济发展先进单位”。该协会围绕特种设备安全与节能事业，搭建服务平台，提供交流协作机会，推动行业持续、健康、高质量发展。国家“营改增”税制改革后，客运索道、电梯行业税负不降反增，引发会员和行业强烈反应，该协会对此高度重视，在深入调研的基础上，广泛听取行业意见，及时向国家税务总局、国家市场监管总局（原国家质检总局）、四川省政府及中国索道协会、中促会等部门反映情况。最终财政部、国家税务总局联合发文采纳该协会意见，对相关费率进行了调整，仅在四川省就为客运索道行业运营、使用单位减少税负 6000 万元。

五是参与脱贫攻坚工作。在四川省民政厅引领指导下，全省性社会组织制定了 2018～2020 年脱贫攻坚工作规划和年度工作计划，积极参与深度贫困县脱贫攻坚工作。从 2018 年起四川省每年安排省级福彩公益金 1500 万元作为引导全省性社会组织参与四川省脱贫攻坚“种子基金”，遴选全省性社会组织 35 个，对口对接深度贫困地区帮扶项目 45 个，并将脱贫攻坚项目、社会组织参与、项目资金使用等绩效纳入社会组织等级评估和市州民政部门目标考核。据不完全统计，2016～2018 年全省社会组织及其会员单位实施扶贫项目 8500 余个，投入扶贫资金 28 亿元，帮扶困难群众 304 万余人次。

四川省旅游饭店行业协会

四川省旅游饭店行业协会利用自身会员单位多属旅游饭店服务业的特点，积极联络凉山州贫困地区，长期定向采购当地蔬菜、水果等农副产品，既满足了会员单位的需求，又帮助当地农户通过农副产品深加工形成产业的方式脱贫致富。2018 年 5 月，协会党支部向会员单位发出倡议，结合企业自身需求实施采购援助，帮助西昌安宁镇洋葱种植户减少洋葱滞销损失。会员单位积极响应，很快解决了当地洋葱滞销的问题。

四川省中药材科技协会

四川省中药材科技协会是由四川省科技厅主管的社会团体。协会充分发挥自身优势助力产业脱贫。2018 年在对甘孜州泸定县烹坝镇固包村进行实地考察的基础上，该协会决定通过技术支持、生产支持、销售支持等措施指导当地农户种植中药材（白及），培训当地专业技术人才，帮助当地农产品打开销路。目前，该协会以示范带动、逐步推广的方式，为对口帮扶村的脱贫攻坚工作贡献智慧和力量。

2. 服务社会建设

在社会建设方面，社会组织成为政府完善社会治理、提高公共服务水平的参谋和助手，做出了重要贡献。

一是推动公益慈善事业发展。2018 年全省基金会筹集资金 12.3 亿元，用于减贫济困、救灾防害、安老抚幼、扶弱助孤、助学助医等公益慈善活动开支 10.97 亿元，占年总支出的 97.68%。2016 年以来全省社会组织实施扶贫项目 8500 余个，投入扶贫资金 28 亿元，帮扶困难群众 304 万余人次。

四川省民生慈善基金会

四川省民生慈善基金会是由四川省民政厅主管的公募基金会，也是全省第一个获得公益性捐赠税前扣除资格的综合性社会慈善组织，成立于 2014 年。该基金会致力于开展安老、扶幼、助残、助学、助医、济困、赈灾等慈善救助工作，发挥慈善事业在社会保障体系中的补充作用。该基金会自成立以来，广泛动员社会力量，多方募集款物价值近 2 亿元，先后在全省 21 个市州实施了关爱失能老人行动计划、“天行健”教育援助计划、阳光医疗救助工程、赈灾救灾及灾后重建、扶贫济困、社会组织孵化等慈善项目，在扶贫济困、为困难群众救急解难等方面取得了显著成效，受助困难群众近 50 万人次，得到了各级党委、政府的赞扬和受助群众的好评。

二是承接公共服务、提供社会服务。在政府转移职能的改革中，社会组织通过政府购买服务、补贴、资助等方式，承接了大量公共服务，在养老、医疗方面成效尤为显著。目前全省民办养老机构有 902 家，占全省养老机构总数的 25.68%；有床位 11.68 万张，占全省养老床位总数的 23.00%。民办养老机构的发展推动了整个行业的社会化进程。民办医疗机构有 4.49 万家，床位数 14.30 万张，在一定程度上缓解了看病难的问题。各种民办家政、文化、体育、中介、咨询等服务机构，在诸多领域为居民提供了丰富的便民、利民社会服务，弥补了政府公共服务资源的不足。成都市武侯区把 139 项社区公共服务梳理打包，由社会组织承接专人办理，减轻了基层社区负担，促进社区两委更好地依法开展自治。四川省科协所属学会有序承接政府转移职能试点项目，围绕相关科技评估、工程技术领域职业资格认定、技术标准研制、科技奖励推荐等开展试点工作，确立了工作责任制度、项目负责人制度、例会督导制度、信息交流制度，明确了加强统筹协调、形成工作规范、提供经费支持等工作保障，探索了社会组织有序承接政府职能的方式和途径。

成都朗力养老服务中心

成都朗力养老服务中心是由成都市武侯区老龄工作委员会主管、在成都市民政局登记注册的民办非企业，于 2013 年成立。该中心致力于为老年人提供养老、护理服务，从事老年公益事业、养老服务管理咨询、养老护理员技能培训等业务。该中心通过与社区合作建设“阳光颐养家园”，为社区老年人提供生活类和康复类两大类为老服务，生活类服务包括送餐、洗涤、助医、助浴、助行、生活护理等，康复类服务包括常规医疗护理、康复治疗、常见慢性病康复指导等，该中心成为四川省从事公益性养老服务较有代表性的社会组织。目前，朗力养老服务中心的工作进一步拓展到社区和家庭的适老化改造，在老年人宜居和出行友好社会建设上走在了同行业的前列。

成都市锦江区成龙路社区卫生服务中心

成龙路社区卫生服务中心是由成都市锦江区民政和社会组织管理局于 2006 年批准登记的民办非企业单位，业务主管单位为成都市锦江区卫生和计划生育局。该中心有医护人员70余人，其中高级职称3人、中级职称15人，服务于辖区十余个社区约7万人，主要承担辖区内基本医疗服务、基本公共卫生服务和推进家庭医生签约服务。该中心与四川省第四人民医院、成都市第七人民医院组建了医疗联合体，同时与四川大学华西第四医院、成都市第二人民医院等医院建立了双向转诊关系。目前四川省很多社区都建立了这样的社区卫生服务中心，通过政府主导和社会力量参与，逐步推动建立“小病在基层，大病进医院，康复回社区”的就医新格局。

三是参与基层社会治理。随着全省扶持社会组织发展、大力培育发展社区社会组织政策的不断完善和推进，依托以城乡社区为平台、社会组织为载体、社工人才为支撑的“三社联动”服务模式，一大批社区社会组织成长起来，通过开展邻里互助、居民融入、纠纷调解、志愿服务、平安创建等社区活动，组织社区居民参与社区公共事务和公益事业，引导居民成为基层社会治理的重要力量。成都市通过社区总体营造，大力培育社区社会组织，推行自治、法治、德治相结合的基层治理机制，不断提升社会化、法治化、专业化的基层治理水平，探索建立共建、共治、共享的基层治理格局。

成都同行社会工作服务中心

成都同行社会工作服务中心通过精彩战旗社区发展计划、院落微治理计划、睦邻社区计划、社会关爱援助等多个社区营造项目，建立了一支由758名党员引领的4000余人的志愿者队伍，推动建立了20个专项基金，汇聚爱心企业1038家，累计募集1500余万元资金，价值1443万元物资。通过项目的实施，培育特色鲜明的社区精神，构建社区传统与共同记忆，让社区居民利用公共开放空间实现邻里分享，让社工专业人才发挥专业作用，让居民树立了“社区是我家”的公共意识，让政府资源和社会力量实现了有效融合。

成都市青羊区上善人民调解工作室

上善人民调解工作室是经成都市青羊区民政局审批，由成都市青羊区司法局主管的公益性人民调解组织。其工作特点可总结为“三化一网”，即调解员专业化、调解方式多元化、调解服务公益化，网络平台互动调解。与传统的社区调解委员会人员老龄化、素质参差不齐的状况不同，上善人民调解工作室的调解员团队由具备法律背景、本科学历的高素质人员组成，成员平均年龄35岁左右，每周一至周五随时为辖区内群众提供免费法律调解服务。该工作室还下设交通事故纠纷、物业管理纠纷、医患纠纷、劳动人事争议纠纷、家庭婚姻纠纷、债权债务纠纷等调解部门，提供多元化解决机制。作为成都市青羊区政法委、司法局普法惠民的重要举措，上善人民调解工作室全程免费服务，大大降低了纠纷解决的成本，减轻了人民群众和国家财政的负担。该工作室还建立了网站，设立了“调解流程”“网上咨询”“申请调解”“在线留言”等板块，将线下与线上纠纷调解相统一，从调解源头、调解资源分配、调解过程、调解结果跟踪四大环节把控纠纷处理全过程，提高了调解的效率和效果。

四是吸纳就业、缓解就业压力。社会组织本身是一个新兴的职业领域，通过专职、兼职工作人员的聘用，吸纳了相当数量的就业人口。2018年全省社会组织从业人员55万余人，其中社会团体303311人，社会服务机构254972人，基金会544人，就业吸纳人数相当于三个华为集团。同时，通过社会组织选送推荐、搭建平台，为更多的市场剩余劳动力创造了就业机会。四川省湖北商会的会员企业聘用40万人；四川省创新创业促进会会员企业以创业带动就业近1万人；绵阳市福建商会发动会员企业解决的就业人员占当地就业人口的0.9%。

四川省湖北商会

四川省湖北商会前身为2009年4月23日由四川省工商联批准成立的四川省工商联湖北商会，2014年7月15日在四川省民政厅注册成立，是具有独立法人资格的社会团体，2017年成功创建全国5A级商会，并获青羊区“友好合作社会组织”“2016年度最具影响力社会组织”“2018年脱贫攻坚先进商协会”等荣誉称号。截至目前，四川省湖北商会有会员单位1000余家（含分会会员），涉及金融证券、机械制造、现代农业、现代物流、房地产、医药卫生、环保新能源等50多个行业，吸纳就业40余万人。

3. 服务文化建设

在文化建设方面，社会组织成为提升四川省文化软实力的有力抓手，也是推动四川省建设文化强省的一支生力军。

一是推动了文化艺术发展。截至2017年底，全省各级各类文艺类社会组织在民政部门登记为民办非企业、社会团体或基金会的有2897个，从事美术、音乐、舞蹈、摄影、书法、戏剧、民间文艺等17个类别的文艺工作。文艺类社会组织凭借四川省深厚的文化底蕴，通过举办培训、艺术展陈、交流研习、开展对外合作等，积极宣传弘扬包括巴蜀文化在内的中华民族优秀文化，成为推动四川省文化创新的重要载体，为把四川省建设成为文化强省做出了重要贡献。

建川博物馆

位于四川省大邑县安仁镇的建川博物馆由民营企业家樊建川创建，是由四川省文旅厅主管、在四川省民政厅登记注册的民办非企业。该博物馆占地500亩，建筑面积10余万平方米，拥有藏品1000余万件，其中国家一级文物425件，现已建成开放抗战、民俗、红色年代、抗震救灾四大系列32座场馆，是目前国内民间资本投入最多、建设规模和展览面积最大、收藏内容最丰富的民间博物馆。该博物馆自2005年开放以来，累计接待观众1300余万人次，成为传播先进文化，弘扬抗战精神、抗震救灾精神、红军长征精神，传承民族文化的重要场所和一张亮丽的文化名片。

二是促进了教育提升。全省目前有民办普通高校41所，在校生41.9万人；民办普通高中126所，在校生13万人；民办中等职业学校188所，在校生24.7万人；民办普通初中176所，在校生24.93万人；民办普通小学

205 所，在校生 27.04 万人；民办幼儿园 1.06 万所，在园幼儿 150.98 万人。各级各类民办教育机构容纳的在校生人数占全省在校生总人数（1546 万）的 18.3%。特别是民办幼儿园、民办中等职业学校，极大地满足了人民群众对幼儿教育和中职教育的迫切需求。民办教育成为公办教育的有益补充。此外，全省民办培训机构 1380 个，年培训能力近 75 万人次，承担了全省劳动力职业培训的大部分任务，培养了一大批社会急需人才。

成都市双流区棠外实验幼儿园

棠外实验幼儿园是由成都市双流区民政局于 2011 年批准登记的民办非企业单位，业务主管单位为双流区教育局。棠外实验幼儿园秉承“为幼儿的健康幸福实施快乐启蒙教育”的办园理念，曾获得多项殊荣：2017 年被成都市教育局评为“成都市一级幼儿园”；2018 年被四川省体育局评为“四川省幼儿体育基地”。近年来，棠外实验幼儿园不断发展壮大，现有 23 个教学班，在园幼儿 700 余人，中小学高级、一级、二级职称教师 40 余人。类似的优秀民办幼儿园，有效缓解了幼儿教育资源分布不均衡、幼儿园师资学位不足的矛盾，回应了家庭在优质幼儿教育上的刚需。

三是促进了科学技术进步。科技类社会团体在开展科技交流、推动科技创新、促进科技发展、推广先进科技、普及科技知识、组织科技论证、提供科技咨询、举荐科技人才、评估科技项目、鉴定科技成果、评定技术等级等方面发挥了重要作用。民办科研机构在教育、文化、艺术、环保、医药、信息、数字、能源、产业、家电、照明、物流等领域促进了科技进步。

四川省通信学会

四川省通信学会成立于 1980 年，业务主管部门为四川省科学技术协会，挂靠单位为四川省通信管理局。四川省通信学会自成立以来，紧密跟踪通信科技发展趋势，结合省通信与信息产业发展实际，开展了多种多样的学术交流、科学普及等继续教育和咨询活动，积累了丰富的经验，形成了广泛的影响。2018年，四川省通信学会与中国电信四川公司、四川省大数据产业联合会联合发布了《助力数字四川创新发展行动计划》，积极助力“数字四川”建设，助推四川省率先建成“网络强省”。

（二）社会组织监督管理日益规范

1. 党建引领不断强化

四川省社会组织党建工作由各级非公经济组织和社会组织工作委员会统一领导，有业务主管单位的社会组织党建工作由第一综合党委管理；社会中介组织党建工作由登记审批机关党组织管理；无业务主管单位的社会组织党建工作由第二综合党委管理；城乡社区社会组织党建工作由街道社区和乡镇村党组织兜底管理。社会组织党建工作开展以来，党的组织覆盖面持续扩大。全省社会组织纳入党建基数的有2.82万个，从业人员中有党员8.1万人。全省社会组织党建覆盖率达40.6%，其中建立党委92个，党总支部118个，党支部4602个，覆盖社会组织4812个；建立联合党支部942个，覆盖社会组织6847个；建立功能型党组织1814个，视同覆盖6201个。绵阳市在全省率先成立了社会组织综合党委，创新性地组建了市社会组织联合党支部，引导成立了9个全市性社会组织党支部。四川省社会组织第二综合党委指导新建党组织23个，选派党建工作指导员60名，在全省性行业协会、商会脱钩中转接党组织22个，党员147名。

2. 等级评估逐步推进

2011年四川省启动了社会组织登记评估试点工作，从行业协会（商会）开始，经过几年的探索试点和经验积累，制定出台了《四川省社会组织评估管理办法》，初步构建了规范的社会组织评估制度和基本流程，包括对第三方评估机构的招标、民政部门对社会组织参评的宣传动员、社会组织自评与申报、参评名单公示、第三方评估机构现场评估、评估委员会终评、网站公示、民政部门公告等，有效构建了分类评估体系，社会组织等级评估的专业性、科学性、有序性和权威性持续提升。第三方评估机制稳步推进，连续三年委托社会服务机构承接社会组织现场评估，有效构建了“管评分离”的评估制度，保障了评估工作的公开、公平和公正。随着社会组织评估覆盖面的不断扩大，评估结果应用的范围持续扩大，包括年度检查或年度报告、政府转移职能、政府购买服务、公益性捐赠税前扣除、资格认定、评比表彰、信用信息管理等领域。社会组织等级评估的品牌效应逐步发挥。2018 年，省级社会组织有 6 家被评为 5A 级，7 家被评为 4A 级，6 家被评为 3A 级。

3. 信息化建设初见成效

2017 年末四川省完成了统一社会信用代码建立工作，将社会组织管理纳入全面覆盖、稳定、统一的社会信用代码体系，并通过社会信用代码数据库，实现了社会组织相关信息网上公开、部门共享的信息化管理和电子政务，提高了办事效率，方便了办事群众。信息化制度的健全和信息化平台的运行，倒逼社会组织加大信息公开力度，提高自身公信力，也促进了登记管理机关、业务主管单位等相关部门间的协同配合，促进登记管理、年度检查、执法监督更加规范化。

四　当前存在的问题

社会组织在国家治理格局和社会建设、社会生活中起着越来越重要，其发展和管理也出现了越来越多的问题，这引起了党委、政府的高度重视。归结起来有四个方面的主要问题：相关法律法规滞后，社会组织发展和管理总体规划不明确，党委、政府监管体制机制不顺，社会组织自身建设问题突出。

（一）相关法律法规滞后

相关法律法规滞后，与社会组织管理和发展的需求不相适应，这是目前社会组织管理面临的最大问题。在现行法律体系中，与社会组织直接相关的普通法有《慈善法》《公益事业捐赠法》《境外非政府组织境内活动管理法》《工会法》《红十字会法》等，国务院行政法规有《社会团体登记管理条例》《基金会管理条例》《民办非企业单位登记管理暂行条例》等，此外还有大量部门规章，以及分散在《民法总则》《民法通则》等法律法规中的部分相关条款。2018 年 8 月民政部公布的《社会组织登记管理条例（草案征求意见稿）》，目前各方争议较大，仍在继续论证和征求意见中，尚未出台。总的来看，我国社会组织管理的法律法规还不完善，已有的法律法规以登记管理的程序性规范居多，而实体法方面还存在很多需要继续填补的空白。其中比较突出的问题有以下三个方面。

1. 社会组织法人性质不明确

这一点在民办非企业中特别突出。按照目前的《民办非企业登记管理暂行条例》，民办学校、民办培训机构、民办幼儿园、民办医院都归为民办非企业进行登记注册，而按照《民法总则》的相关规定，其法律地位为非营利法人。但是实践中，这一类民办非企业的牟利性质普遍存在，成为社会组织非营利性的"灰色地带"，造成对社会组织的社会认知混乱，不利于行业健康发展。

四川万通汽车职业培训学院作为民办院校，在 2017 年年检中被登记管理机关发现，其出资人安徽新华教育集团对学院每年提出利润指标要求，以利润指标进行考核，致使其从办学理念到财会管理制度，都完全脱离了非营利组织的要求，沦为一个牟利的工具。

2. 社会组织财产属性和财产关系不明确

按照《民法总则》对非营利法人的规定及现行社会组织的三个条例，其针对社会组织的财产关系主要是程序性的规定，包括资金来源合法，社会组织享有财产权，任何其他组织和个人不得私分、侵占、挪用等。但是在实践中，由于社会组织发起成立的特殊历史原因，其财产属性和财产关系较为复杂。例如，由政府业务主管单位划拨资金、场地成立的社会团体或基金会，其发起资产为国有资产，在运营管理和行政脱钩过程中如何保障国有资产不流失或保值增值，业务主管单位和法人、法定代表人是否负有法律责任，分别负有何种法律责任，机关法规对比并无明确规定。又如，对基金会每年的公益事业支出比例，相关条例做出了明确的规定，公募基金会不得少于上一年收入的 70%，私募基金会不得少于上一年余额的 8%。但是对社会团体收取的会费，则没有类似的规定。个别社会团体收取的会费累计高达数千万元，常年留在银行账上，没有能力通过合理的渠道用出去以更好地服务会员、服务社会，造成社会财富的浪费。再如，企业捐赠和企业自身出资发起成立的基金会或民办非企业（特别是民办学校）之间，存在大量灰色的利益输送关系。企业通过合法捐赠的途径，或以名义上的劳务、咨询费用等方式，进行资产和利润转移。

3. 社会组织行政处罚的规定与实践不相适应

根据《社会团体管理条例》等法规和民政部于 2012 年 10 月公布实施的《社会组织登记管理机关行政处罚程序规定》，登记管理机关可以对社会组织做出的行政处罚主要有警告、责令改正、限期停止活动、撤销登记、罚款等几类。而实务工作中，由于缺乏相关法律依据，或业务主管单位等其他部门的监督职责不清等问题，要么很难处罚，要么处罚了也很难执行。例如，对涉嫌利益输送或转移资产和利润的个别基金会、民办学校，明知其有问题，根据现行法律法规却很难查处。又如，那些本来就因为长期不开展活动而对其做出了撤销登记处罚的社会组织，很少会主动来履行后续的注销和资产清算手续，造成相关资产冻结和社会财富的浪费。而现有的法律法规既没有规定业务主管单位或其他相关部门的职责，也没有将这一类社会组织负责人纳入征信名单的机制，最后导致无法形成完整闭合的社会组织退出机制。

四川外国语大学成都学院 2018 年末总资产为 21.8 亿元，应付款 13.17 亿元，其中 11.98 亿元为应付西藏华泰教育管理有限公司咨询费（附咨询费合同）。而该公司与四川外国语大学成都学院的出资方均为受同一最终控制人控制的企业。这一行为明显涉嫌利益输送，但是目前要查处、处罚却缺乏相关的法律依据。

（二）社会组织发展和管理总体规划不明确

目前四川省尚未出台社会组织发展相关规划，对全省社会组织发展和管理的基本原则、总体目标、主要任务和保障措施等缺乏总体设计，造成相关政策在“放”和“管”之间摇摆不定，缺乏平衡。从最近五年的政策导向来看，社会组织管理经历了一个从大力发展和直接登记注册到逐步收紧的过程，社会组织数量增长的变化也显示了这一点。社会组织发展和管理缺乏总体规划，进而造成以下问题。

1. 社会组织的行业和区域覆盖面不足

从调查中可以看到，当前社会组织在文化教育行业的集中度过高，区域发展极不均衡，除了给相关业务部门带来监管压力之外，也反映出社会组织的覆盖领域和范围仍然过窄、过小。从行业来看，除了文化教育外，社会组织在扶贫、救助、社会治理、科技、经贸、对外交流等各领域发挥作用、满足服务需求的空间仍然很大。从区域来看，除了中心城市，全省市州和区县及农村地区还有大量社会服务需求得不到回应。除成都市外，四川省其他市州均未编制政府向社会力量购买服务指导目录，21 个市州中只有 11 个市开展了政府购买社会组织服务；除成都、德阳外，各级财政均无专项资金安排用于扶持社会组织发展。在培育孵化方面，全省仅有社会组织孵化基地 22 个，培育孵化社会组织 581 个，占全省社会组织总数的 1.3%。由于缺乏总体规划，对社会组织服务有迫切需求的全省经济社会重点领域不明确，无法有计划、有目的地通过政府补贴、购买服务等方式引导社会组织分流和扩大覆盖面。

2. 社会组织“四个服务”缺乏支持体系

2016 年中共中央办公厅、国务院办公厅印发的《关于改革社会组织管理制度促进社会组织健康有序发展的意见》，明确提出了充分发挥社会组织服务国家、服务社会、服务群众、服务行业的作用。这“四个服务”成为当前社会组织功能定位和发展的重要指导思想。“四个服务”从国家战略中心和大政方针、社会公共服务、群众特殊需求、行业标准和行业自律四个方面指出了社会组织的工作方向。如何将这四个大的工作方向变成具体的服务内容，则需要建立一套支持体系，从“四个服务”所需的人才、资金、技术、专业职能分工、政策和组织领导等各个方面进行保障和支持。而目前支持社会组织发挥作用的政策、措施仍然是分散的、笼统的，缺乏系统性、协调性和可操作性，无法充分对接和满足“四个服务”的要求。

（三）党委、政府管理体制机制不顺

1. 社会组织党建工作机制亟待完善

一是党建覆盖面大，但活动落实不足。虽然目前社会组织党建覆盖面不断扩大，但是由于社会组织中党员流动性较大、社会组织党建意识不强等，党员发展管理不够、正常活动开展不够、基础保障力量不够，造成社会组织党组织政治核心作用难以充分发挥，党的政治优势和组织优势转化不足，社会组织在开展服务中，党的执政理念传导、执政资源整合、执政效应彰显不充分。不考虑社会组织服务导向的自身特点，党建重形式、轻服务，造成社会组织中党组织作用难以发挥和落在实处。

二是社会组织党建与体制不相衔接。现有的表彰奖励、廉政建设、参政议政等工作，都是按照体制内党的领导和组织关系、人事关系来开展的，而社会组织的体制外属性和组织特点，决定了其党建工作、组织关系、人事关系等与现有体制无法完全对接，从而造成实际工作的困难。例如，有受访者表示："我们去年想把一些社会组织推出去参加省里的表彰，但是报材料的时候问题就来了，要求有党风廉政建设这一条，还需要纪委签字，社会组织哪里有纪委呢？找二党委签字，二党委对这个情况也不熟悉。这就是现有体制的空白。"

2. 登记管理机关工作力量薄弱、服务能力欠缺

一是工作力量薄弱。社会组织登记管理工作普遍存在人员缺乏、执法困难、经费不足的问题。管理力量和管理任务严重失衡，管理服务能力水平严重滞后于服务工作需要。社会组织和工作人员数量比在省级为1∶75，市级为1∶113，县级为1∶378。市、县基层登记管理工作力量尤其薄弱，甚至随着机构改革这一问题更加严重。机构改革后，广安市未单独设立专门科室，社会组织登记管理与社会事务由同一个科室负责，该科室共2名工作人员，负责全市942家社会组织的登记管理和年检工作。即使像绵阳市，工作力量在市州一级已属较强，也仍因持证执法人员的缺乏而难以有效开展行政执法和查处工作。

二是精准管理服务的能力欠缺。不同行业的社会组织和不同类型的社会组织存在较大差异，它们对服务管理的需求也是千差万别的。以目前登记管理机关的工作力量和管理服务手段，尚不能有效区分社会组织的个性化特征，提出个性化、差异化和有针对性的管理服务，因此不得已只能暂时采用“一刀切”的方式，对不同类别、不同需求的社会组织基本上采用了同一种管理模式，无法有效实现严格管理和鼓励发展并重的分级分类管理模式，造成目前社会组织“一管就死、一放就乱”的状况。

3. 业务主管单位权责不明晰

一是双重管理体制中业务主管单位的权责不明晰。按照社会组织双重管理体制要求，社会组织的登记管理由民政部门负责，业务管理由对口的政府职能部门或业务单位负责。目前除了部分由民政部门担任业务主管单位或直接在民政部门登记的社会组织外，大部分社会组织仍然处于双重管理体制之下。而现行法律和政策对某一职能部门或业务单位是否担任业务主管单位，并无明确的义务性规定，更无法定责任的规定。由此造成一些业务主管单位不作为、乱作为现象较为突出。一些业务主管单位对社会组织管理工作始终不积极、不支持、不配合，对所主管社会组织的思想政治工作、党的建设、财务和人事管理、研讨活动、对外交往、接收境外捐赠资助、按章程开展活动等事项没有切实负起管理责任。个别业务主管单位存在“多一事不如少一事”的思想，不愿担责任。比如成都市某单位对外声明不再做任何社会组织的业务主管单位，给登记管理工作造成困难。有些业务主管单位又矫枉过正，对所主管的社会组织完全采用行政命令方式进行管理，直接插手社会组织人事安排和业务活动，妨碍了社会组织依法依规自主开展活动。个别业务主管单位对本职工作存在模糊认识、对工作挑肥拣瘦，对有本单位或下属单位人员兼职或有较多经济资源的社会组织联系紧密、管理规范，而对“草根”社会组织疏于管理。比如绵阳市某单位只认为某几家社会团体是其所主管的社会组织，而不认为以其为业务主管单位的其他民办非企业是其所辖的社会组织，其“只是年检签字盖章的通道”而已。

二是行政脱钩过程中业务主管单位的权责不明晰。这给当前行业协会、商会行政脱钩和后续管理带来很大的障碍。其一，相关业务主管单位重视不足，业务主管单位领导违规兼职的情况仍然存在，从部门利益出发，长期插手社会组织负责人任免等具体事务，导致政社不分，法人治理结构不能建立，脱钩工作久拖不决，影响社会组织健康发展。其二，部分业务主管单位对脱钩工作片面理解，要么把脱钩当作脱管，“一脱了之”、与己无关，脱钩后对行业协会、商会应承担的综合监管职责不履行、不作为，要么不切实际地希望上级出台更多更细的法规政策，一揽子解决社会组织脱钩后面临的所有问题。其三，部分业务主管单位对“放管服”改革主体责任认识不清，对有关政策文件和办理程序不了解，造成部门协调不足，对一些交叉和边缘部门的职责不明确，影响了脱钩工作进度。

4. 多方联动的监督管理体制机制不顺

一是“双重管理”体制缺乏部门联动，包括业务主管单位与登记管理机关之间缺乏协调联动。在双重管理体制下，登记管理机关、业务主管单位以及相关行业管理部门、职能部门协调联动、开展综合监管的机制缺乏。从登记管理机关来看，对社会组织的监管主要依靠登记审批、年检、抽查、等级评估和执法惩处几个环节，受工作周期、人员配置、执法手段等因素制约，缺乏即时性和前端性、主动性。受行业和专业限制，登记管理机关对社会组织日常业务活动的专业性、有效性、合理性难以判定，要依靠业务主管单位进行。而从业务主管单位角度来看，由于其缺乏法定责任和相应的工作机制，不作为、乱作为的现象又较为突出，形成部门之间的张力。“放管服”改革中“审管分离”，行政集中审批与后端管理缺乏联动。随着当前“放管服”改革的推进，部分市州社会组织的行政审批业务由民政部门交由行政审批局集中办理。集中办理中相关部门因对社会组织管理工作不了解，放宽登记条件或仅满足基本要件就进行登记，导致登记的社会组织专业素质参差不齐，给其他部门的后续监管也带来了压力和挑战。

二是“分级管理”体制缺乏上下联动。目前社会组织管理是按照分级管理的原则进行的，即中央、省、市州、县（区）分级管理，各级登记管理机关对在本级登记注册的社会组织开展管理。分级管理体制带来各级管理标准不一。以社会组织等级评估为例，省、市州、县（区）民政部门分别对在本级登记的社会组织开展等级评估，而各级评估采用的指标体系或打分标准并不统一，导致评出来的等级不具有可比性，降低了这项工作的科学性和严肃性，也不利于社会组织在参与政府购买服务中的公平竞争。例如，一些区（县）的5A级社会组织，就其实际专业能力和社会影响力而言，可能大大低于省级或市州级的3A级社会组织。在参与政府购买服务和对外宣传中，个别社会组织刻意模糊自己所评等级是在哪一级政府管理部门评出的，造成评审结果不公平。分级管理体制还存在属地管理漏洞。由于社会组织都在一定地域范围内活动，分级管理不可避免地带来属地上的漏洞。属地管理机关对在本辖区范围内开展活动的上一级登记社会组织，无法开展及时有效的监管。例如，全国性社会组织可以在全国范围内开展活动，包括在四川省内开展活动，而对四川省的管理机关并无报备或备案责任，因此四川省的管理机关无法及时有效地监管其在本地开展活动的合法性。即使发现问题，也只能通过层层上报的方式反映。属地管理上的漏洞给利用社会组织名义开展不法活动留下了巨大的空间和隐患。

四川某某中心是以省文化旅游厅为业务主管单位，在省民政厅登记的民办非企业。其登记批准的业务活动为文化艺术培训、演艺活动，活动地域为全省范围。但其实际活动却是与一家养生公司合作，以该中心的名义开展辟谷养生和类似邪教的活动，曾在成都市天府新区聚集群众上千人。成都市级和天府新区区级民政部门多次上门检查，均被其以登记注册在省级为由拒绝。

此外，新闻媒体和社会公众在社会组织监督问责方面的作用发挥仍然有限。在政府的监管之外，缺乏制度化的公众监督问责渠道，无法形成对社会组织进行监督问责的社会合力。

5. 信息化建设和管理仍待推进

一是信息采集内容亟待优化。社会组织信息化管理目前主要通过民政部门的年检信息系统开展。2019年最新上线使用的省级社会组织年检信息平台，包含14大类近100项信息，涉及社会组织的各个方面。但是信息条目背后设计的逻辑和采集目的仍以单一的登记管理要件信息为主，业务活动和社会效益部分的信息大量缺乏，部分信息采集口径与社会组织的实际情况存在出入，定性信息和定量信息的设置不科学，导致从现有信息汇总数据中难以深挖社会组织服务社会的现状和趋势，难以依托数据提出更有针对性的监管建议。

二是部门信息缺乏联动互通。社会组织管理的不同部门之间、上下级之间的信息和数据，都缺乏有效的共享和联通。社会组织管理的各个部门难以通过信息化手段及时发现问题、有效回应需求，这既是综合监管体制机制不顺的表现，又反过来进一步加剧了这种不顺畅，极大地增加了管理成本。

（四）社会组织自身建设问题突出

1. 专业能力和可持续自主发展能力不足

一是专业能力不足。社会组织专业性不足的问题仍然普遍存在。社会组织大多依托特定的行业领域或专业领域形成，本应具备回应特定领域需求的专业能力，但是在发展过程中，由于缺乏社会认知、缺乏职称职务体制认证、职业前景不明等，很难吸引资深专业人士专职从业。资深专业人士大多以兼职、顾问、咨询、志愿等方式参与社会组织工作，而社会组织自身专职的工作人员往往处于学习成长和不断流失的状态，组织本身很难积累专业人才。由于专业人才匮乏，人员流动性大，社会组织工作人员一人身兼数职的现象是常态，能力建设、业务提升无从说起。

二是可持续自主发展能力不足。由于多元化的社会资金筹集渠道仍未建立，目前社会组织的发展严重依赖政府资金。本次所调查的 33 家社会组织，其资金来源全部依靠政府补贴或购买服务。除了一些尚未脱离业务行政主管部门、仍负有行业资格培训或认证功能的协会外，大部分社会组织经费来源单一，既缺乏筹资渠道，也缺乏筹资意识和能力，不得不依赖政府补贴和购买服务。此外，相当一部分社会组织成立之初目标宗旨就不明确，思想准备不足，缺少准确定位和长远规划，一段时间后热情消退，发展难以为继。

2. 社会组织内部治理不健全

一是内部治理的组织和程序不健全。按照社会组织法人治理的要求，主要负责人备案制度是确保党管干部的重要组织原则，会员大会、理事会等内设组织则起着重要的民主建设、决策议事、财务管理、人事管理和内部制衡、自律等方面的作用。但是一些社会组织不按照章程的要求开展会员、负责人备案工作，不按章程要求成立会员大会、理事会等内部治理的组织，不按章程要求开展换届等工作，导致内部分工和监督制约责任不明确，第二党委审查社会组织候选干部困难，理事会形同虚设，执行层面没有监督制约，管理混乱和恣意妄为的现象较为突出。有的社会团体负责人只有一个，会长和秘书长是同一个人，所有事情一个人承担，为了应付年检才填了个办公室或秘书处；有的社会组织理事会只是挂名，根本没有履行决策职能；有的社会组织多年不换届，或多年不召开理事会，即使换了届也不办理负责人备案；有的社会组织发生重要事项变更时不按要求办理或不及时办理登记变更。

二是内部治理的意识和制度缺乏。部分社会组织成立之初更多依赖主管部门资金政策等方面的支持，加之领导干部兼职情况比较突出，导致从属性过强，难以独立行使和履行法人治理的权利义务。部分社会组织法律法规意识不强，以发起人或负责人的个人魅力、"一言堂"代替制度化管理和建设。

四川省某 A 研究会内部管理混乱，负责人、理事、会员名单不按要求更新，增补负责人、会员缺少会议记录和相关程序记录。四川省某 B 协会、四川省某 C 协会均在 2018 年修改了章程，但是均未办理章程修改核准手续。

四川某 D 联谊会、四川省某 E 行业协会、四川省某 F 协会等多个协会均不按章程规定的年限开展换届活动。其中四川省某 E 行业协会从 1998 年以来至今 20 年未换届，而四川省某 F 协会上次换届时间也是十年前的 2008 年了（截至 2018 年年检时）。

四川某 G 技术研究所、四川省某 H 协会、四川省某 I 协会、四川省某 J 协会等协会均在 2018 年召开了换届大会，但是都未办理负责人备案。四川省某 K 协会、四川省某 L 行业协会长期不召开会员代表大会、理事会，会员和理事会名单也不备案；秘书机构与理事会两张皮，秘书机构长期把持协会工作，甚至背着理事会偷偷更换了法人登记证书①。

四川省某 M 协会、四川省某 N 协会长期无法换届，原因在于两个协会都由原来的离退休老首长、老领导兼职，老法人与新法人两派长期闹矛盾。登记机关作为一个处级单位，对这种情况也束手无策。结果各方都是长期打太极，把协会拖成了烂摊子②。

3. 不依法依章开展活动

一些社会组织不依法依章开展活动，极大地损害了社会组织的公信力，破坏了公益慈善事业形象，给行业发展带来负面影响。

一是违规开展活动，包括未按规定对活动开展情况进行报备，违规吸纳单位会员，领导干部违规兼职、违规开展境外合作等情况，甚至有些社会组织还涉嫌弄虚作假、骗取登记，或面对业务主管单位、登记管理机关的监管存在隐瞒、欺骗的情况。

二是乱评比表彰、乱收费。一些社会组织违规收取会费。一些社会组织偏离了公益性和非营利性方向，通过不正当手段谋取利益。例如，借行业协会垄断地位乱收费乱摊派；巧立名目设立各种过多过滥的评比、表彰、研讨、论坛、授牌活动，借机违规收费、非法敛财。

三是乱设分支机构。一些社会团体法人治理缺失导致内部管理混乱，在利益驱动下，贪大求多、盲目扩张的现象较为突出，有的设立分支机构多达几十个，有的违规设立地域性分会，有的民办非企业也擅自设立分支机构。分支机构过多过滥，远远超出了自身管理能力。

四是不依法依规进行信息公开。社会组织是非营利性、公益性导向的组织，其大部分资金来源于政府、市场和社会公众。公信力是社会组织的生命。但是社会组织的信息公开和公众问责制度尚不健全，加之社会组织运作

① 访谈纪要：有一个协会，秘书长趁理事长去美国，就偷偷把法人更换了，理事长回来两个人就扯皮。一个说你这个是假的，另一个说程序合法。窗口办理的人员只审查要件，要件合格就盖章，他也不可能知道真假。

② 访谈纪要：我们现在还是只有我作为发起人说了算。制度这些东西还没有整起来，要换其他人上来的话，谁也不服。只有我在才能镇得住。所以我们现在新老交替要换届的话恼火得很，谁也不服谁。

不规范，法律法规意识淡薄，缺乏相应工作安排，导致社会组织信息公开不足，社会和公众问责缺失。有的社会团体未主动公开年度报告、财务报告、会费收支及其他信息；有的基金会未公开公益活动和募集资金的使用计划，公益慈善项目的申请和评审程序、年度报告、财务报告等信息；有的民办非企业单位未公开服务承诺和服务收费信息。

四川省某 O 研究会在 2018 年年检中被发现存在许多违规问题：违规吸纳国家机关作为单位会员；在开展相关论坛时，违反了“不得利用党政机关名义举办或与党政机关联合举办”的有关规定；违规开展授牌活动，违规收取费用；涉嫌领导干部违规兼职；涉嫌在登记管理时弄虚作假、骗取登记等情况，目前正在进一步查证中。按照国家发改委《关于进一步规范行业协会商会收费管理的意见》及川发改体改综合〔2018〕65 号文件的要求，行业协会商会的会费标准不得超过四档，而四川省某 P 商会会费标准达到 10 档，且会费标准产生的程序不符合章程规定，仅由“四川省某 P 商会筹备会”决定，而非由会员大会或会员代表大会表决通过。类似的还有四川省某 R 协会、四川省某 S 协会等。

四川省某 T 研究会违规开展评比表彰活动，未按规定对活动开展情况进行报备，并在年检中隐瞒与四川某 U 有限公司的关联方关系及关联方交易，而实际上却与该公司在人员、工作上重叠，形成社企不分的利益输送关系。

成都某 V 中心是成都市民政局直接登记管理的民办非企业，审批登记的业务活动为“扶持资助困难家庭学子完成学业，并帮助其创业和就业”。2019 年 7 月该组织与某 W 中心承办了由联合国全球联络署和四川省红十字会主办的第 68 届联合国公益组织大会中国论坛，存在开展活动与其业务活动范围不符、境外组织境内活动未报备、境内社会组织与境外组织联合开展活动未报备等问题，引起了相关部门的关注。

4. 财务管理较为混乱

社会组织财务管理不规范的现象较为突出。有的社会组织没有银行账户，或银行账户早已被冻结；有的社会团体的分支机构不具有法人资

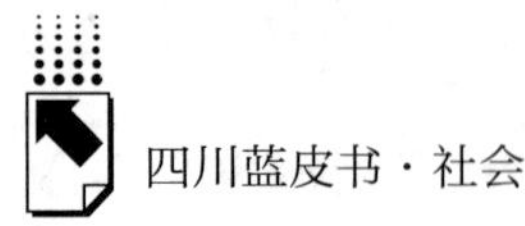

格也在进行财务独立核算；有的社会组织连续三年净资产严重低于注册资金，甚至净资产为负；有的民办非企业单位实行企业化管理，以利润指标进行考核；有的社会组织账目处理不规范，存在事后累积计提折旧等行为，造成账面损益大额波动；有的社会组织与其出资人、发起人、负责人或发起单位、负责人控制的企业之间有较大数额的资金往来，涉嫌利益输送，甚至有的社会组织抽逃登记注册资金，侵占社会共有财产，变相搞利益分配。

四川省某X协会、四川省某Y研究会、四川省某Z协会没有银行账号或银行账号已被冻结，登记管理机关从相关资料看不出来，直至2019年办理年检时与协会工作人员沟通才得知。

四川省某甲行业协会、四川省某乙商会、四川省某丙协会等都存在分支机构财务收支独立核算的情况。四川省某丁分会也存在财务收支纳入其他单位独立核算的情况。

四川省某戊促进会2018年末净资产为－406.8万元，而协会对会长林××个人的应付款却达435.2万元。

四川省某己学会、四川省某庚协会在2018年换届中，均存在净资产大幅减少、费用支出明显增加的情况，涉嫌在换届中突击花钱或抽逃注册资金。四川某辛学院2018年度调整损益额达3.6亿元，据该校报告，调整损益的原因是多年来未将在建工程记入固定资产，2018年将在建工程记入固定资产后，补扣前期固定资产折旧，引起大额损益。

五　相关对策建议

（一）制定出台四川省社会组织发展总体规划

尽快制定出台“四川省社会组织发展总体规划（五年计划）”，统筹指导全省社会组织发展和管理，协调资源配置。按照分级分类培育扶持和管理的总体原则，一是明确全省和各市州社会组织在数量、规模、类型、行业领域、从业人员、社会效益等方面的发展计划。拓宽社会组织在重点行业领域的覆盖范围，做好城乡和区域社会组织发展的布局优化。在全省经济发展的重点领域推进和优化行业协会、商会等枢纽型社会组织的发展，最大限度地发挥行业协会、商会开展行业自律、助推民营经济发展的积极作用。在社会建设领域，加快孵化培育社区社会组织，平台型、枢纽型社会组织及社会企业。在构建基层社会治理新格局中，通过政府购买服务、直接资助、公益创投、社区基金、社会力量资助、社会组织参与特色社区建设示范等多种方式，加大三类社会组织和基层社区的联动，拓展社会服务机构、行业协会商会参与基层社区发展治理的空间，拓宽社会组织可持续发展的渠道。二是明确社会组织服务支持体系建设，从人才、资金、技术、专业职能分工、政策和组织领导等各个方面为社会组织做好“四个服务”提供载体、支持和保障。

（二）加强综合监管体制机制建设

1. 完善和创新党建工作机制

要根据四川省委十一届六次全会的决定，确保党在社会组织中的领导作用。通过年检、培训、购买社会组织服务、评优评级等方式，推动党建要求写入社会组织章程，推动党组织推荐的人选通过法定程序成为社会组织负责人，支持党组织健全、公益性质明确、管理规范有效的社会组织在同等条件下优先承接公共服务项目。引导推动社会组织党建和业务活动同部署、同安排、同考核、同进步。鼓励和推动在社会组织中建立工会、共青团和妇联等群团组织，提高群团在社会组织中的组织覆盖率和工作覆盖率，以党组织建设带动群团建设，助力党组织引领作用落在实处。将目前的社会组织第二综合党委办公室设为民政部门内部常设机构，增配省社会组织第二综合党委专职纪委副书记，将党建经费列入行政专项经费预算，以保障和发挥社会组织第二综合党工委的作用。在省、市、县三级设立社会组织党建指导中心，加强对社会组织党建工作的指导，加大在社会组织中发展党员的力度，将社会组织骨干发展成党员，将党员培养成社会组织骨干。

2. 加快推进信息化建设和管理

一是优化信息和数据录入。对现有的信息和数据进行效度评估和质量筛查，进一步提升社会组织登记信息数据的规范性、完整性、有效性和针对性，使之符合分级分类、开展进一步精准服务管理的需求。二是提升社会组织法人库、慈善信息公开平台等各个平台上社会组织信息的联通性，促进社会组织信息在各部门、各级别之间的联通和共享。三是加大信息化管理的投入，特别是在登记管理的基层工作中，加大信息化管理的业务培训和指导，增强“互联网+”时代信息化管理的自觉性。不断通过技术手段降低管理成本，通过大数据研判提升精准服务管理水平，从而缓解社会组织基层管理工作力量薄弱、精准服务能力欠缺的问题。

3. 建立业务主管单位考核激励机制

制定出台四川省社会组织业务主管单位考核、表彰和奖励的相关政策文件，将依法承担社会组织业务主管职责、按照法律规定开展相关工作作为行政职能部门的一项考核指标，纳入年度目标考核内容。在对社会组织开展表彰、奖励或查处处置时，相应体现对业务主管单位的奖励或惩处。通过考核、表彰和奖励及惩处措施，鼓励引导业务主管单位重视社会组织管理工作，在社会组织管理中主动作为、积极作为。

另外，加强对社会组织行政脱钩工作的宣传培训，提高各业务主管单位对相关政策措施的理解和执行能力。按照民政部2019年工作重点要求，全面推进四川省社会组织行政脱钩工作。从严规范在职及离退休公务人员兼任社会组织负责人，加大纠正力度。细化脱钩措施，按照“五分离五规范”的脱钩改革方向，让行业协会和商会回归本位，成为依法设立、自主办会、服务为本、治理规范、行为自律的主体。

4. 建立多方联动的监管机制

一是建立部门间监督管理联动机制。全省各级党委、政府将推进社会组织发展列入重要议事日程，成立社会组织工作领导小组或联席会议，负责社会组织发展统筹协调和宏观指导。民政部门、业务主管单位和其他行政管理部门加强单位协调配合，形成社会组织综合监督管理的合力。整合各部门人员，合理配置资源，使社会组织管理任务和管理力量相匹配。加快社会管理信息化平台建设，充分利用网络和科技手段，在联合监管、违法查处、取缔非法组织等方面全方位发力。二是建立登记管理部门上下级之间的监督管理联动机制。在社会组织等级评估等管理内容和标准上，统一省、市、县评价指标体系和标准。增设社会组织活动属地化备案的管理措施，对上一级登记注册的社会组织在本辖区范围内开展活动的，进行属地备案，便于本级登记管理机关及时了解属地内社会组织活动情况，发现问题及时处理。此外，还要加快建立制度化的社会监督渠道，发挥公众对社会组织监督问责的作用。

（三）加强和完善社会组织能力建设

1. 加大社会组织培育力度

一是加大社会组织扶持力度，包括增加扶持社会组织的财政资金投入，落实公益性捐赠、科技创新进口、捐赠票据申领、社会团体会费等税收优惠减免政策，创新创制社会组织扶持政策，建立完善多元化资金筹措渠道等。例如，出台社会组织分级分类管理和重点发展领域扶持政策；鼓励和引导基金会与社会组织合作，加大基金会资助社会组织力度；鼓励和引导会费来源充足的社会团体向其他社会组织购买服务，合理支出会费。

二是加大社会组织专业能力培养。依托四川省民政干部学校等力量，建立省级社会组织孵化和党建工作培训中心，加快培育社会组织能力和指导社会组织党建工作。市州成立社会组织服务中心，结合党委、政府中心工作，制定社会组织培育发展规划和实施方案，并根据本级社会组织服务中心资质能力，委托其承办政府部门购买社会服务项目发布、招标、购买、评估、验收等业务。同时，通过社会组织等级评估、承接服务项目评审、交流培训等方式，持续提升社会组织专业能力。

三是加大社会组织人才培养。把社会组织人才开发培养纳入全省政府人才发展规划，尽快通过民政部门、劳动人社部门、教育行政管理部门、省属高等院校、专业科研教学单位等部门联合制定出台“四川省社会组织专业人才队伍建设中长期规划”，以指导四川省社会组织管理人才、社会工作专

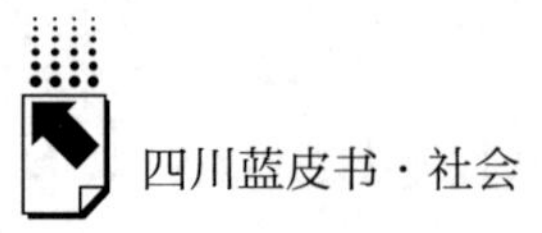

业人才的科学培养，并逐步探索开展社会组织人才评价工作。

四是加快孵化培育社区社会组织，平台型、枢纽型社会组织及社会企业三类组织。在构建基层社会治理新格局中，通过政府购买服务、直接资助、公益创投、社区基金、社会力量资助、社会组织参与特色社区建设示范等多种方式，促进三类社会组织和基层社区的联动，拓展社会服务机构、行业协会商会参与基层社区发展治理的空间，开辟社会组织可持续发展渠道。

五是加强从业激励，推进社会组织参政议政，表彰奖励社会组织及其从业人员。在各级政协会议中增加社会组织代表名额，表彰“百强社会组织”和“百佳从业人员”，鼓励组织、工会、共青团、妇联等机构分别将社会组织及其从业人员纳入“五一劳动奖章”“劳动模范”“青年五四奖章”“三八红旗手”等表彰奖励推荐范围，从而扩大社会组织从业人员在政治生活和社会生活中的影响力，激励更多专业人士加入社会组织从业队伍。

2. 推进社会组织完善内部治理

从法律法规、业务主管单位职责、民政登记管理制度三方面进一步明确社会组织法人治理的要求。通过资格审查、年度述职、约谈警告、过错追究、异常名录等监管制度，督促社会组织完善法人治理结构，健全内部治理制度。建立抽查和巡查制度，对社会组织进行延伸检查，及时纠正乱设分支机构的现象。

3. 加快完善信息公开制度和行业自律建设

加快完善社会组织信息公开制度。优化社会组织信息登记管理的事项，使之更符合社会组织管理和信息公开要求；建立社会组织依法依规公开工作指引，要求社会组织主动公开登记事项、年度工作、财务报告、会费收支、服务收费等信息，提高透明度和公信力。教育引导社会组织承担社会责任，加强廉洁自律。加大执法检查力度，防范慈善捐赠中的利益输送和风险。加强社会组织收费整改，建立社会组织收费事项准入清单和公告制度。制定开展达标表彰活动指引，依法依规严格控制社会组织的评比达标表彰活动。加强规范监督，社会组织举办学术交流、庆典论坛等活动，要遵守相关法律法规政策规定，符合章程规定。依法严格执行对不按要求公开信息和失信社会组织的惩处。

（四）加快推进国家层面法律法规的完善

呼吁和推动尽快制定出台“社会组织管理条例”，促进社会组织监督管理工作进一步法治化。其中应重点和优先解决的问题包括：明确社会组织法人性质和法律身份，明确社会组织财产属性和相关财产关系，明确社会组织业务主管（指导）单位的法律责任和权利，明确社会组织内部法人治理的要求和责任，切实解决社会组织行政处罚执行困难、退出机制不健全的问题。此外，由于社会组织管理涉及多部门联动，需要各部门重点关注的问题包括：机构编制部门研究制定政府职能转移意见，财政部门研究制定安排专项资金支持社会组织参与社会服务的意见，财政税务部门研究完善社会组织税收政策体系和票据管理制度，金融机构研究制定金融支持社会组织意见并将社会组织纳入反洗钱监管体系，组织部门研究制定加强社会组织人才工作意见，民政部门修订完善直接登记社会组织分类标准和具体办法。

B.4

基层治理体系中的邻里关系重塑

——基于成都市温江区经验

郝高峰　刘 伟　王 婧　符维丹*

摘 要： 在基层治理中，各治理主体之间的互动关系及其互动机制长期引发理论界与实务界的关注，但始终缺乏将各治理主体要素的关系有效串联起来并予以解释的载体。笔者认为，邻里关系是基层社会的核心基础，也是十分关键的社会关系。随着传统具有基层自组织意义的邻里关系式微，基层治理视域下的现代新型具有组织化意义的邻里关系需要重塑。笔者基于对成都市温江区开展的健康邻里关系塑造的一系列工作的系统观察，发现重塑邻里关系需要一整套基层治理体系做支撑，其本质是探寻符合当代城市基层治理特征与趋势规律的基层社会关系重组在基层治理微观层面的实践逻辑，具有较强的提示意义。

关键词： 基层治理体系　健康邻里关系　基层组织化　成都温江区

大量研究表明，良性的社会关系是基层社会治理体系的核心基础。长期以来，社区内部各主体要素如何整合、如何达成秩序，引发从学术界到实务

* 郝高峰，中共成都市温江区委社治委常务副主任；刘伟，博士研究生，四川省社会科学院社会学研究所副研究员，研究方向为城乡基层治理；王婧，中共成都市温江区委社治委工作人员；符维丹，中共成都市温江区委社治委工作人员。

界的广泛关注，也产出了较多富有启迪意义的研究成果。但社区、小区、物业、业委会、社会组织、群众等多重主体关系如何有序达成、顺利运转，在理论与实践层面，似乎始终缺乏有效的串联要素予以解释。笔者认为，在城市基层，“邻里关系”是社会治理视域下最为重要的社会关系。聚焦邻里关系，或许可成为理顺社区治理内部各主体要素的秩序化关系与结构性位置的有效串联工具。在本报告中，我们将理论与实践结合，以四川省成都市温江区近年来开展的“健康邻里关系塑造”系列工作为行动案例，尝试回答具体到社区治理的实践层面，城市社区治理体系如何建构、城市社区内部各主体的秩序化关系如何达成的实践逻辑。

一　研究背景

传统乡土社会，社会“固定”是底部特征，“五家为邻，五邻为里”，传统“邻里”构成了一种较为明确的组织关系，是一种以地域关系为基础、以人际关系为纽带的最基层的具有初级群体性质的居民松散型组织，亦是一种常常被忽略，同时包含“法治”“自治”“德治”元素的基层社会自治机制。现代社会，“流动”成为首要特征。社区居民由于居住地毗邻的地缘因素而成为“邻里”，“择居仁里和为贵，善与人同德有邻”，“邻里”传统的基层组织意义日渐式微，主要演化成为社区空间内情感维系的“人际关系”。此时，邻里关系作为连接人与人、家庭与家庭、家庭生活与社会生活的重要纽带，成为基层社会治理共同体的重要组成部分。在新时代，重塑健康、积极的邻里关系，发挥正向的“邻里效应”，重建基层“邻里”在当代社会中的组织属性与组织化内涵，是推进城乡社区发展治理的底层逻辑，是构建社会主义和谐社会的内在要求，更是建设社会治理共同体的必然要求。

从古至今，邻里关系积淀蕴涵了丰富的文化内涵。传统中国社会具有聚族而居的特点。中国古代的邻里关系主要基于地缘与血缘复杂交织的关系，形成了以德治为主、法治为辅的乡土关系，以仁、义、礼、智、信等儒家思想来衡量人际、邻里之间的社会关系，一种家庭与家庭间的非法律性的关系。同时，古代中国以“家国一体”的意识文化塑造，将邻里管理纳入国家政治管理的体系范畴，尽管“皇权不下县”，县级以下管理基本属于乡民自治，里正、里长等承担着基层的代管功能，是政府基层管理的具体实施者。但作为家庭生活与社会生活的连接纽带，邻里关系在中国传统文化涵养的影响下，曾经在人们的社会关系网络中占据了重要地位。“远亲不如近邻”“千金买宅，万金买邻”等俗语佳谚口口相传，邻里也成为基层社会治理体系最为末端的初级组织单元。

然而，在传统社会向现代社会嬗变过程中，现代邻里关系在继承传统文化中，不断发展变化，出现了普遍衰落的趋势，而令传统邻里的组织关系式微。这种趋势在城市变迁中的一个突出表现就是传统邻里组织解体，邻里关系随之产生一系列不同于传统邻里关系的新变化，主要体现在以下几个方面。

1. 邻里关系普遍次级化

在传统的邻里生活中，邻里关系是一种初级关系或首属关系，每个邻里成员在邻里群体中占有特定的不可替代的社会位置，形成了具有自治意义的初级组织。随着城市文明发展和城市社区变迁，传统邻里群体日趋解体，过去那种彼此熟悉、互知根底的初级关系正在消失，邻里的内涵开始仅依赖于比邻而居的地缘因素。

2. 邻里观念全面淡化

随着主体意识、独立性不断增强，当代城市居民开始难以接受传统邻里中不分彼此、人员混杂的公共生活环境，普遍希望拥有一定私人空间，在平等的社会生活中保持相互尊重、互不妨碍的新行为习惯，其社交行为从非理性的习惯行为和情感行为，转向具有明确主观动机的理性行为。人们希望在社会交往过程中满足自己无法解决的物质和精神需要，而传统的邻里群体因其成员的同质性强而无法满足社交需求，社交范围迅速向广阔的社会空间和地理空间扩张，形成一种“宁交远方客、不结身边亲”的社交格局。

3. 邻里互动频率急剧衰减

邻里互动是形成邻里群体的基础。在传统社会里，邻里互动是居民社会交往活动的主要形式，其重要性甚至超过家庭。但是，这种源于乡土社会的邻里交往模式随着城市化的发展正逐渐消失。过去邻里之间常来常往、互帮互助的现象十分普遍，而现在即使偶尔需要帮助，人们也宁可舍近求远，请不在身边的家人、同学、同事、朋友帮忙，极少惊动邻居。现代城市里极为有限的邻里互动至多只能显示邻里之间的表面容纳和互相接受，邻里关系基本比较冷淡、疏远。

造成这种变化的直接和表层原因是空间条件的丧失和毗邻时间的短暂。住宅的高层化把每个家庭的空间位置在三维坐标中固定起来，使得人们的家务劳动和家庭生活完全封闭，不再依赖公共院落空间和公共设施发生频繁的邻里交往。同时，由于现代社会的"流动性"特征，邻里关系处于不断的分化组合之中，对空间和地缘的依赖减弱，不再像传统中国乡土社会那般安土重迁，家庭宗族群居、世代为邻已十分少见，邻里社群不再稳固，必然使邻里关系无法长久地保持。现代邻里之间开始变得信息封闭、情感淡漠，也容易产生纠纷、激化矛盾，"风吹声如隔彩霞，不知墙外是谁家"的现象更为普遍，"形同陌路"的邻里关系不利于社会和谐氛围的形成，对于城市的良序善治也带来一系列负面影响。

二 问题聚焦：温江区现代邻里关系塑造的现状与挑战

"亲仁善邻，国之宝也"。习近平总书记指出："社区建设光靠钱不行，要与邻为善，以邻为伴。"党的十九届四中全会要求，健全基层党组织领导的基层群众自治机制，在城乡社区治理、基层公共事务和公益事业中广泛实行群众自我管理、自我服务、自我教育、自我监督，拓宽人民群众反映意见和建议的渠道，着力推进基层直接民主制度化、规范化、程序化。"睦邻友好"是中华民族的优良传统，是社会良序善治的动力源泉，更是新时代加强和改善基层社会治理的重要抓手，可成为理顺社区治理各要素关系的一个具体的事项载体。因此，站在发展的战略机遇期，温江区开展健康邻里关系塑造具有深刻的时代意义，通过对温江区邻里关系塑造的现状、机遇、问题进行分析，笔者认为推进健康邻里关系塑造，既具有社会发展的内生动力，也面临社会发展带来的相应挑战。

（一）邻里关系的新形势

1. 新治理愿景：城市社区发展治理的现实考量

党的十九届四中全会要求“建设人人有责、人人尽责、人人享有的社会治理共同体”，现代化邻里共同体也应是其中一层要义。“个体－家庭－邻里－社区”是社区构成的基层结构。社区已然成为基层社会治理的基本载体和主要渠道，但从社区到个体的关系链条还需要健康的邻里关系予以打通。因此，塑造健康邻里关系、构建现代化邻里共同体对于推进基层社会治理现代化具有重要意义。2020 年初，温江区全区实际管理服务人口超过 100 万人。居民中有大量外来人口，温江原籍人口仅有约 15 万人，占比不到 20%。在“陌生人社区”，通过邻里关系塑造，将居民重新连接起来，彼此间建立像熟人、朋友一般的感情和信任，是社区发展治理的底层逻辑。成都市城乡社区发展治理开启和谐邻里关系营造三年行动计划，从邻里交流、邻里互助、邻里协商等方面推动邻里关系“向上、向善、向美”发展，形成邻里自治、邻里互助的环境氛围。邻里自治将成为居民自治的重要环节，邻里互助对社会服务形成必要补充，亦为温江区开展邻里关系重塑提供了政策机遇。

2. 新民生诉求：城市社区居民生活的内在需求

随着新时代来临，经济深刻转型、社会深刻变革、利益诉求多元，温江区作为成都市新确定的中心城区之一，正迎来新的发展机遇和现实变化，如“中国（四川）自由贸易试验区温江协同改革先行区”建设、“双地铁”时代来临、人口大量涌入、高层次人才大量聚集、城市文化有机发展、社会活力更加迸发。但与此同时，城市居民利益诉求日益多元，城市社区居民对美好生活的向往、对健康邻里关系的期盼日益增长。据调研，温江区居民普遍认同邻里关系要“保持一定距离，彼此守望相助”，这也符合中国人的交际习惯。这种传统在温江并没有因为城市化而发生太大变化。温江居民对邻里作用的认知基本上是积极的。有关调查结果显示，91.5%的居民表示希望能与邻居交往，87.8%的居民认同“好的邻里关系能提高幸福感”。“天下至暖，莫若温江”。在物质文明日趋丰富和追求生活品质化的今天，这些诉求正反映了居民对邻里关系更高层次（精神层面）、更为多元、更加复杂的期许。

3. 新探索阶段：城市社区基层一线有丰富经验

邻里关系文化从古至今积淀深厚，有着丰富内涵和创新，今天的温江也不例外，邻里文化特色尤为鲜明。在邻里交流活动上，以天府街道“海科邻里节”、万春镇和林村“开秧门节”、寿安镇岷江村“桂花节”、和盛镇土桥村“紫薇花节”等为代表的特色邻里主题活动每年定期开展。邻里文化逐步融入现代化元素。天府街道开展企业邻里节系列主题活动，已吸引了300余家企事业单位的职工参加。在邻里交往空间上，涌泉街道棕榈长滩小区物业服务企业投入资金营造居民共享空间，打造形成5处架空层主题空间、5处“帐篷聊天角”和6处“宠物公厕”。在邻里文化共识上，依托党群服务中心，柳城街道南街社区建成社区档案馆，涌泉街道共耕社区建成“家风博物馆”。在邻里协商自治上，柳城街道建立“红柳市民聊吧”，引导居民“轻松说事，柔性论理，有事多商量”；南街社区以老旧院落邻里关系为基底探索形成的“五合”工作法入选全国“百佳社区工作法”；丽晶港万人小区全空间治理模式被省、市、区多个部门推广，在全市率先创新探索农民集中安置区电梯“保险+服务”管理模式、创建居民小区“物优e”专业物业调解中心、开通社区书记“王孃热线”等社区诉求响应渠道。在邻里互助共建上，公平街道太极社区搭建平台，鼓励专业心理咨询师在地服务居民。天府街道学府社区整合高校、产业园和社区资源，建成“三区邻里荟”，面向居民提供中医康养、邻里书咖等数十项生活服务；公平街道惠民社区与四川农业大学开展校地合作，建成了“川农

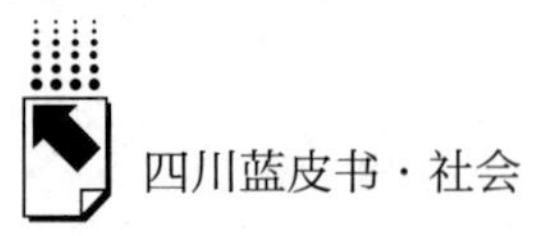

牛创业示范街”。这些丰富的创造性探索，正是新时期推动邻里关系建设的宝贵启示和依托。

（二）健康邻里关系塑造面临的挑战

城市的快速发展、人口的频繁流动和市民生活交往方式的转变，逐步打破了传统熟人社会的邻里关系，邻里之间关系普遍呈现淡漠化、封闭化、表面化，甚至摩擦频发。塑造健康邻里关系，建设现代化邻里共同体，已成为当务之急。当前，从健康邻里关系塑造的引导主体——政府、服务主体——社区、自治主体——居民的作用发挥来看，还面临一系列的问题与挑战。

1. 政府引导主体作用发挥不足

在新的时代背景下，城乡社区发展治理对“全覆盖推进、全链条治理、全社会参与”的要求愈发凸显，多元主体参与社会治理的期待明显增多，邻里关系塑造活力愈加迸发。但政府行政与城乡社区发展治理还不协调，基层治理运转不畅、治理效能偏低，尤其是治理体制机制方面的弊端还未能得到有效解决。“行政有效，治理无效”的问题在邻里关系塑造领域依然存在。由于全能性行政惯性尚未根除，“行政吸纳社会”“一竿子插到底”的工作模式仍不断延续到最基层。然而，体制资源有限，依靠政府的单一治理，不仅容易给政府自身施加压力，而且会让社会多元发展治理主体慢慢养成“事不关己，高高挂起”的参与惰性，“党员干部干，邻里群众看”的现实问题依然突出，导致居民群众和各类社会主体邻里关系塑造参与不够、活力不足的问题，一旦发生邻里纠纷无法在基层实现有序化解，反以越演越烈的形式出现更大的冲突。

2. 社区服务主体作用发挥不足

以邻里为治理单元的“了解民情、服务民众、组织民治”的社区服务群众新模式还在探索中，“小事不出邻里、大事不出社区”的邻里建设新格局尚未形成。一是基层党组织引领力有待提升。党组织在小区、业委会、物业机构尚未形成有效覆盖，小区党组织与业主委员会“双向培养、双向进入”制度化不足，对业主委员会委员甄选、培育、审核、选举缺乏体系化标准和监督机制，缺乏社区专职工作者、小区党员、“两代表一委员”依法参选业主委员会委员的激励机制和有效渠道。基层社区党建引领未能与社区发展治理形成高效统一、发挥邻里关系塑造的引领作用。作为邻里交流议事平台的社区和小区，其党组织引领力不强，业主委员会、业主代表、物业服务机构等邻里主体参与体制不健全、规则不规范，使其不能有效引导业主广泛参与邻里事务、协商解决邻里问题。二是基层工作力量调动仍显乏力。目前基层治理依然面临空转和基层工作者超负荷运转双重困境。一方面许多来自区、街道的行政事务不断往下压，导致政府行政系统与居民自治系统同化，造成社区基层自治职责缺失和组织能力衰退；另一方面各种考核、检查、验收、调研设置安排不科学，导致基层工作者从事重复和无效低效工作，无暇顾及基层社会治理包括邻里关系塑造。

3. 居民自治主体作用发挥不足

一是居民自治意识不足。吸引居民主动参与社会治理的激励机制和有效渠道缺乏，居民参与社会治理的能力不足、意愿不强，参加社区活动的主要是妇女、儿童、老人构成的“386199 部队”，群众自治力量一定程度上处于“缺位”“失声”“乏力”状态。在温江南城区域调查中我们发现，仅有 39. 6% 的人知晓社区发展治理，仅有 13. 9% 的居民在一年中参与过 3 次以上社区活动，仅有 9. 4% 的居民明确在社区治理中“自我责任”。商品住宅小区中，部分业主对物业管理及业主大会制度认识不到位，法治意识、契约意识以及共同管理责任意识淡薄，“多数业主不关心、高素质业主不参与”的情况还较为普遍，业主委员会委员参与度仅有 52. 46% ，履行义务比例为 29. 51% ，维护权益比例为 18. 03% 。在老旧院落和农民安置小区中，居民“等靠要”思想严重，面对问题不是主动想办法，而是被动依靠政府。二是社会主体组织松散。居民自组织发育慢、运行难，较为活跃的小区居民自治组织 471 个，平均单个小区仅有 0. 6 个。社会组织总体上呈现少、小、散、弱特征。

三　温江区健康邻里关系塑造的探索与实践

温江是4000多年前古蜀鱼凫王国的发祥地，自西魏以来一直是川西政治、经济、文化重镇，同时地处成都平原腹地，是千年水利工程都江堰的首泽区，孕育了源远流长的古蜀文明，创造了发达富庶的农业文明，素有“金温江”之美誉。温江区邻里关系在中华传统文明的土壤中生根发芽，从深厚的文化内涵中汲取营养，其核心内涵仍然是以地缘因素为基础的社会关系，与传统邻里关系有着一脉相承之处。温江区城乡发展治理工作将健康邻里关系塑造纳入重点内容，从顶层设计到基层一线，针对邻里关系塑造开展了丰富实践，以邻里为基本单元，弘扬中华文明、引领健康时尚、创造生活之美，持续增强人民群众共建共治共享的组织力、创造力和感召力，建设“家庭与家庭之间、楼栋与楼栋之间、小区与小区之间、社区与社区之间，市民与城市之间”的大邻里美好生活共同体，在现代邻里关系共性的基础上更加彰显区域特色。

据调研材料，温江区78.9%的居民对目前邻里关系表示满意。温江区13个村（社区）获评2018年度、2019年度“成都市百佳示范社区”，数量居成都市第二、新中心城区第一。温江区被评为“2019中国最具幸福感城市·美丽宜居城区”、全国农村幸福社区建设示范单位、全国街道服务管理创新试验区。“重塑邻里关系、探索基层治理”项目在第七届中国民生发展论坛上获“2019民生示范工程奖”。

温江区委、区政府于2017年9月成立的区委社治委，作为全区基层治理的牵头部门，在健康邻里关系塑造方面，从概念提出到实务推动表现出主观能动性和创新创造力，成为本次探索与实践的重要主角。

（一）建构城乡社区健康邻里关系的工作体系

对于现代城市健康邻里关系的建构来说，制度体系、工作体系的建构是首要保障。

1. 强化顶层设计

温江区健康邻里工作，自2017年以来，就是区委、区政府的核心关切。2017年10月以来，温江区从区委、区政府层面，相继出台了《深入推进城乡社区发展治理建设高品质和谐宜居生活社区的实施办法》《高效能社会治理体系建设改革攻坚计划》《温江区推进和谐邻里关系营造三年行动计划（2019～2021年）》等一系列文件，形成城乡社区发展治理“1+6+N”制度框架，为健康邻里关系塑造提供了有力支撑。

2. 确定重点任务

针对在社区建设时社区治理与小区治理往往边界不清，各方治理主体责任权利往往混合交织的问题，温江区创新了红线内外“两空间一力量”的工作机制，共分三大工作板块，即“红线内”重点破解居民小区治理体系不健全的痛点问题；“红线外”重点破解公共服务配套供给产品不精细的痛点问题；“跨红线内外”重点破解一线力量素质能力欠缺、作风不扎实的痛点问题，将城乡社区发展治理落深落细到楼、居、院等市民核心居住空间，提出居民小区党建引领力、居民自治力、物管服务力、资源保障力“四力叠加”愿景，是关切、发展和维护健康邻里关系的开创性举措。

3. 改革领导机制

为了统筹推动城乡社区发展治理工作，温江区成立了城乡社区发展治理工作领导小组，在区委设立城乡社区发展治理委员会，履行社区发展治理的顶层设计、统筹协调、整合资源、重点突破、督导落实职能，明确镇（街道）党（工）委是承担社区发展治理职能的具体机构。

（二）重构基层治理力量体系

基层治理力量体系的重构是现代城市健康邻里关系建构的重要前提。

1. 深化街道管理体制改革

街道处在我国行政体系的末端，是城市社区治理的核心执行主体，深化街道管理体制改革，是重构基层治理力量的起点。对此，温江制定镇（街道）职责任务、公共服务、属地管理“三张清单”和产业功能区职责任务、赋权赋能“两张清单”，形成产业功能区统筹协调、镇（街道）和相关部门协同配合的工作格局。结合行政区划调整改革，优化人、财、物资源配置，加快补齐生产服务、生活服务短板，提高民生服务保障水平。按照“5+X”标准，科学设置街道内设机构，综合管辖面积、服务人口和涉农等因素，因地制宜设置体现职能定位特点的个性化机构，持续提升街道服务效能和服务水平，构建党委统揽、部门协同、街道主责、社会参与、社区统筹的社会治理格局，推进健康邻里关系塑造的内涵和外延向更深层次、更广范围丰富和延伸。

2. 深化基层力量整合

基层力量的整合，既包括对服务基层的条块行政力量的整合，也包括对社会力量的团结动员和对基层群众力量的激活。对此，温江持续推动机关事业干部和军转干部下沉一线，推动“城治、社治、综治”三网融合，筑牢基层邻里关系，塑造工作力量支撑。推动社区工作者职业化建设，将健康邻里关系营造纳入社区专职工作者必修课程体系，制定系统课程规划。鼓励各类社会主体以竞争性方式承接社区邻里公共服务和邻里关系营造项目，通过政府购买服务，促进邻里关系塑造的市场化社会化。以治理需求为导向，摸清社区人才底数，梳理社区人才需求，建立社区人才供应库、需求图，推行社区听证会、协调会、评议会“三会”制度，畅通民意表达渠道，激发居民主体参与热情。支持和鼓励社会贤能在居民小区开展心理咨询、法律援助、纠纷调处等服务。

3. 深化社区减负增效

社区减负增效工作，重在刚性执行。对此，温江优化完善并刚性落实村（社区）职能职责清单、村（社区）协助事项清单、村（社区）负面事项清单。建立村（社区）新增标牌标语审批制度、服务项目购买制度、对部门（镇街）满意度评测制度，实现通报表扬、目标考核、经费奖补、评先晋优“四挂钩”。建立村（社区）基础信息数据库，实现基础数据共建共享、实时更新，从根源改善层层报送、多头报送、充分报送现状。精简整合各级各部门下沉村（社区）使用的手机 App 和信息化服务终端，属于生活服务类的，逐步迁移集成至“天府市民云”；属于行政审批类的，逐步迁移集成至行政审批平台，推动实现服务事项集成化、一站式办理。

（三）建立“红线内外”①治理体系

现代城市健康邻里关系的建构，当在基层治理的运行体系上做出有效探索，以保障邻里组织化的良好制度环境。

1. 红线内实施小区“四力叠加”工程

红线内，扎根居民小区治理推动健康邻里关系营造，持续提升基层党组织的引领力、小区居民的自治力、物业管理的服务力和资源载体的保障力，推动党组织在小区、业委会、物业机构形成有效覆盖，搭建社区和小区党组织引领，业主委员会、业主代表、物业服务机构等参与的邻里交流议事平台，引导居民议决邻里公约，鼓励发展居民小区邻里自治组织，并推动其向社区社会组织转化；建立物业服务机构和从业人员“黑名单”制度和市场退出机制，落实部门联合惩戒制度；有效整合小区业主（物管）活动用房、架空层、楼道等资源，建设居民邻里空间，实现“一核三治、四力叠加”，推动居民小区健康邻里关系塑造。

2. 红线外实施社区“服务提质”工程

红线外，立足邻里多元化、多层次需求，聚焦智慧社区、15 分钟生活服务圈、产业社区和国际化社区建设，推动社区民生诉求“全域、全时、全链条”响应机制建设，打造以“天府市民云”平台为核心的智慧社区综合信息服务平台和智慧管理系统，提升社区生活服务质量，打造以“邻里驿站”为中心的 5 分钟生活圈和以“社区生活馆”为中心的 15 分钟生活圈；建立国际文化体验和交流平台，鼓励和吸纳外籍人士参与以传统文化为内容的社区主题文化活动，搭建中外友好健康邻里关系的桥梁，促进邻里关系健康营造。

---

① 针对城市社区主要由居民小区组成的情况，根据居民小区的用益物权属性，温江的社区治理以居民小区为界，界定红线内外。根据红线内外不同属性，采取不同的治理模式与治理机制。

3. 红线内外实施一线“力量强化”工程

连接红线内外，着眼项目策划、力量培育和资源整合，强化基层党组织的社区引领、组织、服务能力，制定社区专职工作者管理办法和职业化岗位薪酬体系，推行社区工作者员额制，持续发掘、培育邻里骨干人才，建立社区人才资源库，搭建党建引领、小区治理、人才培育、项目共建、成果博览等方面深度合作平台，有力引领居民精神塑造，有力加强村（社区）、小区（楼栋）、商圈企业、合作地区的邻里联建互动，有力促进邻里关系健康营造，使居民之间、组织之间、地区之间更有人情味和秩序感。

（四）创新城乡社区健康邻里关系的组织动员机制

建构现代城市健康邻里关系，尤其是在群众参与基层治理的制度化渠道上，需要创新邻里组织关系的动员工具。

1. 创设“社八件”

面向全区村（社区）推行“社八件”，即通过“组织提领口、居民大动员”的方式，实现每个村（社区）都拥有一套发展治理思路，创作一枚LOGO标识，传唱一首社区之歌，议决一部社区居民公约，新推一批社贤人物，孵化一个功能型社会组织，建成一个楼居院示范点位，塑造一处特色市民中心，并进一步向居民小区和街区巷道延伸。目前，“社八件”实现了城乡社区全覆盖，100余个居民小区也拥有“社八件”中的一件或若干件。广大社区居民在“社八件”的创作、推广、组织过程中促进了交往、增进了情谊，贡献了智慧。据统计，两年来，“社八件”各类主题活动参与人次超过30万。

2. 实施“小区九项”

面向商品住宅小区、农民集中安置区、城市老旧院落和乡村庭院，推行全空间项目化精细治理，按照“组织覆盖、政务服务、空间更新、社贤发现、生活配套、文化促进、物管创优、环境管护、安全互助”等九个类别，策划实施健康邻里共建项目，以项目凝聚共识、连接资源、深化治理。两年来，楼、居、院党组织由220个增加到344个（增长56.4%），业委会（自管会）由336个增加到590个（增长75.6%）。2019年，在全市平安社区工程百日攻坚行动中，整治居民小区突出问题和隐患2819件，柳浪湾片区“街区难和谐”、永盛镇园区周边“群租房”、太极社区“菜市场”迁建等一批顽疾得到有效治理。

3. 深化“双圈双创”

将党员创先争优的空间从“工作圈”延伸到“生活圈”。开发“双圈”数据库，将辖区党员工作地、居住地和组织关系所在地基本信息录入“鱼凫先锋·智慧党建”平台，并通过平台发布环境维护员、治安巡逻员、文化传播员等五类服务岗位信息，鼓励党员主动认领、服务群众。线下推行“党员报单－社区点单－联系单位结单”模式，推动机关、企业、学校等党组织与社区党组织结对共建，帮助其开展生活配套、物管创优、安全互助等社区治理项目。当前，共有17461名党员登记为“双圈双创”党员，认领岗位2430个，服务居民2.6万余人次，化解矛盾纠纷7738起。

4. 发展社会组织

成立温江区城乡社区发展治理创享中心，强化社会组织、社会企业的培育孵化和素能提升。社治、文体旅、司法、民政、市场监管等部门协同，推动建成温江区城乡社区家园文化共建促进会、温江区城乡社区市民志愿服务促进会等七个枢纽型社会组织，“黄大姐”“四季纯真”“康馨苑”等3家企业通过成都市社会企业认证；实现18家4A级以上社会组织在地服务；全区登记（备案）社会组织达到860个，基于邻里关系发展形成生态环保、文化传承、弱困帮扶、志愿互助等自组织1000余个。

（五）增强城乡社区健康邻里关系的空间承载

现代城市健康邻里关系的建构，需要为邻里的组织化活动提供空间载体。

1. 盘整居民小区公共空间

建立居民小区公建配套设施“规、建、管、评、用”一体化机制，鼓励通过居民协商开展小区公建配套用房、楼栋架空层适宜化改造，推动建设邻里交往、文化传播、协商议事等主题空间。近两年，盘活居民小区配套用房4万余平方米，全区营造“邻里会客厅”“老年活动室”“儿童托管区”“邻里说事亭”等小区邻里空间1387个，打造“老党员工作室”“可食地景”“心理辅导”等特色空间360余处。

2. 推进党群服务中心亲民化改造

着眼“亲民、便民、利民”，按照“1+5+N”空间功能布局，推进社区党群服务中心亲民化改造、特色化营造、功能化提升，变隔离式办事为开放、互动的零距离服务，让社区党群服务中心成为居民“易进入、可参与、能共享”的温馨家园。已完成光华社区、清泉社区、岷江村等110个社区党群服务中心亲民化提升。通过探索国有公司“市场化”运营、专业机构“委托运营”、社会组织“服务换空间”等多种模式，推动“青春蜂巢”“柳心舍”等一批社区综合服务空间社会化运营。

3. 布局15分钟社区生活服务圈

开展居民生活服务需求侧研究，以建制社区为基本服务单元，结合人群聚居和出行等现实情况，在南城区域绘制形成27个社区生活服务圈单元格，定期提出“15分钟社区生活圈设施补缺计划”。全区新增开敞交互空间112处19.7万平方米，打造特色邻里生活街区55条，新增运动场（馆）、音乐厅等场所50余处，营造“幸福田园”“紫薇田园”“原乡和林”和“连二里市”等川西林盘聚落生活场景39处，建成“光华公园社区”“新尚天地”“西熙里”等现代时尚生活场景59处，集群打造“温婉九曲江安·繁茂十里光华”国际化示范社区。开展公共设施管护移送清理，为245处“无主”设施全部落实管护主体。

（六）引领城乡社区健康邻里关系的文化精神

现代城市健康邻里关系的建构，需要为邻里的组织化的深层次维系建立文化纽带。

1. 彰显创新创造文化精神

围绕健康邻里关系建设，各地坚持共建共治共享，创新创造活力迸发。

柳城街道建成“大学城国际邻里中心”，实现党群服务中心、公共广场、居民小区和商圈的一体化治理；涌泉街道共耕社区地处温江区与青羊区、双流区三区毗邻地带，促进建成“三地六社区”党建联盟；寿安镇岷江村通过居民议事协商，引入市场资本落地了九坊宿墅、淼兮等农创项目，积极破解“生态价值转化难、市民意识培育难”等问题；“北林”绿道项目通过充分动员实现沿线4镇19个村（社区）1437户居民自主搬迁，65公里沿线区域的形态、业态、文态、生态和心态建设得到整体提升。

2. 彰显时尚优雅文化精神

引导镇（街道）和村（社区）根据地域特点和区域禀赋开展特色邻里节，举办首届“温江区‘小区·大家’三项赛”邻里品牌活动，面向小区居民群体开展亲邻羽毛球赛、亲子朗读大赛和亲情厨艺大赛，参赛选手（家庭）达到1200人（户）。推进居民小区（院落）垃圾分类，以“党员示范”“小手拉大手”“公益激励”“家门口集市”等方式，引领垃圾分类新风尚，寿安镇岷江村“岷江模式”成功通过全国农村生活垃圾分类和资源化工作验收。柳城街道光华社区新市民范福英在社区党组织的支持下成立“光华名媛旗袍协会”，成员上千人。

3. 彰显乐观包容文化精神

编制大学城、光华社区两个国际化社区设计方案，落地实施温江国际化社区共建计划，促进中外居民和谐相处。举办中国成都（温江）社区生活空间城市设计国际邀请赛和“面向健康与包容的城乡社区发展规划国际论坛”，吸引来自美国麻省理工学院、意大利都灵理工大学、德国德累斯顿大学、我国清华大学和台湾大学等多个国家和地区的专家学者，169支国内外专业团队以及社区规划师，社会组织代表等300余人参加，形成空间设计成果100余件，估值超1000万元。持续举办“金温江”半程马拉松赛、中国马术节、四川省马术联赛、成都·迪拜国际杯——温江·迈丹赛马经典赛、WCBA联赛、国际水球邀请赛、世警会等大型体育赛事活动，提升温江国际影响力。

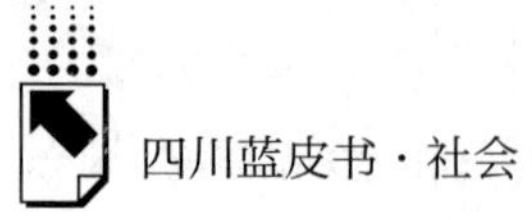

4. 彰显友善公益文化精神

弘扬社会主义核心价值观，塑造“进取、自信、诚信、包容”的温江城市精神，激发市民正向能量。在全区开展“进取温江人·百佳群英谱”评选，百名自治、德治、法治社区人物受到表扬。开展社区读美德书籍、讲美德故事、践美德活动和最美家庭、最美媳妇、最美志愿者等评选活动。万家华庭爱管小区家事的邓佳荣、走进居民心里的刘姥姥、坚守初心的老党员徐全健、“夕阳关怀计划”的金婆婆等一大批典型人物受到社会广泛关注。社区“爱心超市”、“爱心中转站”、“爱心义卖”和“大爱温江·幸福社区”等邻里募捐关爱平台募资达1500余万元，实施邻里关爱项目达1万余个。

（七）提升城乡社区健康邻里关系的资源保障水平

现代城市健康邻里关系的建构，需要在邻里的组织化初期，提供立体化保障。

1. 人才保障

先后选派864名机关干部下沉镇（街道）和村（社区），充实基层干部队伍。建立社区专职工作者职业化发展体系，柳城街道、永盛镇试点完成社区专职工作者力量整合工作，健康邻里关系塑造被纳入全区社区专职工作者培训必修课程，全区已有524人获得社会工作师或助理社会工作师资格，其中328人分布于基层一线；举办温江区社区多元力量共建共治共享研修示范班，首期培训居民小区一线骨干45人并逐年持续开展；建立社区“人才库”，建档管理一线骨干2000余人。

2. 经费保障

设立城乡社区发展治理专项资金并纳入区级财政预算，年支出额已达6000万元；逐年开展老旧院落整治，累计安排专项资金5500万元；开展平安社区工程百日攻坚行动，整合各类资金1.6亿元；按照“政府引导+社会化运作”思路，政府向社会组织购买服务资金累计达3000万元；通过社区集市、共同购买、城乡互动、企业捐赠等多种方式建立社区公益微基金118个。

3. 政务保障

在商住小区、社区院落等人群聚集场所设置“7×24”小时自助政务服务超市、出入境自助办理一体机等，提升居民生活便利度；全域推广“天府市民云”App，创设“市民之声”和“社 Sir 直播间”，建立网上邻里互助生态圈；整合“大联动微治理”“网络理政”“众治温江”等各类线上诉求平台，建立线下诉求主动收集机制，形成全区民生诉求“收集、分析、处置、回应、宣传”连环响应模式。

四　温江经验对新型邻里关系构建的启示

（一）新型邻里关系的构建，是探寻符合当代城市基层治理特征与趋势规律的社会关系重组

城市基层正面临社区动员力弱、基层组织松散的治理困局，从理论界到政策实务界均达成这一共识。温江的经验表明，新型邻里关系构建，就是在社会变迁中传统邻里关系的基层组织化功能逐渐式微，邻里关系转向情感维系的人际邻里背景下，当代基层社会试图通过一系列制度化、体系化手段，重塑基层邻里关系在当代基层社会中的组织属性与组织化内涵，重新激活邻里关系在基层的组织化功能。以基层组织化的社会关系作为底层逻辑，筑牢基层城市社区发展治理的底部组织化根基。温江的经验提示，城市基层的新型邻里关系，本质上是探寻符合当代城市基层治理特征与趋势规律的城市基层组织化的社会关系。在这一关系中，各治理主体责权利关系清晰，在基层治理体系中各自归位：党委政府通过一系列制度安排，重塑基层组织化的利益关系；社会组织与普通居民通过组织化的邻里关系，主张利益、参与共建、协同共治、共享成果。

（二）新型邻里关系的构建，是以一整套基层治理体系为支撑的系统工程

温江的经验表明，新型邻里关系的构建，不能直接就邻里关系造邻里关

系。因其本质上是一种符合当代基层社会发展趋势的新型组织化关系，需要以一整套基层治理体系作支撑，是一项具有基层创新意义的系统工程。在这一系统工程中，制度体系、工作体系的建构是首要保障，涉及基层治理体系的顶层设计、重点任务和领导机制的立体化改革创新；基层治理的力量体系重构是重要前提，需要大胆突破，在街道管理体制、基层力量整合、社区减负增效的实际效能上不断实践创新；基层治理本质上是思想突破，温江提出“大邻里美好生活共同体”建设愿景，基于对城市乡村统筹发展治理一体化的考量，对新时代城乡基层治理具有启示意义；基层治理运行体系的建立是制度环境保障，温江所实践出的“红线内外”的治理运行体系，具有较好的创新推广价值；在群众参与基层治理的制度化渠道，也即“邻里”组织关系的动员工具上，需要特别做出有效探索，这成为构建新型邻里关系的关键实践；空间、文化、资源亦成为新型邻里关系构建在不同层面上的重要保障力量。

（三）新型邻里关系的构建，是打通梗阻政社关系在广大基层“最后一百米”的创新创造

国家行政指令与公共服务有效地自上向下传导，福泽广大百姓和满足人民群众对美好生活的向往，是基层治理的核心内涵之一。而长期以来，尽管体制内条块资源与公共服务不断向下传递，但在基层，党委政府与群众之间始终存在“最后一百米”的距离亟待突破。温江构建新型邻里关系的经验表明，打通梗阻政社关系最后一百米，关键点有三。

其一，应当在基层建立起具有组织化意义的新型邻里社会关系，并将新型邻里关系整合进基层治理体系，一方面邻里关系需要系统化的基层治理体系作保障；另一方面，也可将具有组织化意义的基层邻里关系，整合进基层治理体系的牢固共同体中。

其二，随着城乡基层治理成为从中央到地方的核心工作，大量资源在条块之下落地基层，充实进基层治理，而在最基层缺乏可将各类资源和项目整合进同一逻辑体系的事项载体。温江经验表明，邻里关系既紧贴最基层又具

有组织属性，既十分具体（事项不虚化）又覆盖基层治理绝大多数资源与项目，可起到连点成线、织线成网的作用，成为将落地基层的各类治理资源进行有效整合的载体。

其三，应当在组织动员中着力创新实践。党的十九届四中全会提出建立“群众参与基层治理的制度化渠道”，高瞻远瞩，贴近基层。温江经验表明，新型邻里关系的构建，除了建立起系统化的治理体系外，更需要在群众参与基层治理的制度化渠道上，特别是对基层社会的有效组织动员机制进行创新，如“社八件”“小区治理”“双圈双创”等治理机制。

B.5
2020年四川乡村基层治理现状及形势预测

黄熹微*

摘　要：　自党的十八大以来，党中央对基层治理做出的一系列重要论述为做好新时代基层治理工作提供了思想指引和根本遵循。四川省的基层治理改革既要全面系统，又要结合省情实际突出重点，因此担子重、责任大。在树立基本原则后，四川省开始推行目标任务分阶段的系统性改革，旨在提升人民群众的获得感、幸福感、安全感。研究发现，四川省城乡基层治理分别主要获得了以下成效：党建引领深化，多元主体自治有序，法治德治齐头并进；法规政策有力支撑，基层民主有序开展，社区服务创新发展。同时，本报告还分析了四川省城乡基层治理面临的机遇与挑战，对如何把握脱贫攻坚机遇、经济发展机遇、“互联网＋”时代机遇，助推基层治理进一步发展做出了阐述，并在此基础上提出了相关政策建议。

关键词：　城乡社区　基层治理　基层自治　四川

党的十九大报告把“打造共建共治共享的社会治理格局”作为重要内

* 黄熹微，四川省社会科学院社会学研究所助理研究员，中级社工师，研究方向为社会工作、社会治理。

容进行了深刻表述，并提出要“创新社会治理”[①]，对未来加强和创新社会治理提出了新目标和新要求。2019 年 12 月，《中共四川省委关于深入贯彻党的十九届四中全会精神推进城乡基层治理制度创新和能力建设的决定》发布，一场适应经济社会发展演进趋势的系统改革开始在全省推进。

作为全国的人口大省、经济大省、农业大省，四川既有类型和发展情况迥异的大量乡村地区，又有成都这样的超大城市和一批正在高速成长的大中小城市，还有全国最大的彝族聚居区、第二大藏族聚居区和唯一的羌族聚居区，因此四川省基层治理任务繁重。在农村，从最初的吃“大锅饭”到农村土地“三权分置”和集体产权制度改革，农村生产力得到了极大的解放和发展，使乡村治理与振兴具备了坚实的物质基础。在城市，随着城镇化的快速推进，四川省常住人口城镇化率已超过50%[②]，城市居民对社区服务的依存度越来越高。为了顺应四川省城乡地区的发展趋势，调整基层治理中与其不相适应的地方无疑是一条必由之路。

一　四川省乡村基层治理现状

中央农村工作领导小组办公室副主任、农业和农村部副部长韩俊在解读中共中央办公厅、国务院办公厅印发的《关于加强和改进乡村治理的指导意见》时强调：“乡村治理是国家治理的基石，没有乡村的有效治理，就没有乡村的全面振兴。”[③] 近年来，四川高度重视乡村基层治理和乡村振兴工

---

① 《决胜全面建成小康社会　夺取新时代中国特色社会主义伟大胜利——在中国共产党第十九次全国代表大会上的报告》，共产党员网，http：//www. 12371. cn/2017/10/27/ARTI1509103656574313. shtml。

② 《中共四川省委关于深入贯彻党的十九届四中全会精神推进城乡基层治理制度创新和能力建设的决定》，四川党建网，http：//www. scdjw. com. cn/portal. php？ mod = view&aid = 65552。

③ 《推进乡村治理体系和治理能力现代化取得新成效——中央农办副主任、农业农村部副部长韩俊解读〈关于加强和改进乡村治理的指导意见〉并答记者问》，四川省农业农村厅，http：//nynct. sc. gov. cn//nynct/c100630/2019/6/25/0cf9988d801c4656b10f2a13a62532c2. shtml。

作的推进，创新实践了“自治、法治、德治”的乡村治理实现形式，有效推动政府、社会组织、村民等多方主体在社会治理中发挥作用，大大激发了乡村社会活力。

中央农办、农业和农村部、中央宣传部、民政部、司法部联合发出通知，公布全国乡村治理示范村镇名单，四川省都江堰市柳街镇、自贡市贡井区建设镇、射洪市金华镇、大竹县庙坝镇、眉山市东坡区白马镇、安岳县岳新乡入选“全国乡村治理示范乡镇”，成都市温江区和盛镇土桥村等60个村入选“全国乡村治理示范村”①。四川省在乡村基层治理方面形成的成果已经初步显现。

（一）深化党建引领：支部当好火车头

《关于加强和改进乡村治理的指导意见》要求各级党委和政府重视乡村治理工作，把乡镇建设成乡村治理中心。乡镇党委应落实抓农村基层党组织建设和乡村治理的直接责任，加强对乡镇和村各类组织、各项工作的领导，实行包村联户，及时研究解决农村基层党建、乡村治理和群众生产生活等方面的问题。为了建强村党组织、深化党建引领，四川正在大力实施“五项工程”，分别是统筹推进农村基层党组织规范化建设、软弱涣散基层党组织集中整顿、乡村基层治理体系建设、基层党组织带头人队伍建设、大学生村官队伍建设。

为了厘清乡村地区党建引领基层治理的思路，四川省成都市郫都区战旗村规范了党组织领导下的村民议事协商机制，并且将党组织听取村民委员会、议事会、村务监督委员会等组织报告的做法制度化，同时还建立了两委联系党员、党员联系集中安置区群众的联系机制。村党总支通过走访调查了解到村里长者多、青少年学生多的特点，于是引入社会服务中心，针对这两类重点人群开展活动项目，其中有“读国学经典颂扬家风家训”“老年人健

① 《我省6个乡镇60个村入选全国乡村治理示范村镇》，四川省农业农村厅，http://nynct.sc.gov.cn//nynct/c100630/2020/1/6/30c268d1d5e24aa289d799e96a74e694.shtml。

康工程”等项目，也开设国学、绘画、手工等趣味课程，还开展“创美家园”等环保公益活动。目前，已开展老年人兴趣工坊10场，举办全村60岁以上老人生日会、端午节等节日大型活动近10场，服务村民超过1500人次①。

乐山市通过突出党建引领，进一步完善了乡村振兴推进机制。市、县、乡三级均成立乡村振兴工作领导小组，狠抓落实四级书记抓乡村振兴工作机制，通过市委常委会会议、市政府常务会议、专题会议研究部署和主要领导蹲点调研等形式，由上而下地推动乡村基层治理与乡村振兴。全面开展县域乡村振兴规划和村庄规划编制工作，坚持规划先行、考评落实的推进方法，目前已经有6个县（市、区）完成县域乡村建设规划编制，犍为县、井研县集益乡圆满完成乡村振兴规划试点任务，34个村按新技术导则和标准完成规划编制、73个村形成规划编制初步成果，116个村启动规划编制，乡村振兴工作被纳入市县两级目标考核。为了盘活基层人才市场，还大力办好基层教育培训，实施“新型职业农民培育工程”，新培育村农技员、乡村规划师、乡村工匠、非遗传承人近5000人，农村实用人才超过8万人；积极引导人才回流，实施“万名优秀农民工回引培养工程”，新回引优秀农民工2000余名，培养农民后备力量1136名、村干部751名②。

（二）多元主体有序自治：扩大基层民主，促进乡村自治

四川不少乡村地区从健全完善村民自治的有效实现形式入手，采取了创新议事协商的做法，健全农村基层民主选举、民主决策、民主管理、民主监督机制，保证村民直接行使民主权利，充分发挥村民在乡村基层治理中的主体作用。

---

① 《以党建为引领　四川创新乡村治理实现形式》，四川省农业农村厅，http：//nynct. sc. gov. cn//nynct/c100630/2019/6/26/5456333210a341aa820bb0b8bbe72349. shtml。

② 《乐山市狠抓责任落实　健全完善乡村振兴推进机制》，四川省农业农村厅，http：//nynct. sc. gov. cn//nynct/c100632/2019/11/7/4f58f11a2e224877bb3813dd7676db40. shtml。

近年来眉山市丹棱县的乡村地区探索出了一套“因地制宜、分类收集、村民自治、市场运作”的农村生活垃圾收运处理新模式，用“一元钱”落实解决了农村生活垃圾分类处理的难题，大大改善了乡村人居环境。这套新模式成功的关键就在于扩大基层民主，增强乡村自治。在形成三方监督互动管理机制后，全县村民每人每月自发缴纳一元钱的保洁费，专项用于垃圾分类处理。村民的主人翁意识大大上升，积极监督承包人是否及时清运垃圾，监督村组干部是否尽责管理承包人，是否确保保洁到位、分类到位和清运到位。每一位村组干部都是卫生管理员，既监督村民，也监督保洁服务承包人。承包人则须按合同约定保证常态化保洁，不仅监督村民是否按照要求完成分类和定点倾倒，还监督村组干部有没有管理村民。现在的丹棱县乡村里，家家户户房屋漂亮、院落整洁，村村路通畅、水清亮，村民生活在整洁舒适的环境里①。

垃圾分类成为农村人居环境整治的重要内容之一，德阳市也正在逐步形成浓厚整治氛围，多地开展农村垃圾分类试点，其中什邡市元石镇箭台村通过引导村干部、村民和环保企业三方有序自治，获得了尤为突出的整治成效。箭台村前后组织了村干部和村民志愿者前往崇州市明月村、郫都区战旗村等乡村振兴示范村和有关环保企业现场参观学习，使其切身感受到箭台村与乡村振兴示范村之间的差距，深刻激发出其对垃圾分类工作推进的主动性和积极性。另外，在环保企业专业人员的讲解下，参观者对国际国内农村生活垃圾处理情况、垃圾分类的重要意义、如何规范地进行垃圾分类等基础知识有了一定的了解。回到箭台村后，村干部和村民志愿者还在村民坝坝会上开展了有关垃圾分类知识的互动活动，向其他村民传播了垃圾分类知识，全体村民的参与意识和责任意识得到进一步强化。箭台村还成立了自治委员会，引导村民自发签订了参与垃圾分类减量环保行动志愿书，向他们分发了垃圾分类户专用垃圾桶，在地区新建了5处公共垃圾分类收集点，给每个收

① 《以党建为引领　四川创新乡村治理实现形式》，四川省农业农村厅，http://nynct.sc.gov.cn//nynct/c100630/2019/6/26/5456333210a341aa820bb0b8bbe72349.shtml。

集点配备了可回收垃圾、餐厨垃圾、其他垃圾和有害垃圾的收集桶。自治委员会定期督促村民正确规范地完成垃圾分类，引导村民逐步改进生产生活方式，初步树立绿色环保的理念①。

（三）法治德治齐头并进：强化依法治理，健全德治体系

对于乡村基层治理而言，法治是前提、基础和保障。《关于加强和改进乡村治理的指导意见》明确指出，应加强农村法制宣传教育，完善农村法律服务，引导干部群众依法表达诉求、解决纠纷、维护利益。德治则应与法治双管齐下，深入挖掘乡土熟人社会中的道德力量，通过制定村规民约奠定法治基础，通过村民道德公约等自律规范奠定德治基础，引导乡村发展。

在法治建设方面，一方面为了加强平安乡村建设，四川实施的“雪亮工程”已经实现视频监控覆盖全部自然村。在网格化管理上，全省划分了11万余个网格，配备23.1万名专兼职网格管理员和50余万名网格协管员。统计数据显示，乡村可防性案件下降45%、破案率提高50个百分点左右，“零发案”村大大增加。另一方面为了构建乡村矛盾纠纷化解体系，四川还建立了纵向贯通从省到村五级、横向覆盖各行业每一户的多元化解组织网络体系，共计29万名调解员在基层一线排查化解矛盾纠纷，实现了村（社区）、乡镇（街道）调委会全覆盖②。

2019年在“中国农民丰收节”前后，内江市在乡村地区开展了一系列形式多样的法治宣传活动。一是组织农业科研、技术推广、执法监管等单位的工作人员，在现场就农业法律法规开展咨询服务、展览展示，同时还通过“两微一端”等新媒体手段，结合党的强农惠农富农政策、农业农村发展成就进行农业法律法规宣传普及。二是组织执法人员走村入户、送法上门，主动向监管对象、广大村民普及农业法律法规常识，提供依法维权

① 《德阳市探索农村垃圾分类　引领农村人居环境整治新时尚》，四川省农业农村厅，http://nynct.sc.gov.cn/nynct/c100632/2019/12/24/aa1ed34a5712458fa772f852ea40fbbc.shtml。

② 《以党建为引领　四川创新乡村治理实现形式》，四川省农业农村厅，http://nynct.sc.gov.cn//nynct/c100630/2019/6/26/5456333210a341aa820bb0b8bbe72349.shtml。

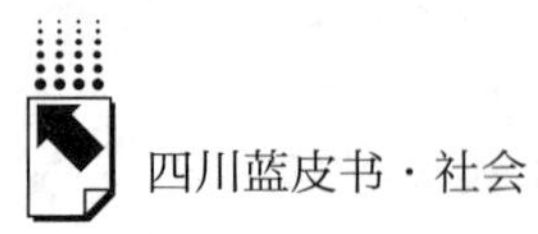

法律咨询，进一步提升了监管对象、村民群众的遵法守法、自觉学法用法意识①。

宜宾市农业和农村局、南溪区农业农村局在南溪区罗龙街道开展了以“弘扬宪法精神，推进国家治理体系和治理能力现代化”为主题的“宪法进农村”主题日宣传活动。通过各类媒介手段向群众宣传了《宪法》《中国共产党农村工作条例》《农产品质量安全法》《农村土地承包法》等法律法规，活动现场共计发放宣传资料1000余份，解答法律咨询20余人次。2019年“宪法宣传周”期间，宜宾市各县（区）农业和农村局、乡镇（街道）、村（社区）3级同步开展“宪法进农村”主题日宣传，累计参与群众达30000余人次②。

在德治建设方面，四川坚持评选示范村落，同时树立先进典型，持续开展道德模范、身边好人、孝老爱亲等先进典型评选。以“四好村”创建为落脚点，实施了千村文化扶贫、广播电视进万家、科技卫生下乡等工程，目前完成建设省级“四好村”3481个。在全省范围内，还部署开展文明创建深化行动、家规家训弘扬行动、环境卫生洁美行动等新时代乡风文明建设“十大行动”，不断提升农村社会整体文明程度③。

广元市利州区以德治为一大支撑推进基层治理。一是依托“农民夜校”、远程教育等平台，开展各种形式的“道德讲堂”“中华传统美德”等精品课程。二是通过文艺队伍下乡、农村“知客”等宣讲方式强化家庭美德，树立好村风。三是积极塑造乡村德治秩序。各村党组织每年开展“好公婆”“好儿女”“好儿媳”“最美家庭”等评选活动，59个村成立乡风文明理事会，145个村实现了创新设立道德积分榜全覆盖，以榜样力量引领新

---

① 《内江市结合“中国农民丰收节”开展一系列法治宣传活动》，四川省农业农村厅，http://nynct.sc.gov.cn//nynct/c100632/2019/10/8/44c33eacd6de440e95fb3dcf4851adef.shtml。

② 《宜宾市、区农业农村部门联合开展“宪法进农村”主题日活动》，四川省农业农村厅，http://nynct.sc.gov.cn//nynct/c100632/2019/12/12/deefb213b9af411bae4b353eb76a638f.shtml。

③ 《以党建为引领 四川创新乡村治理实现形式》，四川省农业农村厅，http://nynct.sc.gov.cn//nynct/c100630/2019/6/26/5456333210a341aa820bb0b8bbe72349.shtml。

风正气，省、市级“四好村”占比达 65%[①]。

达州市为了强化德治与基层治理的融合，以文明村镇创建活动为着力点，广泛开展了“传家训、立家规、扬家风”等教育活动。其中，宣汉县给模范村民“挂灯笼”，万源市开展“五创六评”活动，达川区则大力倡导“五崇尚五反对”，为形成德治好风气奠定了基础。截至 2019 年 9 月，达州市已成功创建了国家级文明村镇 10 个、省级文明村镇 16 个、市级文明村镇 285 个[②]。

二　四川省推进乡村基层治理面临的机遇和挑战

（一）机遇

1. 脱贫攻坚机遇：深化乡村基层治理

在贫困人口众多的四川，脱贫攻坚无疑是最大的政治责任、民生工程，但同样也是一次巨大的发展机遇。大规模的资金投入四川省乡村地区，大规模的人才流入乡村地区，还有大量中央、兄弟省市单位的对口帮扶，都让四川乡村地区的基础条件获得了很大的改善，为进一步落实乡村基层治理奠定了牢固基础。2019 年初，四川提出的“50 万贫困人口脱贫、1482 个贫困村退出、31 个贫困县摘帽，藏区贫困县全部摘帽”宏大承诺已经兑现。2020 年，四川将确保到年底 625 万贫困人口、11501 个贫困村、88 个贫困县全部脱贫达标[③]。

在脱贫攻坚的政治任务下，大量乡村地区的住房、产业、就业、教育、

① 《广元市利州区坚持党建引领　着力构建“三治”融合农村善治体系》，四川省农业农村厅，http：//nynct. sc. gov. cn//nynct/c100668/2019/9/16/5c513cf7baa1430a8d0e3ea1aa1690f1. shtml。

② 《达州市“四个强化”不断提升乡村治理水平》，四川省农业农村厅，http：//nynct. sc. gov. cn//nynct/c100632/2019/11/19/e777c98a2312453397656a05b540b5fc. shtml。

③ 《2020 年迎来脱贫攻坚“大考”　四川扶贫资金、项目、政策将进一步向凉山倾斜》，封面新闻，https：//baijiahao. baidu. com/s? id = 1655990703744954283&wfr = spider&for = pc。

健康、基础设施、生态等方面工作将继续稳步展开。由于剩下的7个贫困县、300个贫困村全部分布在凉山彝族地区[①]，因此可以预见的是资金、项目、政策都将进一步向凉山州倾斜，凉山州的禁毒防艾、移风易俗等基层治理问题也将在脱贫攻坚中得到更多关注、研究和处置。

此外，还有学者[②]提出借脱贫攻坚之力，整治基层腐败问题。当前乡村基层腐败的主要表现形式为贪污、骗取、挪用扶贫款物，利用扶贫项目的分配和管理权力收受贿赂，在识别贫困户中优亲厚友，究其个人根源在于文化水平较低，法律意识淡薄，道德理想动摇；究其制度根源则在于乡村基层治理监督机制不完善，乡村基层治理信息公开制度执行不到位，对落地乡村的各类款项跟踪管理不细致。因此建议进一步加强对乡村基层干部的教育，进一步完善乡村脱贫攻坚乃至基层治理领域腐败预防的制度，进一步改善乡村非正式制度环境。

2. 区域协作发展机遇：助推城市基层治理

2020年1月3日下午，中央财经委员会召开第六次会议研究推动成渝地区双城经济圈建设问题[③]。成渝地区双城经济圈建设上升为国家战略，前所未有地强化了成都引领西部乃至全国高质量发展的使命担当。作为成渝地区双城经济圈的主角之一，成都市自然应当紧扣主线任务，把握机遇、推动发展。中共四川省委十一届三次全体会议提出构建“一干多支，五区协同”的区域发展新格局[④]，更是鼓舞了省内其他各大城市认真研判形势，大胆出击，努力抓住此次机遇。

遂宁市委七届九次全会暨市委经济工作会议设立了“加快建设成渝发

---

① 《2020年迎来脱贫攻坚“大考”　四川扶贫资金、项目、政策将进一步向凉山倾斜》，封面新闻，https：//baijiahao. baidu. com/s? id = 1655990703744954283&wfr = spider&for = pc。

② 李晓：《我国脱贫攻坚战中农村基层腐败治理问题研究》，黑龙江省社会科学院硕士学位论文。

③ 《积极推动成渝地区双城经济圈建设》，新华网，https：//baijiahao. baidu. com/s? id = 1655774889754196894&wfr = spider&for = pc。

④ 《四川构建“一干多支，五区协同”区域发展新格局》，新华网，https：//baijiahao. baidu. com/s? id = 1604708950902072584&wfr = spider&for = pc。

展主轴绿色经济强市"的目标，提出力争到2021年，全市各级党组织领导下的各类组织体系更加清晰顺畅，公共服务得到有效保障，社会治理制度体系建设取得明显成效；到2035年，社会治理制度体系更加完善，基本实现社会治理现代化，为到本世纪中叶全面实现社会治理现代化奠定坚实基础①。随后，遂宁市船山区结合区情分析认为，当下船山区的利益格局、经济发展都面临新变化，社会治理任务将更加艰巨复杂，船山区基层治理体系、治理能力、治理效能已经跟不上形势需要，亟待积极回应、主动解决，因此将大力推进社会治理现代化建设②。

2020年2月，宜宾市三江新区获批设立全省首个省级新区，并随后发布了《宜宾三江新区总体方案》。在区域发展上，三江新区将探索区域协同发展新机制，主动融入成渝地区双城经济圈建设，加强区域合作，促进新区与周边城市、区域在公共服务共建共享、生态环境共保共治等方面的协同联动③。

3. "互联网+"时代机遇：全面提升基层治理效能

第44次《中国互联网络发展状况统计报告》显示，截至2019年6月，我国网民规模达8.54亿，互联网普及率达61.2%；我国手机网民规模达8.47亿，网民使用手机上网的比例达99.1%④。身处"互联网+"时代，社会经济发展方式转型升级，互联网技术也日渐成熟，利用互联网技术从战略层面到战术层面全面深入升级改造各行各业已经成为大势所趋。具体到基层治理方面，可以为四川的新型智慧城市建设、数字乡村建设等工作奠定重要基础。

第一，促进信息公开渠道畅通。政府部门通过如微信公众号等互联网

---

① 《加快构建新时代社会治理新格局》，中国·遂宁，http://www.suining.gov.cn/web/guest/snzx/-/articles/10833471.shtml。

② 《在抢抓成渝地区双城经济圈建设的机遇中开创船山发展新局面》，中国·遂宁，http://www.suining.gov.cn/web/guest/qxdt/-/articles/10908722.shtml。

③ 《打造南向开放桥头堡　四川省首个省级新区宜宾三江新区设立》，四川新闻网，http://yb.newssc.org/system/20200311/002882957.html。

④ 《第44次〈中国互联网络发展状况统计报告〉（全文）》，中国网信办，http://www.cac.gov.cn/2019-08/30/c_1124938750.htm。

信息平台主动发布规范性文件、预算和决算、行政审批信息等一系列重要信息，即时解读相关政策，可以大大增强信息公开的透明度，从而提升公信力①。

第二，提升基层治理主体的服务能力。把大数据、移动互联技术和民生云应用技术引入政府公共服务体系，推出在线即时、精准化、个性化的公共服务产品。在这一点上，浙江的基层治理品牌“枫桥经验”中的“互联网+社会治理”模式就是很好的示范。这种模式的主要任务之一就是提升服务能力，根据大数据进行网上的研判、调解、信访，从而提升各项服务的针对性，更好地解决社区居民生活中的各项问题②。

第三，开辟公众参与基层治理的新渠道。通过社区网络社群、微博、微信等平台加强社区委员会、居委会与居民之间的沟通，居民也可以通过这些平台向政府部门表达利益诉求。上海市长宁区就利用互联网技术开启了社区治理“微时代”。居委会开设新媒体账号，设置了一条供居民反映社情民意的议事通道，于是在社区这一层面上就可以及时解决社区内的矛盾纠纷、不文明现象和安全隐患等③。

（二）挑战

1. 乡村地区生态人居环境恶化，不利于宜居乡村建设

生态、人居环境恶化是乡村基层治理面临的最突出的现实问题。整治的难题包括生态环境恶化，生态治理所需的公共服务基础设施和技术支持缺乏，环境治理资金缺乏或使用效率低下，化肥、农药不当使用，塑料薄膜滥用及处理不当，家禽粪便随意处置等。乡村地区的土地重金属污染治理、面源污染治理、农村生活垃圾和污水污染治理等都有待进一步加强。山水林田湖草生态系统的

---

① 刘霞：《“互联网+”时代创新基层社会治理的思考》，《农业网络信息》2015年第10期。

② 田先红、张庆贺：《新时代的互联网与基层社区治理：机遇、挑战与超越》，《湖北社会科学》2018年第373期。

③ 田先红、张庆贺：《新时代的互联网与基层社区治理：机遇、挑战与超越》，《湖北社会科学》2018年第373期。

稳定性还有待加强，生态服务产品综合供给能力偏弱①。这是全国乡村基层建设都不可避免的挑战，也是四川省宜居乡村建设必须克服的困难。

2. 政府组织管理模式不利于城乡社会发展

在四川省经济社会转型中，政府的社会基层管理方式未能及时实现相应的转变。社会阶层结构在改革开放前高度均质化，现在已经发生很大改变，正朝着越来越多样化的方向发展，出现了社会分化以及所有制结构和职业群体结构的变化。社会分化的结果之一便是社会结构复杂化，使原来同质性高的社会不断异质化发展，过去传统的社会整合治理力量趋向弱化，呼吁新的社会整合治理力量的出现②。尽管经过近年来锐意进取的升级改革，四川省各级政府部门仍然更倾向于传统的行政管理方式，工作方式方法依然滞后于社会形势发展的需要。

3. 过度偏重经济发展不利于城乡基层建设

长期以来，各地政府都存在重经济发展而轻社会建设的通病，公共服务短缺低效的现象较为普遍。由于过去在发展观和发展理念上一味追求经济的快速增长，各级政府把主要精力分配给了经济管理职能和相应的经济管理领域改革，对社会发展和基层治理领域的改革未能足够重视③。于是，政府在社会管理、基层治理方面的职能转变步伐滞后，社会管理、基层治理体制创新不足，现存体制中存在许多制度性障碍。经过社会各界一段时期以来的努力发展，这方面问题得到了一定程度的缓解，但依然存在较大进步空间。

三　四川省乡村基层治理的对策建议

随着社会发展步入新时代，社会主要矛盾已经发生变化。四川全省城乡

---

① 崔应令、申林灵：《宜居乡村建设的机遇与挑战》，《湖北民族学院学报》（哲学社会科学版）2019 年第 4 期。

② 肖文涛：《社会治理创新：面临挑战与政策选择》，《中国行政管理》2007 年第 10 期。

③ 肖文涛：《社会治理创新：面临挑战与政策选择》，《中国行政管理》2007 年第 10 期。

居民恩格尔系数分别降至31.8%和35.2%，消费升级趋势明显[①]。广大群众都生活在城乡基层，不仅急难愁盼的事情要靠基层解决，其获得感、幸福感和安全感也与基层治理的效能息息相关。再加上四川省城乡和区域间发展水平和基础存在不平衡，四川省基层治理任务繁重，创新城乡基层治理制度、提升城乡基层治理能力刻不容缓。四川省的城乡基层治理应当立足本省实情，通过制度创新和能力建设两方面稳打稳扎，开创共治共享的现代城乡社区治理格局。

（一）秉承科学精神，适当引入专业人才

要解决乡村地区生态人居环境恶化问题，应当怀有科学精神，让专业的人干专业的事。政府须转变思路，从无限责任模式转变为政府组织引导、专家科学论证、村（居）民民主议事的模式。有学者建议学习发达国家典型治理案例，如新加坡的花园城市项目、大学城项目，英国贝丁顿社区，德国鲁普堡等[②]。这些成功案例普遍具有规划设计严谨科学的特点。坐落于英国郊区的贝丁顿社区由世界著名低碳建筑设计师比尔·邓斯特设计，是英国最大的低碳可持续发展社区。该社区不使用化石能源，所用能源均来自建筑楼顶和社区南部大量安装的太阳能光伏板，以及利用废木头等物质发电并提供热水的小型社区热电厂。社区各建筑顶部的烟囱状装置被设计师称为“风帽”，能够在通风进出气时完成冷热空气的交换，从而节省采暖能量。热电厂供给的热水通过管道送入社区居民家中，实现辅热功能，省去了中央供暖系统[③]。

（二）乡村地区“放管服”改革，城市地区多元联动

在乡村地区大力推行“放管服”改革，将部分权力依法赋予乡镇，加

---

① 《中共四川省委关于深入贯彻党的十九届四中全会精神推进城乡基层治理制度创新和能力建设的决定》，四川党建网，http：//www. scdjw. com. cn/portal. php? mod = view&aid = 65552。

② 崔应令、申林灵：《宜居乡村建设的机遇与挑战》，《湖北民族学院学报》（哲学社会科学版）2019 年第 4 期。

③ 《探访英国贝丁顿“零碳社区”》，人民网，http：//energy. people. com. cn/GB/18235031. html。

速乡镇便民服务中心的规范化标准化建设，争取把乡镇便民服务中心打造成为集综合治理、市场监管、综合执法、公共服务、政务公开等功能于一体的统一平台，把村级党群服务中心打造成为集基层党建和服务群众等功能于一体的综合服务场所。在城市地区，对街道实行赋权扩能，分别建立街道和社区的职责准入制度。坚持党建带群建，形成街道党组织、社区党组织、小区党组织的垂直链条，努力营造小区党组织、业主委员会、物业服务企业的三方联动格局，实现资源共享、阵地共建、活动共办。

（三）深入理解互联网与基层生态，把握时代发展机遇

身处“互联网 +”时代，把握好时代发展机遇，将“互联网 +”引入基层治理，不仅可以为四川的新型智慧城市建设、数字乡村建设等奠定重要基础，还能够畅通基层治理多元主体的联系，激发个人潜在价值，使更多的群众能主动参与社区治理。各级干部不仅需要在基层治理方面用好互联网这一工具，还应当充分理解互联网所重构的社会生态的内涵，然后用新内涵来指导治理的理念和策略①。

（四）重视基层治理，社会建设制度化

随着四川省经济发展取得阶段性成果，在党的领导下各级政府已经开始逐步转变经济至上的发展思路，对社会建设、基层治理越来越重视，在政府出台的顶层设计中时常可见对经济发展与社会发展的同等重视。但是顶层的设计思想再好，如果不能有效落实到基层也无济于事，部分地方将乡村振兴纳入基层目标考核就是一个值得借鉴和适度推广的做法。

（五）加速基层干部治理能力建设，提升干部治理能力

一方面，为了提升基层干部的治理能力，也为了回应基层干部提升自我的迫切需求，应更加大力开展城乡基层干部的能力培训。积极拓宽培训渠

① 田先红、张庆贺：《新时代的互联网与基层社区治理：机遇、挑战与超越》，《湖北社会科学》2018 年第 373 期。

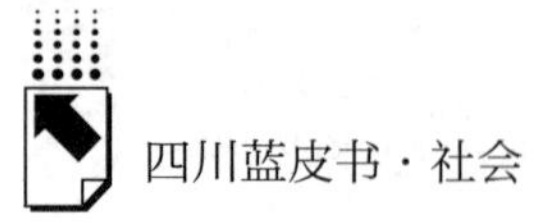

道，增加培训机会，制定长远的、阶梯式的培训规划。筛选一批优质远程教育产品，以全面覆盖偏远乡村地区的基层干部。另一方面，为了充分激发基层干部提升能力的内生动力，应健全推广引导性的奖惩制度，如对村干部实行“基本报酬+考核绩效+集体经济发展创收奖励”的报酬制度，进一步完善干部的容错纠错机制。

（六）坚持民族团结，力争不断进步

深入坚持开展民族团结进步创建工作，对以往成果进行巩固，并追求更大进步。在民族地区应善用民族自治地方立法权，根据当地特殊情况，有针对性地完善民族地区基层治理法规。在发展的同时，还应注意依法有序管理宗教事务，积极引导宗教与社会主义社会发展相适应、相融合；不仅依法加强反分裂维稳工作，还要维护好藏传佛教领域的正常运转。抓紧推行彝族地区的禁毒防艾、移风易俗等工作。

（七）深化基层治理法治体系建设，使基层治理走上法治化轨道

进一步健全村（社区）法律顾问制度，鼓励乡镇（街道）根据需要设立法律顾问和公职律师，健全基层发展治理重大决策征求法律顾问意见机制。完善基层法律援助机制，使律师、法律服务工作者等在提供公共法律服务中发挥切实作用。落实“谁执法谁普法”的普法责任制，坚持“法律七进”的不断开展和创新。群众的诉求表达、利益协调、权益保障通道，都应予以畅通和规范。进一步健全社会心理服务体系和危机干预机制，让心理学、社会工作等相关各界的专业人士加入“平安四川”的建设中，积极构建多元化矛盾纠纷解决机制。

（八）善用社会工作专业人才，使基层治理专业化

尽管经过一段时期的发展，四川省社会工作的专业领域已经涵盖司法、医疗、学校、扶贫、灾害等领域，但是社区仍然是社工专业最大的服务领域，其最主要的组织形式也依然是面向社区提供服务的社会组织。因此社会

工作者及其依附的社会组织都是基层治理中不可或缺的参与主体，也是基层社会治理创新的推动者。政府应该明确居委会、社区社会组织及其社工、社区服务中心的不同角色，不能简单粗暴地压任务。①

参考文献

崔应令、申林灵：《宜居乡村建设的机遇与挑战》，《湖北民族学院学报》（哲学社会科学版）2019 年第 4 期。

何雪松：《基层社区治理与社会工作的专业回应》，《浙江工商大学学报》2016 年第 4 期。

刘霞：《“互联网 +”时代创新基层社会治理的思考》，《农业网络信息》2015 年第 10 期。

李晓：《我国脱贫攻坚战中农村基层腐败治理问题研究》，黑龙江省社会科学院，硕士论文。

田先红、张庆贺：《新时代的互联网与基层社区治理：机遇、挑战与超越》，《湖北社会科学》2018 年第 373 期。

肖文涛：《社会治理创新：面临挑战与政策选择》，《中国行政管理》2007 年第 10 期。

① 何雪松：《基层社区治理与社会工作的专业回应》，《浙江工商大学学报》2016 年第 4 期。

专题调查篇

Research Reports

B.6

2019 ~2020年四川省农村留守儿童生存状况及治理研究

昝宝毅　杨华军　周光圳　杨晓虹 *

摘　要： 农村留守儿童问题是农村相当长时期内存在的一个群体性问题，关乎农村未成年人的健康成长和发展、关乎农村的社会稳定和持续发展。留守儿童问题治理的基本依据在于全面准确地把握留守儿童的生存状况和基本需要，建立精准常态的关爱保护制度和长效机制。

关键词： 留守儿童　未成年人　关爱保护　社会治理　四川

---

* 昝宝毅，四川省社会科学院社会学研究所助理研究员，禹羌文化研究所副所长；杨华军，四川省社会科学院社会学研究所副研究员；周光圳，四川省妇女联合会家庭儿童工作部部长；杨晓虹，四川省妇女联合会家庭儿童工作部调研员。

2016 年国务院下发《关于加强农村留守儿童关爱保护工作的意见》（国发〔2016〕13 号），要求各地区和部门充分认识做好农村留守儿童关爱保护工作的重要意义，着力完善农村留守儿童关爱服务体系。2019 年中央一号文件又新加入“完善农村留守儿童和妇女、老年人关爱服务体系”，并将其作为“提升农村公共服务水平”的重要内容，明确其作为“加快补齐农村人居环境和公共服务短板”的重要举措。2016 年 12 月 5 日，四川省人民政府印发了《关于进一步加强农村留守儿童关爱保护工作的实施意见》（川府发〔2016〕56 号），明确了六大重点任务、提出了七大保障措施。

经过多年的努力，2015 年以后，尤其是 2016 年以后，四川省留守儿童数量大规模下降、关爱成效较为显著。从数量来看，2018 年末四川留守儿童总数下降到 76.5 万人，但总量仍居全国第一。

如何更准确全面地了解农村留守儿童的生存状况和需求，更好地治理留守儿童问题，是需要切实调研、科学研究、妥善应对的问题。为此，2019 年 7 ~9 月，四川省妇女联合会、四川省社会科学院联合开展了大调研，通过问卷、座谈、入户访谈等形式的调查，更全面地把握了留守儿童的生存状况，提出了相应的治理对策建议。

一　留守儿童现状分析

（一）调查样本分布分析

“四川省留守儿童生存状况与家庭教育”课题组根据历年来留守儿童相关数据、青少年研究的相关理论，综合抽取了达州市渠县、南充市南部县、资阳市安岳县、泸州市泸县、成都市金堂县、简阳市等地作为田野调查样本点。在此基础上，课题组抽取了 5 地市 6 县市 12 个乡镇近 200 个村的 800 名留守儿童、400 名非留守儿童做问卷调查，召开了 6 次大型座谈会，入户访谈 120 户，实地考察留守儿童关爱活动阵地 32 个（见表 1）。

表1　调研样本地区分布

单位：人，%

项目			对比组		总体
			留守儿童	非留守儿童	
样本地区	渠县	计数	208	96	304
		对比组占比	26.0	24.0	25.3
		总数占比	17.3	8.0	25.3
	金堂县	计数	55	41	96
		对比组占比	6.9	10.3	8.0
		总数占比	4.6	3.4	8.0
	简阳市	计数	55	45	100
		对比组占比	6.9	11.3	8.3
		总数占比	4.6	3.8	8.3
	安岳县	计数	102	53	155
		对比组占比	12.8	13.3	12.9
		总数占比	8.5	4.4	12.9
	南部县	计数	268	84	352
		对比组占比	33.5	21.0	29.3
		总数占比	22.3	7.0	29.3
	泸县	计数	112	81	193
		对比组占比	14.0	20.3	16.1
		总数占比	9.3	6.8	16.1
合计		计数	800	400	1200
		对比组占比	100.1	100.2	99.9
		总数占比	66.6	33.4	100.0

值得一提的是，各地区样本数量的分布综合考虑了所在区域人口的数量、参考了历年来外出务工人员的数量，因此，样本有较好的代表性。

（二）基本信息分析

1. 性别比

本次调研样本的女男性别比为105，即每100名女性所对应的男性数量。根据2018年统计公报数据，四川省全部人口中，男性4204.1万人，占50.4%；女性4136.9万人，占49.6%，女男性别比为100∶102。由此可见抽样的性别比代表性较好。

2. 分年龄段统计

此次调研的年龄段主要集中在7～12岁，与前期留守儿童理论研究和相关统计研究基本吻合，能够反映留守儿童的真实状况（见表2）。

表2　样本的性别和年龄分布

单位：人，%

指标		性别				年龄段					
		男	占比	女	占比	3～6岁	占比	7～12岁	占比	13～16岁	占比
计数	留守儿童	409	51.1①	391	48.9	76	9.5	416	52	308	38.5
	非留守儿童	206	51.5	194	48.5	31	7.8	203	50.8	166	41.5
合计		615	51.2	585	48.8	107	8.9	619	51.6	474	39.5

说明：①横向百分比，如留守男生比例为：409÷（409+391）×100%=51.1%，其余以此类推。

3. 样本父母的婚姻状况

本次调查所选样本父母的婚姻状况显示，在婚比例占3/4强，很大程度上反映了留守儿童群体的主流状况。事实婚姻数量是一个不容忽视的问题，虽然样本量较小，但对留守儿童问题的研究具有观察意义（见表3）。

表3　样本父母的婚姻状况

单位：人，%

指标		在婚	占比	离婚	占比	再婚	占比	丧偶	占比	事实婚姻	占比
计数	留守儿童	580	72.5	116	14.5	56	7	23	2.9	25	3.1
	非留守儿童	323	80.8	26	6.5	26	6.5	14	3.5	11	100.1
合计		903	75.3	142	11.8	82	6.8	37	3.1	36	3

4. 样本的入学情况

小学生和初中生是留守儿童研究的主体，但幼儿留守在家的情况是一个较为严重的问题。虽然此次调查对象年龄段为3～16岁，但笔者从座谈和访谈中发现有出生2个月即成为留守儿童的情况，还有16岁以上在读高中者父母外出务工的，虽然他们未被纳入留守儿童统计范围，事实上也值得关注（见表4）。

表4　样本的入学状况

单位：人，%

指标		年龄小在家	占比	学前教育	占比	小学	占比	初中	占比	高中	占比
计数	留守儿童	11	1.4	76	9.5	459	57.4	192	24	62	100.1
	非留守儿童	13	3.3	33	8.3	219	54.8	102	25.5	33	100.2
合计		24	2	109	9.1	678	56.5	294	24.5	95	7.9

5.样本身体状况自我评价比较

此次调研的样本中，留守儿童与非留守儿童在身体状况的自我评价上没有显著差异；在各自的范围内，符合正态分布（见表5）。

表5　样本身体状况自我评价

单位：人，%

指标		非常好	占比	比较好	占比	一般	占比	比较差	占比	很差	占比
计数	留守儿童	197	24.6	234	29.2	336	42.0	29	3.6	4	99.9
	非留守儿童	98	24.5	116	29.0	173	43.2	11	2.8	2	0.5
合计		295	24.6	350	29.2	509	42.4	40	3.3	6	0.5

（三）主要社会属性比较分析

1.家庭经济状况比较分析

调查发现，家庭经济状况的自我评价中，留守儿童与非留守儿童没有太大差异。仅仅在“低保”和“较差”这两项评价中，留守儿童占比在统计意义上高于非留守儿童（见表6）。

表 6　样本的家庭经济状况自我评价

单位：人，%

项目			对比组		总体
			留守儿童	非留守儿童	
家庭经济状况	很富裕	计数	7	4	11
		对比组占比	0.9	1.0	0.9
		总数占比	0.6	0.3	0.9
	富裕	计数	48	35	83
		对比组占比	6.0	8.8	6.9
		总数占比	4.0	2.9	6.9
	一般	计数	565	290	855
		对比组占比	70.6	72.5	71.2
		总数占比	47.1	24.2	71.3
	较差	计数	119	47	166
		对比组占比	14.9	11.8	13.8
		总数占比	9.9	3.9	13.8
	低保	计数	38	12	50
		对比组占比	4.8	3.0	4.2
		总数占比	3.2	1.0	4.2
	无固定经济来源	计数	23	12	35
		对比组占比	2.9	3.0	2.9
		总数占比	1.9	1.0	2.9
合计		计数	800	400	1200
		对比组占比	100.0	100.0	100.0
		总数占比	66.7	33.3	100.0

2. 日常生活照料情况

日常生活照料方面，留守儿童的照料者主要为爷爷奶奶和外公外婆，这两项合计约占留守儿童总数的63%。另外，值得注意的是，在非留守儿童中，爷爷奶奶、外公外婆照料日常生活的比例也不低，达到8.8%。社会机构照料留守和非留守儿童日常生活的情况目前还没有显著进展（见表7）。

3. 学习生活费用保障情况

留守儿童和非留守儿童在学习生活保障上已经没有根本的差异，完全有保障和比较有保障者占对比组比例合计皆超过50%。没有保障者，无论是占总数的比例还是占对比组的比例都较小（见表8）。

表7　样本日常生活照料情况

单位：人，%

项目			对比组		总体
			留守儿童	非留守儿童	
日常生活照料	父母亲	计数	1	159	160
		总数占比	0.1	13.2	13.3
	父亲	计数	0	20	20
		总数占比	0.0	1.7	1.7
	母亲	计数	2	105	107
		总数占比	0.2	8.8	9.1
	爷爷奶奶	计数	651	87	738
		总数占比	54.2	7.2	61.4
	外公外婆	计数	106	19	125
		总数占比	8.8	1.6	10.4
	继父母	计数	1	1	2
		总数占比	0.1	0.1	0.2
	自己照顾自己	计数	26	6	32
		总数占比	2.2	0.5	2.7
	亲友	计数	5	0	5
		总数占比	0.4	0.0	0.4
	社会机构	计数	1	0	1
		总数占比	0.1	0.0	0.1
	其他	计数	7	3	10
		总数占比	0.6	0.2	0.8
合计		计数	800	400	1200
		总数占比	66.7	33.3	100.0

表 8　样本学习生活费用保障情况

单位：人，%

			对比组		总体
			留守儿童	非留守儿童	
生活学习费用保障	完全有保障	计数	193	130	323
		对比组占比	24.1	32.5	26.9
		总数占比	16.1	10.8	26.9
	比较有保障	计数	233	86	319
		对比组占比	29.1	21.5	26.6
		总数占比	19.4	7.2	26.6
	基本能保障	计数	256	132	388
		对比组占比	32.0	33.0	32.3
		总数占比	21.3	11.0	32.3
	部分保障	计数	77	22	99
		对比组占比	9.6	5.5	8.2
		总数占比	6.4	1.8	8.2
	没有保障	计数	41	30	71
		对比组占比	5.1	7.5	5.9
		总数占比	3.4	2.5	5.9
合计		计数	800	400	1200
		对比组占比	100.0	100.0	100.0
		总数占比	66.7	33.3	100.0

（四）校园生活状况比较分析

1. 样本与老师的关系

留守儿童和非留守儿童在与老师的关系这一指标上没有显著差异，甚至非留守儿童在与老师关系“很疏远”这一选项上占比要高于留守儿童。样本主要集中在比较亲密、很亲密和一般 3 个选项上（见表 9）。

表 9　样本与老师关系状况比较

单位：人，%

项目			对比组		总体
			留守儿童	非留守儿童	
和老师关系	很亲密	计数	193	92	285
		对比组占比	24.5	23.8	24.2
		总数占比	16.4	7.8	24.2
	比较亲密	计数	245	127	372
		对比组占比	31.1	32.8	31.6
		总数占比	20.8	10.8	31.6
	一般	计数	327	151	478
		对比组占比	41.4	39.0	40.6
		总数占比	27.8	12.8	40.6
	比较疏远	计数	17	10	27
		对比组占比	2.2	2.6	2.3
		总数占比	1.4	0.9	2.3
	很疏远	计数	7	7	14
		对比组占比	0.9	1.8	1.2
		总数占比	0.6	0.6	1.2
合计		计数	789	387	1176
		对比组占比	100.0	100.0	100.0
		总数占比	67.0	32.9	100.0

2. 校园欺凌

考察被别人侮辱打骂状况和被他人强迫索要钱物状况，在对比组中没有发现留守儿童与非留守儿童有显著的差异；在部分指标上，非留守儿童占比甚至比留守儿童还高。调查结果显示留守儿童并未比非留守儿童更容易被欺负（见表 10、表 11）。

表 10　样本被别人侮辱打骂状况比较

单位：人，%

项目			对比组		总体
			留守儿童	非留守儿童	
被别人侮辱打骂	没有	计数	526	247	773
		对比组占比	65.8	61.8	64.4
		总数占比	43.8	20.6	64.4
	偶尔	计数	229	127	356
		对比组占比	28.6	31.8	29.7
		总数占比	19.1	10.6	29.7
	每月 1 次	计数	14	9	23
		对比组占比	1.8	2.2	1.9
		总数占比	1.2	0.8	1.9
	每周 1 次	计数	4	1	5
		对比组占比	0.5	0.2	0.4
		总数占比	0.3	0.1	0.4
	每周 2～3 次	计数	7	4	11
		对比组占比	0.9	1.0	0.9
		总数占比	0.6	0.3	0.9
	几乎每天有	计数	20	12	32
		对比组占比	2.5	3.0	2.7
		总数占比	1.7	1.0	2.7
合计		计数	800	400	1200
		对比组占比	100.0	100.0	100.0
		总数占比	66.7	33.3	100.0

表 11　样本被他人强迫索要钱物状况比较

单位：人，%

项目			对比组		总体
			留守儿童	非留守儿童	
被他人强迫索要钱物	没有	计数	724	354	1078
		对比组占比	90.5	88.5	89.8
		总数占比	60.3	29.5	89.8
	偶尔	计数	56	42	98
		对比组占比	7.0	10.5	8.2
		总数占比	4.7	3.5	8.2

续表

项目			对比组		总体
			留守儿童	非留守儿童	
被他人强迫索要钱物	每月1次	计数	8	3	11
		对比组占比	1.0	0.8	0.9
		总数占比	0.7	0.2	0.9
	每周1次	计数	6	0	6
		对比组占比	0.8	0.0	0.5
		总数占比	0.5	0.0	0.5
	每周2~3次	计数	2	0	2
		对比组占比	0.2	0.0	0.2
		总数占比	0.2	0.0	0.2
	几乎每天有	计数	4	1	5
		对比组占比	0.5	0.2	0.4
		总数占比	0.3	0.1	0.4
合计		计数	800	400	1200
		对比组占比	100.0	100.0	100.0
		总数占比	66.7	33.3	100.0

3. 寄宿问题

留守儿童与非留守儿童在走读的选择上差异不大，但寄宿学生中留守学生的比例要高于非留守学生，也就是说非留守学生选择住校的比例较小（见表12）。

表12　样本寄宿问题对比

单位：人，%

项目			对比组		总体
			留守儿童	非留守儿童	
是否住校	是	计数	150	67	217
		对比组占比	19.0	17.3	18.5
		总数占比	12.8	5.7	18.5
	不是	计数	639	320	959
		对比组占比	81.0	82.7	81.5
		总数占比	54.3	27.2	81.5
合计		计数	789	387	1176
		对比组占比	100.0	100.0	100.0
		总数占比	67.1	32.9	100.0

4. 侮辱歧视的施、受问题

在自我陈述中，留守儿童“经常”和“偶尔”受到歧视或者侮辱的比例都低于非留守儿童。对比分析中发现，在“经常”这一选项上，留守儿童很可能是侮辱和歧视同学的主动方（见表13、表14）。

表13　样本受到同学侮辱歧视状况比较

单位：人，%

项目			对比组		总体
			留守儿童	非留守儿童	
是否受到同学侮辱歧视	经常	计数	19	12	31
		对比组占比	2.4	3.1	2.6
		总数占比	1.6	1.0	2.6
	偶尔	计数	166	108	274
		对比组占比	21.0	27.9	23.3
		总数占比	14.1	9.2	23.3
	没有	计数	604	267	871
		对比组占比	76.6	69.0	74.1
		总数占比	51.4	22.7	74.1
合计		计数	789	387	1176
		对比组占比	100.0	100.0	100.0
		总数占比	67.1	32.9	100.0

表14　样本侮辱和歧视同学频率比较

单位：人，%

项目			对比组		总体
			留守儿童	非留守儿童	
是否侮辱歧视同学	经常	计数	10	3	13
		对比组占比	1.3	0.8	1.1
		总数占比	0.9	0.3	1.1
	偶尔	计数	84	66	150
		对比组占比	10.6	17.1	12.8
		总数占比	7.1	5.6	12.8
	没有	计数	695	318	1013
		对比组占比	88.1	82.2	86.1
		总数占比	59.1	27.0	86.1

续表

项目		对比组		总体
		留守儿童	非留守儿童	
合计	计数	789	387	1176
	对比组占比	100.0	100.1	100.0
	总数占比	67.1	32.9	100.0

5. 师生关系比较

在与老师的关系中，留守儿童的“天敌”“互相玩心计”“依赖”等选项比例相对低于非留守儿童，在“互不相干”“平等相互尊重”选项上的比例要高于非留守儿童（见表15）。

表15　师生关系状况对比

单位：人，%

项目			对比组		总体
			留守儿童	非留守儿童	
和老师关系	天敌	计数	28	19	47
		对比组占比	3.5	4.9	4.0
		总数占比	2.4	1.6	4.0
	互相玩心计	计数	20	12	32
		对比组占比	2.5	3.1	2.7
		总数占比	1.7	1.0	2.7
	互不相干	计数	47	12	59
		对比组占比	6.0	3.1	5.0
		总数占比	4.0	1.0	5.0
	平等相互尊重	计数	642	305	947
		对比组占比	81.4	78.8	80.5
		总数占比	54.6	25.9	80.5
	依赖	计数	27	18	45
		对比组占比	3.4	4.7	3.8
		总数占比	2.3	1.5	3.8
	其他	计数	25	21	46
		对比组占比	3.2	5.4	3.9
		总数占比	2.1	1.8	3.9
合计		计数	789	387	1176
		对比组占比	100.0	100.0	100.0
		总数占比	67.1	32.9	100.0

6. 与同学关系

留守儿童中与同学保持很亲密、比较亲密关系者的比例要略低于非留守儿童，但他们也不会与同学疏远或者很疏远，主要保持在一般的水平上（见表16）。

表16　样本与同学关系状况对比

单位：人，%

项目			对比组		总体
			留守儿童	非留守儿童	
和同学关系	很亲密	计数	154	88	242
		对比组占比	19.5	22.7	20.6
		总数占比	13.1	7.5	20.6
	比较亲密	计数	302	157	459
		对比组占比	38.3	40.6	39.1
		总数占比	25.7	13.4	39.0
	一般	计数	317	132	449
		对比组占比	40.2	34.1	38.2
		总数占比	27.0	11.2	38.2
	比较疏远	计数	12	10	22
		对比组占比	1.5	2.6	1.9
		总数占比	1.0	0.9	1.9
	很疏远	计数	4	0	4
		对比组占比	0.5	0.0	0.5
		总数占比	0.3	0.0	0.3
合计		计数	789	387	1176
		对比组占比	100.0	100.0	100.0
		总数占比	67.1	32.9	100.0

（五）家庭关系状况比较分析

1. 家庭关系评价及其应对

在“和睦”和“很和睦”选项上，留守儿童和非留守儿童选择比例相差不大。有不少留守儿童认为自己的家庭关系一般，但在“经常吵架”这一问题上其选择的比例又要低于非留守儿童（见表17）。事实上，与家庭有冲突时，留守儿童更倾向于选择协商解决或者生闷气，坚持自己想法者的占比明显低于非留守儿童。但是，有一定比例留守儿童存在与家人发生恶性冲突的情况。值得注意的是，留守儿童选择离家出走的比例虽小，但不容忽视（见表18）。

表17　样本家庭关系状况比较

单位：人，%

项目			对比组		总体
			留守儿童	非留守儿童	
家庭关系	很和睦	计数	258	132	390
		对比组占比	32.3	33.0	32.5
		总数占比	21.5	11.0	32.5
	和睦	计数	309	162	471
		对比组占比	38.6	40.5	39.2
		总数占比	25.8	13.5	39.2
	一般	计数	194	87	281
		对比组占比	24.3	21.8	23.4
		总数占比	16.2	7.2	23.4
	经常吵架	计数	29	16	45
		对比组占比	3.6	4.0	3.8
		总数占比	2.4	1.3	3.8
	经常打架	计数	10	3	13
		对比组占比	1.2	0.7	1.1
		总数占比	0.8	0.2	1.0
合计		计数	800	400	1200
		对比组占比	100.0	100.0	100.0
		总数占比	66.7	33.3	100.0

实际上，留守儿童在与家人发生恶性冲突时，有“经常有打骂家人的想法”，但这一想法不一定与留守相关，因为在“偶尔有”此想法的样本中，非留守儿童的比例高于留守儿童（见表19）。

表 18　与家庭发生意见冲突时样本处理方式比较

单位：人，%

项目			对比组		总体
			留守儿童	非留守儿童	
家庭意见冲突处理方式	尽量协商解决问题	计数	427	202	629
		对比组占比	53.4	50.5	52.4
		总数占比	35.6	16.8	52.4
	坚持自己的想法	计数	128	96	224
		对比组占比	16.0	24.0	18.7
		总数占比	10.7	8.0	18.7
	生闷气	计数	194	83	277
		对比组占比	24.2	20.8	23.1
		总数占比	16.2	6.9	23.1
	吵闹骂人	计数	38	13	51
		对比组占比	4.8	3.2	4.2
		总数占比	3.2	1.1	4.2
	打人	计数	8	6	14
		对比组占比	1.0	1.5	1.2
		总数占比	0.7	0.5	1.2
	离家出走	计数	5	0	5
		对比组占比	0.6	0.0	0.4
		总数占比	0.4	0.0	0.4
合计		计数	800	400	1200
		对比组占比	100.0	100.0	100.0
		总数占比	66.7	33.3	100.0

表 19　关于样本与家人恶性冲突的想法比较

单位：人，%

项目			对比组		总体
			留守儿童	非留守儿童	
是否有过想打骂家人的想法	经常	计数	34	9	43
		对比组占比	4.2	2.2	3.6
		总数占比	2.8	0.8	3.6

续表

项目			对比组		总体
			留守儿童	非留守儿童	
是否有过想打骂家人的想法	偶尔有	计数	126	69	195
		对比组占比	15.8	17.2	16.2
		总数占比	10.5	5.8	16.2
	没有	计数	640	322	962
		对比组占比	80.0	80.5	80.2
		总数占比	53.3	26.8	80.2
合计		计数	800	400	1200
		对比组占比	100.0	100.0	100.0
		总数占比	66.7	33.3	100.0

2. 与家庭成员交流情况

留守儿童与家庭成员"经常"交流的比例明显低于非留守儿童，"几乎不"交流的比例高于非留守儿童。这有可能是留守儿童更容易与家人有恶性冲突的原因（见表20）。

表20　样本与家庭成员交流状况比较

单位：人，%

项目			对比组		总体
			留守儿童	非留守儿童	
和家庭成员交流	经常	计数	423	251	674
		对比组占比	52.9	62.8	56.2
		总数占比	35.2	20.9	56.1
	偶尔	计数	312	120	432
		对比组占比	39.0	30.0	36.0
		总数占比	26.0	10.0	36.0
	几乎不	计数	65	29	94
		对比组占比	8.1	7.2	7.8
		总数占比	5.4	2.4	7.8
合计		计数	800	400	1200
		对比组占比	100.0	100.0	100.0
		总数占比	66.6	33.3	100.0

3. 与父母关系

无论是与父亲还是母亲的关系，留守儿童在“很亲密”这一选项上的比例都低于非留守儿童。留守儿童更愿意选择“比较亲密”这一选项，选择“一般”这一选项的比例低于非留守儿童（见表21）。

表21　样本与父母关系亲密程度比较

单位：人，%

		与父亲关系			与母亲关系		
		对比组		总体	对比组		总体
		留守儿童	非留守儿童		留守儿童	非留守儿童	
很亲密	计数	394	208	602	430	259	689
	对比组占比	49.2	52.0	50.2	53.8	64.8	57.4
	总数占比	32.8	17.3	50.2	35.8	21.6	57.4
比较亲密	计数	238	112	350	217	79	296
	对比组占比	29.8	28.0	29.2	27.1	19.8	24.7
	总数占比	19.8	9.3	29.1	18.1	6.6	24.7
一般	计数	131	72	203	102	52	154
	对比组占比	16.4	18.0	16.9	12.8	13.0	12.8
	总数占比	10.9	6.0	16.9	8.5	4.3	12.8
比较疏远	计数	20	5	25	16	5	21
	对比组占比	2.5	1.2	2.1	2.0	1.2	1.8
	总数占比	1.7	0.4	2.1	1.3	0.4	1.8
很疏远	计数	17	3	20	35	5	40
	对比组占比	2.1	0.8	1.7	4.4	1.2	3.3
	总数占比	1.4	0.2	1.7	2.9	0.4	3.3
合计	计数	800	400	1200	800	400	1200
	对比组占比	100.0	100.0	100.0	100.0	100.0	100.0
	总数占比	66.6	33.3	100.0	66.7	33.3	100.0

4. 留守儿童与看护人的关系

样本中的留守儿童表现出与看护人的亲密关系，其中，选择“很亲密”和“比较亲密”的比例合计达77.4%。但关系“一般”的比例也不容忽视，而选择“很疏远”的留守儿童则可能是需要重点关注的群体（见表22）。

表 22 留守儿童与看护人关系

单位：人，%

很亲密	计数	379	比较疏远	计数	6
	总数占比	47.4		总数占比	0.8
比较亲密	计数	240	很疏远	计数	10
	总数占比	30.0		总数占比	1.2
一般	计数	165	合计	计数	800
	总数占比	20.6		总数占比	100.0

（六）心理状况比较分析

1. 孤独感比较分析

有关孤独感的回答，在“偶尔有”选项上，留守儿童和非留守儿童选择比例均为46%，无论是在对比组还是在总数中的比例，都较为符合常理。但对“从没有”和“每周都有”这两个选项的选择比例显示，留守儿童的孤独感是较为确定的。由于这两个选项有互相印证的观察意义，因此，留守儿童的孤独问题值得注意（见表23）。

表 23 样本孤独感比较

单位：人，%

项目			对比组		总体
			留守儿童	非留守儿童	
孤独感	从没有	计数	334	181	515
		对比组占比	41.8	45.3	42.9
		总数占比	27.8	15.1	42.9
	偶尔有	计数	368	184	552
		对比组占比	46.0	46.0	46.0
		总数占比	30.7	15.3	46.0
	每周都有	计数	46	14	60
		对比组占比	5.8	3.5	5.0
		总数占比	3.8	1.2	5.0

续表

项目			对比组		总体
			留守儿童	非留守儿童	
孤独感	每天都有	计数	16	9	25
		对比组占比	2.0	2.2	2.1
		总数占比	1.3	0.8	2.1
	随时都有	计数	36	12	48
		对比组占比	4.5	3.0	4.0
		总数占比	3.0	1.0	4.0
合计		计数	800	400	1200
		对比组占比	100.0	100.0	100.0
		总数占比	66.7	33.3	100.0

2. 情绪控制方面

留守儿童中，“完全能够”控制情绪的比例略高于非留守儿童。但在总体中占多数的“比较能够”和“基本能够”选项上，留守儿童选择比例要略低于非留守儿童。但整体而言，这一指标的统计意义不明显（见表24）。

表24　样本情绪控制状况对比

单位：人，%

项目			对比组		总体
			留守儿童	非留守儿童	
情绪控制	完全能够	计数	180	80	260
		对比组占比	22.5	20.0	21.7
		总数占比	15.0	6.7	21.7
	比较能够	计数	252	131	383
		对比组占比	31.5	32.8	31.9
		总数占比	21.0	10.9	31.9
	基本能够	计数	225	114	339
		对比组占比	28.1	28.5	28.2
		总数占比	18.8	9.5	28.2
	部分能够	计数	103	56	159
		对比组占比	12.9	14.0	13.2
		总数占比	8.6	4.7	13.2
	完全不能	计数	40	19	59
		对比组占比	5.0	4.8	4.9
		总数占比	3.3	1.6	4.9

续表

项目		对比组		总体
		留守儿童	非留守儿童	
合计	计数	800	400	1200
	对比组占比	100.0	100.0	100.0
	总数占比	66.7	33.3	100.0

3. 情绪的极端表达

以“是否有过打骂老师的想法”和“被处罚后是否有报复老师的想法”来分析样本情绪的极端表达，我们发现，在集中度较高的“没有”和“偶尔有”选项上留守儿童与非留守儿童无显著差异。非留守儿童在被处罚后，“经常有”报复老师想法的比例要高于留守儿童，但在总量中的比例较低（见表25）。

表25　样本情绪极端表达状况比较

单位：人，%

项目		是否有过打骂老师的想法			被处罚后是否有报复老师的想法		
		对比组		总体	对比组		总体
		留守儿童	非留守儿童		留守儿童	非留守儿童	
经常有	计数	5	1	6	9	8	17
	对比组占比	0.6	0.3	0.5	1.1	2.1	1.40
	总数占比	0.4	0.1	0.5	0.8	0.7	1.4
偶尔有	计数	49	25	74	37	19	56
	对比组占比	6.2	6.5	6.3	4.7	4.9	4.80
	总数占比	4.2	2.1	6.3	3.1	1.6	4.8
没有	计数	735	361	1096	743	360	1103
	对比组占比	93.2	93.3	93.2	94.20	93.0	93.80
	总数占比	62.5	30.7	93.2	63.2	30.6	93.8
合计	计数	789	387	1176	789	387	1176
	对比组占比	100.0	100.0	100.0	100.0	100.0	100.0
	总数占比	67.1	32.9	100.0	67.1	32.9	100.0

（七）学校教育状况比较分析

1. 成绩比较

留守儿童和非留守儿童在学习成绩“优秀”“良好”选项上差异不明显。但在“一般”这一有一定集中度的选项上，留守儿童选择比例要高于非留守儿童。进一步观察学习的压力情况，发现留守儿童在“轻松应对”选项上的选择比例要低于非留守儿童，选择“一般”的比例要高于非留守儿童（见表26、表27）。

表26　样本学习成绩比较

单位：人，%

项目			对比组		总体
			留守儿童	非留守儿童	
学习成绩	优秀	计数	111	57	168
		对比组占比	14.1	14.7	14.3
		总数占比	9.4	4.8	14.2
	良好	计数	327	168	495
		对比组占比	41.4	43.4	42.1
		总数占比	27.8	14.3	42.1
	一般	计数	301	136	437
		对比组占比	38.1	35.1	37.2
		总数占比	25.6	11.6	37.2
	较差	计数	40	21	61
		对比组占比	5.1	5.4	5.2
		总数占比	3.4	1.8	5.2
	很差	计数	10	5	15
		对比组占比	1.3	1.3	1.3
		总数占比	0.9	0.4	1.3
合计		计数	789	387	1176
		对比组占比	100.0	100.0	100.0
		总数占比	67.1	32.9	100.0

表 27　样本学习压力感知状况比较

单位：人，%

项目			对比组		总体
			留守儿童	非留守儿童	
你是否感到有学习压力	轻松应对	计数	112	68	180
		对比组占比	14.2	17.6	15.3
		总数占比	9.5	5.8	15.3
	有点压力	计数	388	199	587
		对比组占比	49.2	51.4	49.9
		总数占比	33.0	16.9	49.9
	一般	计数	229	97	326
		对比组占比	29.0	25.1	27.7
		总数占比	19.5	8.2	27.7
	压力较大	计数	48	14	62
		对比组占比	6.1	3.6	5.3
		总数占比	4.1	1.2	5.3
	难以应对	计数	12	9	21
		对比组占比	1.5	2.3	1.8
		总数占比	1.0	0.8	1.8
合计		计数	789	387	1176
		对比组占比	100.0	100.0	100.0
		总数占比	67.1	32.9	100.0

2. 教师尽职评价比较

在集中度较高的“很好”和“较好”选项上，留守儿童和非留守儿童没有显著差异。但在“较差”和“很差”评价上，非留守儿童选择比例要高于留守儿童（见表28）。

3. 教师训斥、歧视与样本厌学情况

在受到老师的训斥和歧视问题上，选择“经常”和“偶尔”的留守儿童的比例要低于非留守儿童。在集中度较高的“没有”选项上，留守儿童选择比例要高于非留守儿童。这说明留守儿童并没有明显受到老师的训斥和歧视，至少其没有感知到。在厌学这一问题上，留守儿童的厌学水平要略低于非留守儿童（见表29、表30）。

表 28　样本对教师尽职情况的评价比较

单位：人，%

项目			对比组		总体
			留守儿童	非留守儿童	
教师尽职情况	很好	计数	353	175	528
		对比组占比	44.7	45.2	44.9
		总数占比	30.0	14.9	44.9
	较好	计数	234	112	346
		对比组占比	29.7	28.9	29.4
		总数占比	19.9	9.5	29.4
	一般	计数	184	87	271
		对比组占比	23.3	22.5	23.0
		总数占比	15.6	7.4	23.0
	较差	计数	7	7	14
		对比组占比	0.9	1.8	1.2
		总数占比	0.6	0.6	1.2
	很差	计数	11	6	17
		对比组占比	1.4	1.6	1.4
		总数占比	0.9	0.5	1.4
合计		计数	789	387	1176
		对比组占比	100.0	100.0	100.0
		总数占比	67.1	32.9	100.0

表 29　样本受教师训斥和歧视状况比较

单位：人，%

项目			对比组		总体
			留守儿童	非留守儿童	
是否受到老师训斥歧视	经常	计数	14	13	27
		对比组占比	1.8	3.4	2.3
		总数占比	1.2	1.1	2.3
	偶尔	计数	229	121	350
		对比组占比	29.0	31.3	29.8
		总数占比	19.5	10.3	29.8
	没有	计数	546	253	799
		对比组占比	69.2	65.4	67.9
		总数占比	46.4	21.5	67.9
合计		计数	789	387	1176
		对比组占比	100.0	100.0	100.0
		总数占比	67.1	32.9	100.0

表 30　样本厌学想法比较

单位：人，%

项目			对比组		总体
			留守儿童	非留守儿童	
是否有过厌学想法	经常	计数	12	7	19
		对比组占比	1.5	1.8	1.6
		总数占比	1.0	0.6	1.6
	偶尔	计数	160	86	246
		对比组占比	20.3	22.2	20.9
		总数占比	13.6	7.3	20.9
	没有	计数	617	294	911
		对比组占比	78.2	76.0	77.5
		总数占比	52.5	25.0	77.5
合计		计数	789	387	1176
		对比组占比	100.0	100.0	100.0
		总数占比	67.1	32.9	100.0

（八）家庭教育和教养方式比较分析

1. 家庭作业辅导情况

留守儿童的家庭作业如果有人辅导，则主要由爷爷奶奶、父亲或母亲来完成，但更多的是“没人辅导”，占对比组比例比非留守儿童高出将近15个百分点。单独来看非留守儿童的家庭作业辅导情况，“没人辅导”选项仍排第一位，占对比组的35.7%；非留守儿童“父亲”和“母亲”辅导的比例合计达到50.9%（见表31）。

表 31　样本家庭作业辅导状况比较

单位：人，%

项目			对比组		总体
			留守儿童	非留守儿童	
家庭作业辅导情况	父亲	计数	68	92	160
		对比组占比	8.6	23.8	13.6
		总数占比	5.8	7.8	13.6

续表

项目			对比组		总体
			留守儿童	非留守儿童	
家庭作业辅导情况	母亲	计数	69	105	174
		对比组占比	8.7	27.1	14.8
		总数占比	5.9	8.9	14.8
	爷爷奶奶	计数	201	32	233
		对比组占比	25.5	8.3	19.8
		总数占比	17.1	2.7	19.8
	外公外婆	计数	23	4	27
		对比组占比	2.9	1.0	2.3
		总数占比	2.0	0.3	2.3
	没人辅导	计数	395	138	533
		对比组占比	50.1	35.7	45.3
		总数占比	33.6	11.7	45.3
	家庭教师	计数	9	4	13
		对比组占比	1.1	1.0	1.1
		总数占比	0.8	0.3	1.1
	亲友	计数	15	5	20
		对比组占比	1.9	1.3	1.7
		总数占比	1.3	0.4	1.7
	其他	计数	9	7	16
		对比组占比	1.1	1.8	1.4
		总数占比	0.8	0.6	1.4
合计		计数	789	387	1176
		对比组占比	100.0	100.0	100.0
		总数占比	67.1	32.9	100.0

2. 家庭交流

留守家庭和非留守家庭交流的内容主要集中在学习上，甚至留守家庭交流相对更集中在学习上；非留守家庭交流内容为“闲聊”和“业务爱好”的比例要高于留守家庭，其余则没有明显差异（见表32）。

3. 纠错与要求满足情况

孩子的成长伴随着犯错误，因此纠错问题就有一定的观察意义。非留守家庭在“帮助改进”“打骂”选项上的比例要高于留守家庭，在“耐心劝说”上二者选择比例基本持平。但在“不问不管”“训斥”选项上，留守家庭比例要高于非留守家庭比例（见表33）。

表32 样本家庭交流状况比较

单位：人，%

项目			对比组		总体
			留守儿童	非留守儿童	
家庭主要交流内容	学习	计数	342	159	501
		对比组占比	42.8	39.8	41.8
		总数占比	28.5	13.2	41.8
	为人处世	计数	118	57	175
		对比组占比	14.8	14.2	14.6
		总数占比	9.8	4.8	14.6
	如何挣钱	计数	10	6	16
		对比组占比	1.2	1.5	1.3
		总数占比	0.8	0.5	1.3
	娱乐玩耍	计数	55	27	82
		对比组占比	6.9	6.8	6.8
		总数占比	4.6	2.2	6.8
	身体健康	计数	49	22	71
		对比组占比	6.1	5.5	5.9
		总数占比	4.1	1.8	5.9
	闲聊	计数	138	83	221
		对比组占比	17.2	20.8	18.4
		总数占比	11.5	6.9	18.4
	业务爱好	计数	20	14	34
		对比组占比	2.5	3.5	2.8
		总数占比	1.7	1.2	2.8
	几乎没有话题	计数	68	32	100
		对比组占比	8.5	8.0	8.3
		总数占比	5.7	2.7	8.4
合计		计数	800	400	1200
		对比组占比	100.0	100.0	100.0
		总数占比	66.7	33.3	100.0

表 33　样本做错事后家长处理方式比较

单位：人，%

项目			对比组		总体
			留守儿童	非留守儿童	
做错事家长处理方式	帮助改进	计数	271	153	424
		对比组占比	33.9	38.2	35.3
		总数占比	22.6	12.8	35.3
	耐心劝说	计数	309	153	462
		对比组占比	38.6	38.2	38.5
		总数占比	25.8	12.8	38.5
	不问不管	计数	37	13	50
		对比组占比	4.6	3.2	4.2
		总数占比	3.1	1.1	4.2
	训斥	计数	132	51	183
		对比组占比	16.5	12.8	15.2
		总数占比	11.0	4.2	15.2
	打骂	计数	51	30	81
		对比组占比	6.4	7.5	6.8
		总数占比	4.2	2.5	6.8
合计		计数	800	400	1200
		对比组占比	100.0	100.0	100.0
		总数占比	66.7	33.3	100.0

在要求是否被满足问题上，我们发现留守儿童的要求得到很快满足的比例更高，但在集中度较高的“偶尔满足”选项上，非留守儿童选择的比例较高。“不给予满足但说明理由”的选项，留守儿童选择比例要高于非留守儿童（见表 34）。

4. 零花钱问题

留守儿童的零花钱主要来源于爷爷奶奶，其选择比例超过父母给的合计比例。而非留守儿童的零花钱则主要由父母给予。在爷爷奶奶给零花钱这一选项上，留守儿童选择比例明显高于非留守儿童（见表35）。

表34　样本要求被满足情况比较

单位：人，%

项目			对比组		总体
			留守儿童	非留守儿童	
要求被满足情况	很快满足	计数	153	69	222
		对比组占比	19.1	17.2	36.3
		总数占比	12.8	5.8	18.6
	偶尔满足	计数	382	237	619
		对比组占比	47.8	59.2	102.0
		总数占比	31.8	19.8	51.6
	不给予满足但说明理由	计数	203	70	273
		对比组占比	25.4	17.5	42.9
		总数占比	16.9	5.8	22.7
	不给予满足也不说明理由	计数	37	15	52
		对比组占比	4.6	3.8	8.4
		总数占比	3.1	1.2	4.3
	训斥	计数	25	9	34
		对比组占比	3.1	2.2	5.3
		总数占比	2.1	0.8	2.9
合计		计数	800	400	1200
		对比组占比	100.0	100.0	200.0
		总数占比	66.7	33.1	100.1

表35　样本零花钱取得渠道比较

单位：人，%

项目			对比组		总体
			留守儿童	非留守儿童	
谁主要给零花钱	父亲	计数	151	104	255
		对比组占比	18.9	26.0	21.2
		总数占比	12.6	8.7	21.2
	母亲	计数	170	159	329
		对比组占比	21.2	39.8	27.4
		总数占比	14.2	13.2	27.4

续表

项目			对比组		总体
			留守儿童	非留守儿童	
谁主要给零花钱	爷爷奶奶	计数	351	61	412
		对比组占比	43.9	15.2	34.3
		总数占比	29.2	5.1	34.3
	外公外婆	计数	42	22	64
		对比组占比	5.2	5.5	5.3
		总数占比	3.5	1.8	5.3
	其他人	计数	9	9	18
		对比组占比	1.1	2.2	1.5
		总数占比	0.8	0.8	1.5
	几乎没有	计数	77	45	122
		对比组占比	9.6	11.2	10.2
		总数占比	6.4	3.8	10.2
合计		计数	800	400	1200
		对比组占比	100.0	100.0	100.0
		总数占比	66.7	33.3	100.0

（九）社会关系和社会认知比较分析

1. 社会关系

本节中样本的社会关系主要涉及与朋友的关系、与老师的关系、与同学的关系以及经常联系的人。留守儿童一般与朋友保持着“一般”和“比较亲密”的关系，保持“很亲密”关系的则相对较少。在与老师和同学的关系上，前面“校园生活”部分已经说明，留守学生更倾向于塑造“一般关系”和“比较亲密关系”，保持“排斥”和“很疏远关系”的则较少（见表36、表16）。

2. 经常联系人和知心话倾诉对象比较

留守儿童和非留守儿童的经常联系人都集中于同学，但非留守儿童则在“儿时玩伴”选项上有较高比例；留守儿童与网友联系较多。进一步分析，留守儿童的知心话倾诉对象主要集中于父母、同学、朋友和爷爷奶奶，非留守儿童则集中于父母、同学和朋友（见表37、表38）。

表 36　样本与朋友关系状况比较

单位：人，%

项目			对比组		总体
			留守儿童	非留守儿童	
和朋友关系	很亲密	计数	196	117	313
		对比组占比	24.5	29.2	26.1
		总数占比	16.3	9.8	26.1
	比较亲密	计数	299	152	451
		对比组占比	37.4	38.0	37.6
		总数占比	24.9	12.7	37.6
	一般	计数	288	125	413
		对比组占比	36.0	31.2	34.4
		总数占比	24.0	10.4	34.4
	比较疏远	计数	9	6	15
		对比组占比	1.1	1.5	1.2
		总数占比	0.8	0.5	1.2
	很疏远	计数	8	0	8
		对比组占比	1.0	0.0	0.7
		总数占比	0.7	0.0	0.7
合计		计数	800	400	1200
		对比组占比	100.0	100.0	100.0
		总数占比	66.7	33.3	100.0

表 37　样本经常联系人比较

单位：人，%

项目		对比组		总体
		留守儿童	非留守儿童	
同学	计数	552	266	818
	对比组占比	69.0	66.5	68.20
	总数占比	46.0	22.2	68.2
儿时伙伴	计数	187	111	298
	对比组占比	23.4	27.8	24.80
	总数占比	15.6	9.2	24.8
网友	计数	20	6	26
	对比组占比	2.5	1.5	2.2
	总数占比	1.7	0.5	2.2

续表

项目		对比组		总体
		留守儿童	非留守儿童	
无工作伙伴	计数	13	7	20
	对比组占比	1.6	1.8	1.7
	总数占比	1.1	0.6	1.7
有工作伙伴	计数	1	3	4
	对比组占比	0.1	0.8	0.30
	总数占比	0.1	0.2	0.3
其他	计数	27	7	34
	对比组占比	3.4	1.8	2.8
	总数占比	2.2	0.6	2.8
合计	计数	800	400	1200
	对比组占比	100.0	100.0	100.0
	总数占比	67.6	33.3	100.0

表38　样本知心话的倾诉对象比较

单位：人，%

项目			对比组		总体
			留守儿童	非留守儿童	
知心话对谁讲	父母	计数	256	166	422
		对比组占比	32.0	41.5	35.2
		总数占比	21.3	13.8	35.1
	老师	计数	38	23	61
		对比组占比	4.8	5.8	5.1
		总数占比	3.2	1.9	5.1
	同学	计数	148	77	225
		对比组占比	18.5	19.2	18.8
		总数占比	12.3	6.4	18.7
	朋友	计数	163	85	248
		对比组占比	20.4	21.2	20.7
		总数占比	13.6	7.1	20.7
	网友	计数	21	4	25
		对比组占比	2.6	1.0	2.1
		总数占比	1.8	0.3	2.1

续表

项目			对比组		总体
			留守儿童	非留守儿童	
知心话对谁讲	亲戚	计数	8	1	9
		对比组占比	1.0	0.2	0.8
		总数占比	0.7	0.1	0.8
	爷爷奶奶	计数	132	23	155
		对比组占比	16.5	5.8	12.9
		总数占比	11.0	1.9	12.9
	外公外婆	计数	19	5	24
		对比组占比	2.4	1.2	2.0
		总数占比	1.6	0.4	2.0
	其他	计数	15	16	31
		对比组占比	1.9	4.0	2.6
		总数占比	1.2	1.3	2.6
合计		计数	800	400	1200
		对比组占比	100.0	100.0	100.0
		总数占比	66.7	33.3	100.0

3. 冲突处理方式比较

留守儿童和非留守儿童在冲突处理方式上，都主要采取“克制情绪，尽量解释”。其余选项上，除“找人帮忙收拾对方”这一方式外，差异不明显。具体而言，与非留守儿童相比，留守儿童与他人发生冲突时更倾向于找人帮忙解决问题（见表39）。

表39　样本冲突处理方式比较

单位：人，%

项目		对比组		总体
		留守儿童	非留守儿童	
克制情绪，尽量解释	计数	494	259	753
	对比组占比	61.8	64.8	62.75
	总数占比	41.2	21.6	62.8
找其他人评理解决	计数	135	65	200
	对比组占比	16.9	16.2	16.67
	总数占比	11.2	5.4	16.7

续表

项目		对比组		总体
		留守儿童	非留守儿童	
针锋相对	计数	92	42	134
	对比组占比	11.5	10.5	11.17
	总数占比	7.7	3.5	11.2
主动制服他人	计数	49	26	75
	对比组占比	6.1	6.5	6.25
	总数占比	4.1	2.2	6.3
找人帮忙收拾对方	计数	30	8	38
	对比组占比	3.8	2.0	3.17
	总数占比	2.5	0.7	3.2
合计	计数	800	400	1200
	对比组占比	100.0	100.0	100.0
	总数占比	66.7	33.3	100.0

4. 对读书功用的认知比较

留守儿童与非留守儿童都集中地认为“读书很有用”，但比较而言，留守儿童在读书“几乎没有用”的选项上的比例要明显高于非留守儿童（见表40）。

表40　样本对读书功用的认知状况比较

单位：人，%

项目			对比组		总体
			留守儿童	非留守儿童	
读书有用吗	很有用	计数	689	350	1039
		对比组占比	86.1	87.5	86.6
		总数占比	57.4	29.2	86.6
	有点用	计数	96	47	143
		对比组占比	12.0	11.8	11.9
		总数占比	8.0	3.9	11.9
	几乎没有用	计数	15	3	18
		对比组占比	1.9	0.8	1.5
		总数占比	1.2	0.2	1.5
合计		计数	800	400	1200
		对比组占比	100.0	100.1	100.0
		总数占比	66.7	33.3	100.0

（十）交通和通信状况比较分析

1. 上学的交通方式

此次调查留守儿童和非留守儿童上学的主要交通方式，结果都显示为步行。选择“步行”的比例在各自组内都超过50%。但乘坐公交车和自家车接送的比例，非留守学生要高于留守学生。租车接送和乘坐校车在调查区域尚未普及，因此相对比例不具有明显统计意义（见表41）。

表41　样本上学的交通方式比较

单位：人，%

项目			对比组		总体
			留守儿童	非留守儿童	
上学方式	步行	计数	543	228	771
		对比组占比	68.8	58.9	65.6
		总数占比	46.2	19.4	65.6
	乘坐公交车	计数	65	45	110
		对比组占比	8.2	11.6	9.4
		总数占比	5.5	3.8	9.4
	乘坐校车	计数	13	12	25
		对比组占比	1.6	3.1	2.1
		总数占比	1.1	1.0	2.1
	租车接送	计数	28	6	34
		对比组占比	3.5	1.6	2.9
		总数占比	2.4	0.5	2.9
	自家车接送	计数	116	82	198
		对比组占比	14.7	21.2	16.8
		总数占比	9.9	7.0	16.9
	未上学	计数	1	1	2
		对比组占比	0.1	0.3	0.4
		总数占比	0.1	0.1	0.2
	其他	计数	23	13	36
		对比组占比	2.9	3.4	3.1
		总数占比	2.0	1.1	3.1
合计		计数	789	387	1176
		对比组占比	100.0	100.0	100.0
		总数占比	67.1	32.9	100.0

2. 上网比较

留守儿童和非留守儿童在上网问题上，都集中在“经常上网”和“偶尔上网”选项上。但留守儿童经常上网的比例要明显高于非留守儿童（见表42）。

表42　样本上网频率比较

单位：人，%

项目			对比组		合计
			留守儿童	非留守儿童	
上网	经常	计数	289	114	403
		对比组占比	36.1	28.5	33.6
		总数占比	24.1	9.5	33.6
	偶尔	计数	450	256	706
		对比组占比	56.2	64.0	58.8
		总数占比	37.5	21.3	58.8
	没有	计数	61	30	91
		对比组占比	7.6	7.5	7.6
		总数占比	5.1	2.5	7.6
合计		计数	800	400	1200
		对比组占比	100.0	100.0	100.0
		总数占比	66.7	33.3	100.0

（十一）极端行为或想法的比较分析

调查样本对五大极端行为的选择，虽然主要集中在“没有”上，但在“偶尔”和“经常”这两个选项上，留守儿童选择比例大多明显高于非留守儿童（见表43）。

表 43　样本极端行为比较

单位：人，%

项目		抽烟行为			喝酒行为			吸毒			自我身体伤害			欺负他人		
		对比组		合计	对比组		合计	对比组		合计	对比组		合计	对比组		合计
		留守儿童	非留守儿童		留守儿童	非留守儿童		留守儿童	非留守儿童		留守儿童	非留守儿童		留守儿童	非留守儿童	
经常	计数	4	1	5	4	2	6	1	0	1	8	2	10	7	3	10
	对比组占比	0.5	0.2	0.4	0.5	0.5	0.5	0.1	0.0	0.1	1.0	0.5	0.8	0.9	0.8	0.8
	总数占比	0.3	0.1	0.4	0.3	0.2	0.5	0.1	0.0	0.1	0.7	0.2	0.8	0.6	0.2	0.8
偶尔	计数	17	5	22	24	21	45	5	2	7	18	16	34	37	47	84
	对比组占比	2.1	1.2	1.8	3.0	5.2	3.8	0.6	0.5	0.6	2.2	4.0	2.8	4.6	11.8	7.0
	总数占比	1.4	0.4	1.8	2.0	1.8	3.8	0.4	0.2	0.6	1.5	1.3	2.8	3.1	3.9	7.0
没有	计数	779	394	1173	772	377	1149	794	398	1192	774	382	1156	756	350	1106
	对比组占比	97.4	98.5	97.8	96.5	94.2	95.8	99.2	99.5	99.3	96.8	95.5	192.3	94.5	87.5	92.2
	总数占比	64.9	32.8	97.8	64.3	31.4	95.8	66.2	33.2	99.3	64.5	31.8	96.3	63.0	29.2	92.2
合计	计数	800	400	1200	800	400	1200	800	400	1200	800	400	1200	800	400	1200
	对比组占比	100.0	100.0	100.0	100.0	100.0	100.0	100.0	100.0	100.0	100.0	100.0	100.0	100.0	100.1	100.0
	总数占比	66.7	33.3	100.0	66.7	33.3	100.0	66.7	33.3	100.0	66.7	33.3	100.0	66.7	33.3	100.0

（十二）留守儿童与父母沟通情况

1. 父亲外出务工时间及其沟通方式

在留守儿童专项统计上，父亲外出务工的时间集中在3～6个月、6～12个月、1～3年和3～5年等选项上；5年及以上的虽然不多，但比例也不可忽视（见表44）。

表44　留守儿童父亲外出务工时间分组统计

单位：人，%

项目	3个月左右	3～6个月	6～12个月	1～3年	3～5年	5～10年	10年以上	合计
计数	69	127	191	182	139	39	39	786
总数占比	8.8	16.2	24.3	23.2	17.7	5.0	5.0	100

留守儿童与父亲探亲见面的最常见频率为半年1次，打电话频率最常见的是每月1～3次和每周1次，没有发短信的情况较多，而网络视频的频率分布在每周1次、每周2次以上、每月1～3次上（见表45）。

表45　留守儿童与父亲沟通的方式及频率

单位：人，%

项目		探亲见面	电话	发短信	网络视频
没有	计数	142	48	365	146
	总数占比	18.1	6.1	46.5	18.6
半年1次	计数	440	42	15	14
	总数占比	56.0	5.3	1.9	1.8
每月1～3次	计数	143	266	123	197
	总数占比	18.2	33.8	15.7	25.1
每周1次	计数	43	262	157	259
	总数占比	5.5	33.3	20.0	33.0
每周2次以上	计数	18	168	125	170
	总数占比	2.3	21.4	15.9	21.6
合计	计数	786	786	785	786
	总数占比	100.00	100.00	100.00	100.00

2. 母亲外出务工时间及沟通方式

目前母亲外出务工的时间主要集中在6～12个月、1～3年和3～5年等选项上。母亲外出务工时间为10年以上的比例虽小，但牵涉的问题较多，因此不可忽视（见表46）。

表46 留守儿童母亲外出务工时间分组统计

单位：人，%

项目	3个月左右	3～6个月	6～12个月	1～3年	3～5年	5～10年	10年以上	合计
计数	79	81	174	254	141	28	34	791
总数占比	10.0	10.2	22.0	32.1	17.8	3.5	4.3	100

留守儿童与母亲探亲见面的最常见频率为半年1次，每月1～3次见面的比例也不少。打电话频率最常见的是每月1～3次和每周1次；没有发短信的情况较多，而网络视频的频率分布在每周1次、每周2次以上、每月1～3次等选项上（见表47）。

表47 留守儿童与母亲交流方式及频率统计

单位：人，%

项目		探亲见面	打电话	发短信	网络视频
没有	计数	138	67	340	126
	总数占比	17.5	8.5	43.1	16.0
半年1次	计数	435	57	22	16
	总数占比	55.1	7.2	2.8	2.0
每月1～3次	计数	151	272	167	213
	总数占比	19.1	34.5	21.2	27.0
每周1次	计数	39	243	166	277
	总数占比	4.9	30.8	21.0	35.1
每周2次以上	计数	26	150	94	157
	总数占比	3.3	19.0	11.9	19.9
合计	计数	789	789	789	789
	总数占比	100.0	100.0	100.0	100.0

3. 与父母团聚的方式和意愿

在“与父亲一起生活”“与母亲一起生活”“到父母工作地上学”“父母回来一起生活”等四个维度上，留守儿童选择“比较想”和“非常想”的比例都较高。但是，在“父母回来”还是“自己出去”这两个问题上，留守儿童之间选择差异较大。非常想“父母回来一起生活”的集中度较高，而到父母工作地上学的意愿的分散趋势较明显。当然，对“与父母一起生活”表现出“无所谓”和“从不想”的情况，也值得注意和反思（见表48）。

表48　留守儿童与父母团聚的方式及其意愿强烈程度

单位：人，%

项目		与父亲一起生活	与母亲一起生活	到父母工作地上学	父母回来一起生活
从不想	计数	100	101	162	45
	总数占比	12.7	12.9	20.4	5.6
偶尔想	计数	247	200	120	111
	总数占比	31.5	25.5	15.1	13.9
无所谓	计数	78	92	132	72
	总数占比	9.9	11.7	16.6	9.0
比较想	计数	164	148	181	184
	总数占比	20.9	18.9	22.7	23.1
非常想	计数	196	243	201	386
	总数占比	25.0	31.0	25.3	48.4
合计	计数	785	784	796	798
	总数占比	100.0	100.0	100.0	100.0

二　建议

通过多年的治理，四川省关爱留守儿童工作整体上取得了较好的成效，形成了不少可以推广的模式，如寄宿制学校模式、多平台整合模式、社区整合模式等。为进一步将留守儿童问题放在更大的未成年人保护的平台上整体解决，笔者结合调查分析得出的结论和发现的问题，提出如下建议。

（一）精准识别，树立科学的关爱保护理念

一是精准识别留守儿童。依据国务院对留守儿童概念的界定，明确统计口径，制定细化的统计指标体系，建立留守儿童登记建档、退出制度，及时准确地把握留守儿童总体情况和特殊需求。

二是科学认识留守儿童。准确、全面、客观地认识留守儿童群体，切忌以点带面、片面恶意渲染留守儿童中的极个别负面案例，贴上“问题儿童”标签，妖魔化留守儿童，要切实避免曲解和歧视留守儿童。

三是树立科学的关爱保护理念。开阔视野，协调、融合留守儿童与未成年人关爱保护工作。以切实注重、有效解决留守儿童的特殊需要为抓手，明确留守儿童及未成年人关爱保护的社会责任体系，树立为社会培育身心健康、人格健全、遵纪守法、敢于担当社会责任的合格人才的关爱保护理念。

四是进一步防止校园极端行为。重点监控校园五大极端行为——抽烟、喝酒、吸毒、自我身体伤害和欺负他人，积极发现留守儿童“情绪的极端表达”。

（二）统筹制定关爱保护工作总体规划

一是把握需求、理清重点难点。全面把握留守儿童、困境儿童及未成年人的特殊需要和一般需要，理清相关关爱保护政策的基本指向；理清开展关爱保护工作的基本思路、重点、难点。

二是制定关爱保护总体规划。依据留守儿童、困境儿童及未成年人的一般需求和开展关爱保护工作的重点难点，由民政部门牵头，统筹制定关爱保护工作总体规划，分类制定各类特殊儿童的帮扶保护兜底标准和普惠关爱保护范围，划分相关部门和单位的职责、工作任务，建立系统完善、分工明确、各尽其责、统筹运行的关爱保护制度和运行机制。

（三）加快家庭教育立法

一是家庭教育立法。尽快制定并颁布《四川省家庭教育促进条例》，依法构建留守儿童及未成年人家庭尽责、学校指导、社会参与和政府推进的教育和关爱法律责任体系与工作体系。

二是依法开展关爱保护工作。依据《中华人民共和国教育法》、《中华人民共和国未成年人保护法》和《四川省家庭教育促进条例》，建立法制化的留守儿童和未成年人关爱保护工作机制，系统、持久地开展关爱保护工作。

（四）整合资源，专业化常态化运作

一是整合资源，降低社会整体关爱保护成本。整合权属各部门、各单位涉及未成年人、青少年、留守儿童、妇女之家、公共文化服务等方面的教育基地、活动场所、关爱阵地，构建有规模、功能多、聚人气、高效用的未成年人关爱保护平台；新增项目，以整合平台为依托，有序布局拓展。

从家庭关系、作业辅导、家庭冲突的解决等角度分析，留守儿童存在的问题是综合的，而非单一的。因此，分板块、分主题、分时段的各种关爱保护阵地迫切需要整合增效。在整合的各种方式中，首先需要解决地域的分散、距离的阻隔。若能在县域（基础较好的地方可考虑乡镇整合）范围分点位将青少年宫、留守儿童之家、社区教育学校、青少年活动中心等原本较为分散的单元整合在一起，筹集并整合资金开展工作，将大大降低接送留守儿童的交通时间成本和经济成本，有利于实现常态化。

二是专业化、常态化运作，提升关爱保护水准。依托整合平台、总体规划，引入专业人才和力量，常态开展系统化多样化的关爱活动，提升现代公共服务水准。

（五）大力推行家庭教育社会化

一是扩大设立家长学校。民政部门联合教育局、妇女、团委、高校等单位设立家长学校，系统讲解家庭教育的理念、内容和方法；把家庭教育培训列为婚姻登记的前置条件，全面提升家长、看护人的现代家庭教育素质和技能。

二是整合人才资源，提升关爱品牌。妇女、团委、关工委等未成年人关爱单位协调整合各类教育基地、专业人才等资源，常态开展未成年人社会教育活动，特别是未成年人法制教育活动，营造持续的法制教育氛围。

三是积极推行家庭教育进社区、进家庭工程。妇女、团委、关工委等未成年人关爱单位协调社区，组织志愿者、社会组织等力量，在社区常态开展家庭教育宣传培训和未成年人关爱活动，广泛推行家庭教育科学化。

四是推动试点“家庭教育指导师”培训和认证。在条件成熟的点位，联合民政、就业与社会保障、教育、社区等与家庭教育相关的部门，推动“家庭教育指导师”的培训和认证。

（六）抓重点促普惠

一是抓关爱保护工作的主要问题，突出针对性和有效性。比如在有条件、有基础的地方推动寄宿制学校提质增效建设工作。根据调查，寄宿制有利于改善师生关系，增进学业发展，防止或者减少校园欺凌等恶性事件。另外，集体生活也有利于缓解留守儿童亲情缺失导致的孤独。事实上，调研中也发现了不少相关的成功案例，在总结提炼基础上可以作为推广的模式。

二是紧扣未成年人的基本需要和普遍问题，突出全局性和系统性，提升普惠程度。比如畅通社区投放服务的渠道，提升妇联在社区服务中的作用。从社会关系、冲突处理的方式、经常联系的人和知心话的倾诉对象等项目的调查中，发现留守儿童的社会融入意愿较低，非留守儿童的社会融入意愿也不理想。社区是儿童进入社会的必要中转站。调查者同时发现，不少社区已有的硬件设施达到较高水平，而社区的软环境营造尚待加强。不少地方社区高龄女性以闲聊打发时间，没有较好地组织起来以促进社区传承功能的发挥。有些地方尝试将女性组织起来，成立辖区儿童看护义工队，但支持不足，潜力还有待激发。

三是重点倾斜。对留守儿童重点地区，在政策上、资金项目安排上给予特殊支持。

四是建立对口帮扶机制。鼓励资源富集地区、社会资本帮扶留守儿童重点地区。

B.7

2019～2020年四川省社会工作者发展专项报告

蒋晨曦　黄熹微*

摘　要： 社会工作者是社会工作的灵魂，行业的发展依托人才的发展。近年来，四川省运用多种方式培养社会工作人才，壮大社会工作专业队伍。本报告梳理了四川省社会工作者发展的制度环境，从人才培养、评价、使用和激励保障体系说明当前四川省社会工作者的发展情况，分析了四川省社会工作发展存在的问题，为未来的进一步发展提出了政策建议。

关键词： 社会工作者　社会建设　四川

社会工作是一个助人自助的专业和职业，社会工作者即从事专业社会工作的人员。社会工作者作为社会工作的灵魂，承担着社会工作专业化、职业化、本土化的重任。四川省社会工作发轫于2004年，飞速发展于2008年，“5·12”汶川大地震发生后，在抗震救灾过程中全国经济、社会力量向四川省集聚，促进了四川本土的社会工作发展。

为适应社会经济和城镇化发展需要，四川省加快社会工作者队伍建设，以打造一支专业的社会工作人才队伍为目标。经过十余年的发展，四川省已

* 蒋晨曦，成都市社会组织社区和社工人才服务中心，中级社工师，研究方向为社会工作；黄熹微，硕士，四川省社会科学院社会学研究所助理研究员，中级社工师，研究方向为社会工作、社会治理。

经逐步建立起社会工作者的制度保障、培养、评价、激励和使用体系，初步实现了社会工作专业化、职业化和本土化。

一　四川省社会工作者发展现状

（一）发展制度保障

四川省委组织部等四部门于2017年印发了《四川省社会工作专业人才队伍建设“十三五”规划》。该《规划》以“社会工作人才总量快速增长、社会工作专业人才素质大幅提升、社会工作专业人才结构显著优化、社会工作专业人才效能充分发挥、社会工作专业人才载体不断拓展、社会工作专业人才环境切实改善”为主要目标，通过全面布局建立完善社会工作专业人才的培养、使用、评价和激励机制，为社会工作的发展创造良好环境。

2018年，为完善岗位开发和人才激励机制，四川省民政厅牵头印发《关于加强社会工作专业岗位开发与人才激励保障的实施意见》，指出“要以社会需求为导向，适应创新社会治理、激发社会活力的内在要求，以社会工作专业人才开发和规范为基础，以社会工作专业人才激励为重点，以制度建设为保障，不断扩大专业社会工作覆盖领域和服务范围，拓展职业发展空间，切实吸引和稳定广大社会工作专业人才长期投身于专业化的社会治理与服务，为推进国家治理体系和治理能力现代化提供有力支撑”。

在省级宏观政策的基础上，各地市州因地制宜制定人才开发培育的政策和制度。成都作为省会城市，在政策制度的制定上更具前瞻性和专业性。

2011年，成都市民政局联合18个部门印发《社会工作专业人才队伍中长期规划（2011～2020）》，指出要壮大社工专业人才队伍、优化社工专业人才结构、提升社工专业人才能力素质、改善社工专业人才发展环境。

2017年，成都市民政局会同18个部门联合印发《成都专业社会工作优秀人才遴选培养实施办法》，力图通过充分挖掘、开发、孵化培育本土专业社会工作人才资源，提升本土社会工作者的实务能力、管理能力、研究能力和督导能力，打造一支具有领军潜能、创新潜力的优秀专业社会工作人才队伍，推动社会工作专业化、职业化、本土化发展。

绵阳、德阳、达州等地，通过发布社工专业人才队伍建设“十三五”规划，明确“十三五”时期社工人才队伍建设目标和工作重点，绘制社会工作人才队伍建设的“蓝图”，以壮大队伍、优化结构、提升素质、增强效能、优化环境、搭建平台为目标，发挥社会工作者在社区工作、青少年事务、社会救助、特殊人群服务、救灾、老年社会工作等领域的作用。

遂宁市启动“专业社工2021倍增计划”，将社会工作人才队伍建设列入全市人才“六支队伍”补短板、强弱项重要工作，以强有力的保障措施推动社会工作专业发展。

达州市制定《关于加强社会工作专业人才队伍建设实施意见的通知》《关于加强社会工作岗位专业开发与人才激励保障的意见》，鼓励符合条件的人员参加全国社会工作者职业水平考试，着力提升工作人员运用社会工作价值观、理论与方法开展扶贫工作的能力。

（二）人才培养体系

1. 高校主导的专业教育

根据教育部高校专业设置目录的规定，社会工作类专业包含社会工作1个本科专业（学科门类属法学），以及社会工作、社区管理与服务、青少年工作与管理、社会福利事业管理、公共事务管理、民政管理、家政服务、老年服务与管理、社区康复、心理咨询等10个专科专业（属于公共事业大类）。四川省高校社会工作的专业设置布局以此为依据，总体布局良好。目前，四川省共有18所高校开设了社会工作本科专业，22所高校开设了社会工作、社区管理与服务、公共事务管理、家政服务、老年服务与管理和心理咨询等6个专科专业，4所中等职业学校开办了6个社工专业，有5所高校设有社会工作专业硕士点。以四川省社会工作专业硕士点的设置为例，2014年以前四川省社会工作专业硕士点只有四川大学与西南财经大学2所高校设置，每年能够培养的社会工作专业硕士研究生不足30名，2014年，四川省教育部门经过层层选拔在3所高校新增社会工作专业硕士点，分别是西华大学、西南石油大学、成都信息工程学院，这一举措有利于进一步完善四川省高校社会工作专业设置，进一步增强高素质社会工作专业人才培养力度。每年高校为四川省培育社会工作新生力量1300余人。①

2. 官方主导的专业社工培育

除高校开展社会工作专业教育外，各地政府为推进社会工作人才队伍建设，以增加社工人才存量、提高人才质量、优化人才结构、服务社会发展为目的开展社会工作培训。全省每年开展相关社会工作培训10万人次。

四川省民政厅依托省民政干部学校、四川大学、西南财经大学、西南石油大学和四川农业大学等高校，建立社工人才培育基地，广泛组织地方党政干部、社工管理服务人才等开展社工实务培训、继续教育、各类专题培训及社工知识普及培训，培训内容从理论到实操，涉及各个领域。

成都作为四川省社会工作发展的排头兵，由民政局牵头做好人才梯度培育。加强考前培训，针对社工员、助理社会工作师、社会工作师和高级社会工作师，进行分类施教；开展社会工作继续教育，完善“基础＋精专”线上线下教育课程体系；加强高层次社工人才培育，因地制宜开展高级实务人才、社工督导人才培育；组织高级研修班，赴北京、上海、广东、浙江等地进行交流学习。建立社工人才继续教育基地、社工人才孵化基地和实务实训基地，以及成都社工在线、成都社会组织和社工管理平台等社会工作者服务平台，通过线上与线下相结合、理论与实践相结合、实务探索和实务带教相结合的形式开展专业人才培育和继续教育，增加人才数量，提升人才质量。

遂宁市试图通过3年努力，实现专业社会工作“人才倍增、机构倍增、领域倍增、项目倍增、服务站点倍增”。巴中市通过招聘、培养、转化等方式培养基层精英社会工作者，计划到2020年，实现专职社会工作者在75个城市社区和25个贫困村全覆盖。

此外，四川省各地还建立共享机制。比如资阳市着眼解决社工人才队伍

① 数据来源：四川省民政厅。

总量小、社工专家人才缺乏等问题，以成资同城发展为契机，建立成资社会工作优势资源共享机制，通过共享人才、共享平台、共享资金，推进当地社会工作人才培养和社会工作发展。成都市民政局和德阳市民政局签署合作协议，成都市为德阳市建立并完善相关制度提供智力支持，开展专业服务指导和行业规范建设，推进社会工作项目督导和评估工作。

（三）职业评价体系

根据原人事部、民政部出台的《社会工作者职业水平评价暂行规定》（国人部发〔2006〕71 号），社会工作者职业水平评价分为助理社会工作师、社会工作师和高级社会工作师三个级别。自 2009 年起，四川省开展助理社工师、社会工作师职业水平考试，截至 2018 年底，全省共 17120 人通过社会工作者职业水平考试，持证人数居西部第一、全国第七。2019 年 11 月，高级社会工作师职业水平考试正式启动。2019 年高级社会工作师职业水平考试全国最高分出自四川省，四川省成绩合格并取得资格证书人员共 13 人①。

2014 年，成都市民政局启动社工员考试及考前培训工作。报名参加社工员考试的人员资格审查通过后，可获得社工员评定考前专业辅导培训账号和密码进行免费培训，完成培训并测试合格的报考人员取得准考证。截至 2019 年，成都市通过社工员考前专业辅导培训，并通过社工员考试的社会工作者共计 3266 人②。

当前，四川省建构起社工员、助理社工师、社会工作师和高级社工师的“基础 + 精尖”四级职业评价体系。

（四）人才使用体系

1. 开发社工岗位

2007 年，四川省组织实施了“社工人才百人计划”，通过开发民政系

① 数据来源：四川省人力资源和社会保障厅。

② 数据来源：成都市民政局。

统、基层社区的社工岗位，开发出四川省第一批本土化社工岗位。

2012 年下发的《四川省民政厅关于做好全省民政系统事业单位社会工作专业技术岗位聘用工作有关问题的通知》（川民发〔2012〕50 号），明确了民政系统事业单位可根据工作需要和岗位要求直接聘任具有社会工作职业资格的人员担任相应级别专业技术职务并提供相应级别待遇的政策。全省各地可采取招录、引进、转岗等方式，吸纳社会工作专业人才补充到机关事业单位中。截至目前，仅成都市民政局就已招录 110 人①。

全省各地根据基层工作实际需求，开发社区社工岗位。通过公开招聘、鼓励社区工作者参加社会工作职业资格评价和学历教育培训，吸纳和培养基层社区社会工作者。成都、德阳等地出台社区专职工作者管理办法，明确了社区专职工作者的岗位要求及进入、退出机制。

通过“社工＋志愿者”机制，吸引居民在全国志愿服务信息系统中注册志愿者，专业社工带领志愿者开展服务，不仅壮大了社工人才预备队伍，也为社会工作及其人才队伍建设打下坚实的群众基础。

2. 培育社会组织

社会工作专业社会组织是整合社会资源的重要渠道，是开展专业社会工作服务的重要阵地，也是吸纳和培养社工的重要载体。汶川地震灾区各级政府通过出台政策和提供帮扶，帮助参与灾害救助的社工机构生存下来。此外，四川省还通过政府引导、政策支持、资金扶持、专业帮扶等方式，孵化培育社会组织。成都公益组织服务园针对公益组织发展的阶段性需求，有针对性地提供场地支持、注册指导、专业辅导、能力培养、资讯转发、资源链接等服务，搭建与政府、企业、媒体、高校及社会组织的需求对接、沟通合作平台，探索出符合本土社会组织孵化的流程和模式。成都市锦江区改革社会组织管理体制，成立锦江区社会组织发展基金会、成都社会组织学院、锦江区社会组织服务中心，构建第三方监督机制，通过全方位的能力培育和监督管理为社会组织提供良好的发展环境。此外，德阳、乐山、绵阳、简阳等

---

① 数据来源：https：//baijiahao. baidu. com/s? id = 1628447968058995877&wfr = spider&for = pc。

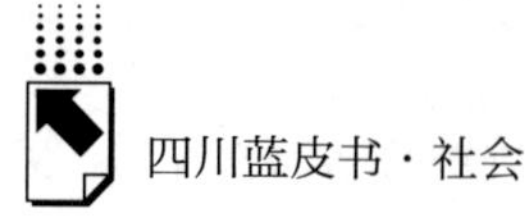

地建立起社会组织孵化基地；为推动专业社会工作发展，成都市民政局还拿出专项资金孵化培育社会工作专业社会组织。截至目前，四川省登记注册的社会组织共计 47151 家，其中民办社会工作机构共计 1099 家。

3. 购买社工服务

《四川省人民政府办公厅关于推进政府向社会力量购买服务工作的意见》鼓励“把政府直接向社会公众提供的一部分公共服务事项，按照一定方式和程序，交由具备条件的社会力量承担，并由政府根据服务数量和质量向其支付费用”，指明购买内容应突出“公共性和公益性”，重点在于社会管理服务事项，如社会救助、社会福利、社区事务、法律援助、社工服务、慈善救济、公益服务、人民调解、社区矫正、安置帮教、公共公益宣传和社会组织服务等领域适宜由社会力量承担的公共服务事项。

2013 年，四川省民政系统机关单位开始向民办社会工作机构、高校、科研机构征集社会工作服务项目①，利用福彩金和财政资金促进地方开展政府购买社工服务，以项目资金支持的方式带动各地资金投入社会工作服务中。在项目执行中，社会工作者发挥专业能力，开展项目管理、督导评估和实务服务，逐步拓宽服务领域，提升专业能力，规范操作流程，形成了具有本土化特色的社会工作服务和操作模式。

当前，四川社会工作者在高校、机关事业单位、基层社区和民办社会工作机构中，从事着社会工作理论研究、政策制定、行政管理和专业服务工作；在老人、妇女、儿童、青少年、残疾人、司法、医务、社会救助、精准扶贫等领域深耕细研，不断拓展专业的广度和深度；将社会工作专业服务嵌入城市化发展和农村基础设施建设中。

（五）激励保障体系

1. 保障社会工作者收入待遇

薪酬水平是社会工作者普遍关注的问题。根据《四川省民政厅关于做

① http：//mzzt. mca. gov. cn/article/sggzzsn/jlcl/201611/20161100887304. shtml。

好全省民政系统事业单位社会工作专业技术岗位聘用工作有关问题的通知》，取得初级社会工作师职业资格证书的社会工作者可以聘用到事业单位专业技术十二级、十一级岗位上；取得社会工作师职业资格证书的社会工作者可以聘用到事业单位专业技术十级到八级岗位上，并根据事业单位工资、绩效标准享受同等待遇。

为保障社区社会工作者收入待遇，成都市出台《成都市社区专职工作者职业化岗位薪酬体系指导意见》，明确了社区专职工作者的薪酬福利待遇。

为保障民办社会工作机构社会工作者收入待遇，成都市民政局下发的《关于促进民办社会工作服务机构健康有序发展实施意见》要求，“机构专职社会工作者平均薪酬待遇不应低于当地上年社会平均工资水平”，“政府购买社会工作服务项目经费预算中，用于支付所需工作人员的薪酬待遇、培训、社会保险等，应占项目经费的60%”。

此外，成都、德阳、绵阳等地还出台相关文件，对取得社会工作职业资格证书的人员进行奖励和补贴①。

2. 提升社工社会地位

为开展社会工作宣传，提高社会工作的知晓度，提升社会工作者的社会地位，四川各地社会工作者积极参与各种评优评先活动。在民政部举办的全国专业社会工作领军人才评选活动中，四川省先后有3名社会工作者被推选为全国专业社会工作领军人物②。截至目前，成都市开展了三届成都榜样“蓉城最美社工”评选活动，共评选出42名优秀社会工作专业实务人才③。蓉城最美社工通过线上投票和专业评审的方式进行评选，既展现了社会工作者专业的服务能力，又宣传带动了专业社会工作的发展。资阳市开展了本地

① 《聚是一团火　散作满天星　让大爱善举的光芒遍及天府之国——近年来四川省慈善事业、社会工作和志愿服务发展综述》，川观新闻，https：//cbgc. scol. com. cn/news/157537？from－related－news。

② 数据来源：民政部。

③ 数据来源：https：//cbgc. scol. com. cn/news/249996。

社会工作领军人才表彰活动。

各地也为高级社会工作人才提供政策支持，《成都市急需紧缺人才和高端人才目录》将“有高级社会工作师职业资格证书”列入 D 类人才要求中，在创业、住房、社会保障等方面予以支持和优惠政策。遂宁市将高层次社会工作专业人才培养纳入“遂州英才千人计划”，在十二个方面对入选者给予政策支持。

二　四川社会工作者发展存在的问题

（一）人才总量不足

按照每1000 人配备一名专业社会工作者的要求，拥有常住人口 8300 余万的四川省应建设一支 8.3 万人的专业社会工作者队伍。而当前四川省具有社会工作职业资格证书的人员约为 2.1 万，人才供需矛盾突出。成都及部分地市州，尤其是城市地区，因为良好的区位条件和较高的经济社会发展水平，集中了省内的多数高校、专业机构和专业人才。而更需要专业社工的农村地区，尤其是偏远艰苦地区却由于资金、政策、机制等原因，无法吸纳人才。

（二）人才培养和评价机制不健全

由于社会工作是一门舶来专业，本土理论、技能和实务经验不成熟，我国在开展社会工作者培养时依赖国外的理论、技能。而不论是高校的专业教育还是官方的专业培训，都侧重对理论的教育和经验的传授，但对于培养实务技能的实操培训却不够重视。这一方面暴露出我国社会工作起步晚，开展社会工作专业服务的人员少，实务技能、实操经验较少，服务专业性不足等问题；另一方面也说明由于四川省城镇化发展到了一个前所未有的水平，解决在社会经济发展和城市化过程中暴露出来的问题并无成熟的经验可循。

当前四川省执行的从社工员到高级社会工作师的评价机制，是一种宽泛的、基础的、准入式评价机制。而不论是从当前服务对象需求角度，还是从行业自身发展需要角度看，都需要更加细分、精准、可量化的评价机制。

（三）社会工作者岗位开发受制约

目前，四川省的社工岗位集中在民政系统和基层社区等部门，其他部门对社工岗位的认识开发不足，与之相对应的评价体系、薪酬标准难以落实，导致社工岗位开发设置滞后。社工职业职称体系不健全，尤其是民办社会工作机构，对岗位名称、职级升迁、职业生涯发展规划管理不规范、不明确。

三　社会工作者下一步发展建议

（一）修改完善政策制度

制定完善符合四川省实际情况的社会工作者培养、发展政策制度，及时修订过期或存在相互矛盾的制度文件。进一步完善对社会工作者的激励保障、岗位开发、人才使用、服务评估、指导监管等制度，为社会工作人才队伍建设提供更好的政策环境。

（二）加强资金支持

一是加强对事业单位、社区内社工岗位资金保障。二是通过专项资金支持、政府购买服务、孵化培育社会组织等形式，加强民办社会工作机构服务能力建设，保障社会工作者的收入水平，提升其服务能力和服务质量。

（三）进一步做好人才培养

一是加强校地合作，做好人才培养需求评估，培养满足实际需求的社工新生力量。二是完善培训体系，既要分层次分类别做好职业资格考前培训，又要做好理论与实操相结合的提升培训；既要做好实务人员的培训工作也要做好高级管理人员的培养工作。

（四）完善社会工作者评价体系

一是构建社会工作者绩效评价体系，量化社会工作者人力资本。二是制定社工项目督导、管理、评估相关制度。三是加快筹建行业协会专委会，分领域制定服务标准和人才标准，加强社会工作者自律评价。四是加强平台管理。利用各地社工协会和网络平台，做好人才储备管理，合理运用大数据对社会工作者的职业操守、实务数据、业务能力、继续教育等情况进行监督评估管理。

（五）加强示范引领

一是加强党建引领。做好基层社区党建和社会组织党建工作，党建引领社会工作服务，提升党员社工党性修养和专业能力。二是做好宣传工作。利用"国际社工日""国际社工周"做好行业宣传的同时，开展优秀人才选拔表彰，提高社会工作者社会认可度。三是开展专业社会工作服务示范地区、社区、单位、项目创建，编写示范工作指南。

参考文献

朱琳、万远英：《四川省高校社会工作专业人才培养的现状、困境及对策》，《攀枝花学院学报》（综合版）2015 年第 32 期。

章长城：《我国社会工作人才评价的制度探索》，《人力资源管理》2016 年第 12 期。

姚西印、游方、蔡志等：《社会工作者的人力资本评价体系初探》，《社会工作》2012 年第 1 期。

方舒：《职业社会工作者的专业标准与考核评价体系研究》，《社会工作月刊》2010 年第 3 期。

B.8

四川省智慧社区发展专项报告

金小琴　龙兴云*

摘　要：　智慧社区作为社会治理创新的一种新模式，不仅有利于提升社区服务质量，而且有利于提高社区治理效率。本研究结合四川智慧社区探索与实践，在分析其所面临的利益相关者协调难度大、社区居民参与度有待提高、对智慧社区认识模糊、智慧社区网络安全令人担忧等问题的基础上，提出智慧社区发展应注重政府的科学引导、注重居民的需求导向、注重专业的技术培训。

关键词：　智慧社区　社会治理　四川

一　引言

智慧社区一词来源于智慧城市概念，是对智慧城市发展的一种延伸。所谓智慧社区，是指通过借助移动互联网、物联网、大数据、云计算、人工智能等多种新一代的信息技术，为社区居民提供安全、舒适、便捷、高效的现代化、智慧化生活服务，从而形成基于信息化、智能化、人本化、协同化的社区治理模式[①]。由此可知，智慧社区是在新形势下社会治理创新的一种新

* 金小琴，四川省社会科学院社会学所助理研究员，主要研究方向为农村社会学；龙兴云，四川省社会科学院社会学所助理研究员，主要研究方向为家庭教育社会学、青少年发展。

① 邵丹华：《“互联网＋”背景下智慧社区治理研究》，华东政法大学硕士学位论文，2018。

的模式，也是一种面向未来的新型社区形态，实现了“互联网+社区”治理模式的升级。打造智慧社区，有利于整合社区资源，打破“信息孤岛”，打通社区服务“最后一公里”，从而增强社区居民对幸福生活的感知度和获得感。

近年来，全国各地逐步开展了智慧社区的试点工作，在智慧社区治理的实践与探索中，取得了一定的成效。然而，智慧社区在具体实施过程中还面临着运行与管理不规范、居民参与度不高、缺少专业的人才支撑及技术安全保障等问题。

二　政策梳理

自2013年以来，从中央到地方政府，都先后出台了各种政策文件支持并大力推进智慧社区建设。在中央层面，国家发改委、民政部、科技部、住房和城乡建设部、工信部等多个部门，从加强基层社会治理能力建设和治理方式创新的高度，提出将物联网、大数据等新一代信息技术广泛应用于智慧社区的建设，以实现社区服务的信息化和智能化。尤其是2014年5月，住房和城乡建设部出台的《智慧社区建设指南》，为智慧社区发展明确了方向和要求。四川省也积极响应，出台相应政策，以切实推动智慧社区的试点工作（见表1）。

表1　有关智慧社区的政策梳理

文件名称	发布时间	发布部门	主要内容
《国家高新技术产业开发区创新驱动战略提升行动实施方案》	2013年3月	科技部	提出要推进智能交通、智能电网、智能市政等智慧型基础设施建设；要推广物联网、云计算等信息技术在智慧社区、智能医疗、智能家居等服务领域广泛应用
《关于推进社区公共服务综合信息平台建设的指导意见》	2013年10月	民政部、发改委、财政部等部委	提出要为社区居民提供“一网式”“一线式”的综合服务

续表

文件名称	发布时间	发布部门	主要内容
《智慧社区建设指南》	2014 年 5 月	住房和城乡建设部	明确了智慧社区建设的指导思想和发展目标、评价指标体系、保障体系建设等内容
《关于促进智慧城市健康发展的指导意见》	2014 年 8 月	发改委、工信部、科技部、公安部等八部委	明确提出要创新智能建筑与智慧社区服务的模式
《关于开展养老服务和社区服务信息惠民工程试点工作的通知》	2014 年 10 月	民政部、发改委等六部委	明确指出完善智慧社区治理标准,并推进智慧社区试点建设工作
《城乡社区服务体系建设规划(2016 ~ 2020 年)》	2016 年 11 月	民政部、中央组织部、中央综治办等十余个部门	明确提出到 2020 年,基本形成网络连通、应用融合、信息共享、响应迅速的城乡社区服务信息化发展格局
《关于印发"十三五"国家信息化规划的通知》	2016 年 12 月	国务院	"推进智慧社区治理,完善城乡社区公共服务综合信息平台"。这是首次明确以推进智慧社区治理为社会治理的重要内容
《关于加强和完善城乡社区治理的意见》	2017 年 6 月	中共中央、国务院	提出到 2020 年,基本形成基层党组织领导、基层政府主导的多方参与、共同治理的城乡社区治理体系
《四川省智慧社区建设指南(试行)》	2015 年 1 月	四川省住房和城乡建设厅	明确智慧社区建设重点内容,建立智慧社区评估体系,为各地建设提供参考
《四川省智慧健康养老产业发展行动方案(2019 ~ 2022 年)》	2019 年 3 月	四川省经济和信息化厅、民政厅、卫生健康委	培育发展四川省智慧健康养老产业,促进信息消费增长
《关于加快推进数字经济发展的指导意见》	2019 年 8 月	四川省人民政府	提出深化智慧社区建设,其中包括"智慧 + 教育""智慧 + 医疗""智慧 + 文旅""智慧 + 交通物流"和"智慧 + 金融"等多个方面

三　探索与实践

（一）四川智慧社区发展回顾

按照住房和城乡建设部出台的《智慧社区建设指南》的要求，四川省于2015年1月正式印发了《四川省智慧社区建设指南（试行）》。2015年3月，四川省首批智慧社区建设试点社区名单出炉①，相关部门与各试点社区签订《智慧社区创建任务书》，双方约定了创建的主要目标、建设任务以及重点项目等内容，以确保智慧社区的有序推进②。根据《四川省智慧社区建设指导标准》，智慧社区建设内容主要包括基础设施建设、基础平台、智慧应用、智慧管理、保障体系等多级指标。

随着“智慧社区”概念的推广，智慧社区越来越受到各大互联网运营商及相关企业的追捧。2017年，成都市成为腾讯智慧社区首批落地城市之一，也是我国首批“宽带中国”示范城市之一。2018年10月，“天府市民云”App正式上线，开启了成都智慧服务的新时代，并成功入选“2019年中国网络理政十大创新案例”。中共四川省委于2019年12月6日通过的《关于深入贯彻党的十九届四中全会精神推进城乡基层治理制度创新和能力建设的决定》指出，实施“互联网+社区”行动计划，加快人工智能、大数据、5G、区块链等与社区治理和服务体系的深度融合，在有条件的地方积极推进智慧小区、智慧社区建设③。由此可见，智慧社区发展也将迎来规模性成熟的关键期。这为四川省持续推进智慧社区发展创造了良好的基础和条件。

---

① 四川省2015年首批智慧社区试点名单：攀枝花东区炳草岗街道办事处阳城社区、泸州龙马潭区红星街道大驿坝社区、纳溪区安富街道上坝社区、德阳什邡市冰川镇场镇社区、马祖镇京什社区、广安岳池县瑞鼎星都会小区、达州通川区东城凉水井社区、阿坝汶川县威州镇阳光社区、成都温江区柳城街办红光社区、成都温江区涌泉瑞泉馨城社区、雅安宝兴灵关镇毓秀社区。

② 熊筱伟、陈露耘：《温江“试”出衣食住行新生活》，《四川日报》2016年6月7日。

③ 彭波：《政府网络舆论引导与社会治理进入3.0时代》，《四川日报》2020年2月6日。

（二）典型案例

1. 攀枝花阳城社区的“社区+”模式[①]

阳城社区成立于2013年8月15日，隶属于攀枝花东区炳草岗街道，辖区面积4平方公里，划分34个网格，配备专职网格管理员34人，服务居民约2.1万户8万余人。

作为2015年“四川省智慧社区”首批试点单位之一，阳城社区以“社区+”的生态服务圈，建设和谐智慧社区。“社区+”是指“社区+智慧政务+智慧媒体+智慧群团（组织）+智慧工会+智慧党建+智慧网格+智慧物业+智慧商业”，让居民切实感受到足不出户即可享受到便捷的智慧政务服务。值得一提的是，阳城智慧社区在“社区+智慧商业”这一板块中，创建了“我de超市”微商城，切实让居民享受到了一键购物的便捷。

通过与联通、电信、移动、广电四大通信运营商合作，拓展智慧社区应用，在政府推进政务信息化建设和民生服务信息化工作的基础上，搭建起了智慧社区政务服务、社区服务、社会组织服务、企业服务的综合公共信息服务平台，为居民提供融合便利的社会服务和商业服务，创立了“党委领导、社区组织、公众参与、跨界联盟、多元共治”的“社区+”的智慧社区治理创新体系，探索出了一套“一核多元、协商共治”的社区治理模式。

2. 成华区打造“邻里指尖”智慧共同体[②]

成华区“守望新鸿”智慧社区建设和青龙街道“大联动·家空间”自治服务融合平台以“跨界融合”“跨系统融合”成功入选2019全国政法智能化建设创新案例。通过依托“守望新鸿”和“青龙街坊·家空间”这两个项目，成华区于2019年4月出台了《智慧社区建设三年实施方案》，提出以打造“邻里指尖”智慧共同体为目标[③]，并向全区推广其成功经验。

① 刘娇、陈茜：《“社区+”服务千万家》，《攀枝花日报》2015年11月18日。

② 《成都成华推广全面推进智慧社区建设　打造新型“邻里指尖”智慧共同体》，四川在线，https://sichuan.scol.com.cn/fffy/201904/56852255.html，2019年4月14日。

③ 《让“奢侈品”飞入寻常百姓家变“低价优质品”》，《华西都市报》2019年4月16日。

“守望新鸿”通过引入大数据理念，将“守望新鸿 App、社区网页、社区综合信息系统平台”等线上平台，与社区网格员、社工、草根社团、邻里义工汇、党员义工队等线下资源进行充分整合，推动了老旧社区率先步入智慧社区行列。“青龙街坊·家空间”智慧社区应用系统着力构建“30% 公共购买服务补血 +30% 商业置换服务造血 +30% 长虹、电信等产业服务输血 +10% 社区发展生血（社区基金）”的“3331”智慧社区运行机制，通过“一中心三平台”，努力实现与社区融合发展。

3. 金牛区打造“最智慧”养老服务体系①

金牛区人口的老龄化程度在成都市所有区（市、县）中比较高。近年来，金牛区积极主动从政策、资金、场地等多个方面着手，加快构建“最智慧”养老服务体系。通过与中国电信、天府市民云等单位合作，打造“孝行通智慧养老云平台”。以“一网覆盖”为统领，充分发挥信息化在提升养老服务质量方面的作用，将新一代信息技术与养老服务进行有效对接，实现了社区养老、机构养老、居家养老的互联互通，从而让老年人切实感受到了智慧社区带来的便利。由此，金牛区获得了第二批“全国智慧健康养老应用试点示范基地”称号（全国仅十家获此殊荣），辖下的晚霞养老服务中心也率先成为成都市首个智慧养老失智照护区。

（三）取得的成效

1. 提升了社区服务质量

智慧社区以服务社区居民为宗旨，从政务服务、物业服务、志愿服务、商业服务、培训学习、文体活动、医疗卫生、健康养老等多个方面，为社区居民提供便捷、优质、高效、智能服务，以满足社区居民的多样化、多层次发展需要，让社区居民增强了生活体验和获得感。

2. 提高了社区治理效率

传统社区治理主要依赖基层党组织与政府，管理方式较为落后，在新形

① 刘艳梅：《当社区发展治理遇上“智慧 +”》，《四川党的建设》2020 年第 1 期。

势下已无法满足广大人民群众日益增长的生活需求。智慧社区改变了传统社区治理模式，搭建了基层党组织、政府、社会组织等多主体协同工作的平台，通过互联网技术助力智慧社区治理，不仅实现了社区的全面智能化管理，而且让社区工作人员下基层了解社区情况更方便，随时随地都可以查阅、上传更新信息，极大提升了社区服务水平和管理效率。

四　问题及建议

（一）智慧社区建设面临的主要问题

1. 利益相关者协调难度大

智慧社区涉及的利益相关者主要包括政府、社区居民、社会组织、企事业单位等。由于牵涉面广，不同利益主体之间的沟通协调难度大。有的社区不同的应用软件由不同的运营商开发，每个应用软件都有自己的用户管理系统，很容易形成各自管理用户和业务的情况，最后成为一个个孤立、零散的“信息孤岛”，条块分割严重。由于没有形成统一领导、协调的工作机制，在一定程度上影响了智慧社区的高效运营。

2. 社区居民参与度有待提高

一方面，目前智慧社区的建设主要是依靠各级政府和基层社区的推动，而作为服务目标对象的社区居民，大部分还没有积极主动地参与到智慧社区建设中来①。另一方面，虽然社区居民的参与意愿较高，但参与能力有限。由于社区居民接受能力参差不齐，尤其是部分老旧社区的中老年人群体很难学会对电子设备和应用软件的操作，使智慧社区打造受阻。面对这一类人群，该如何开展智慧社区工作也是一大难点。

3. 对智慧社区认识模糊

在智慧社区建设的具体操作实践中，有的把智慧社区等同于多种技术叠

---

① 唐京华、孙宏伟：《我国智慧社区建设的政策选择》，《理论观察》2016 年第 7 期。

加的数字社区，有的将智慧社区建设当作“形象工程”应付了事，对智慧社区的认识和理解尚不到位，并未让社区居民切实体会到智慧社区建设所带来的便利。

4. 智慧社区网络安全令人担忧

智慧社区的相应软件投入使用后，各辖区内的部门、企业、居民的庞大数据必将涉及政府部门的保密信息、企业的商业机密以及居民的个人隐私。由于部分社区缺乏相应配套的安全监督管理服务，存在信息泄露风险，因而智慧社区的网络安全令人担忧。

（二）几点建议

1. 注重政府的科学引导

目前，我国的智慧社区建设尚处于起步阶段，缺乏必要的经验。因此，政府承担着重要的责任，也是协调各方利益关系的重要媒介。一方面，政府要承担起顶层设计的职责，通过制定科学合理的管理体制、运行机制、行业标准、评估体系、风险监控系统、违规处罚措施等，实现智慧社区管理的制度化和规范化①；另一方面，注重利益关系的协调，建立包括政府各部门、相关服务机构、社区、居民等多元主体的支持与合作机制，形成多方主体共同推进智慧社区稳步发展的合力。

2. 注重居民的需求导向

智慧社区建设的出发点和落脚点是满足社区居民日益增长的服务需求。因此，在智慧社区前期规划、具体筹建、运营过程中应该广泛征求居民意见，必须注重居民的需求导向。只有通过深入的调查和了解，才能精准地对接社区居民多层次、多样化、个性化的需求，才能让社区居民切实感受到智慧社区带来的改变。

3. 注重专业的技术培训

智慧社区是一项系统工程，不仅需要进行系统平台建设，还需要具有较

---

① 唐京华、孙宏伟：《我国智慧社区建设的政策选择》，《理论观察》2016 年第 7 期。

高专业技术与管理能力的运营团队。因此，要结合智慧社区的建设运营情况，对有关工作人员的基本技能进行培训，确保智慧社区安全、规范、有序、高效运行。

参考文献

姜晓萍、张璇：《智慧社区的关键问题：内涵、维度与质量标准》，《上海行政学院学报》2017 年第 11 期。

《成都市：推进智慧社区建设，打造“邻里指尖”智慧共同体》，成都文明网，http：//cd. wenming. cn/xcxx/ch/201904/t20190417_ 5802719. shtml，2019 年 4 月 17 日。

吴旭红、何瑞：《智慧社区建设中的行动者、利益互动与统合策略：基于扎根理论的探索性研究》，《甘肃行政学院学报》2019 年第 6 期。

典型案例篇

Case Studies

B.9 多元乡村治理体系中的志愿者参与实践

——以北川羌族自治县桃龙藏族乡为例

昝宝毅*

摘　要： 治理有效是乡村振兴的重要目标和保障，推进乡村治理体系和治理能力现代化是农村社会建设的大势所趋。在村民组织化程度、文化水平和专业技能相对较低，居民需求日益多样化、个性化的农村，如何激活社会力量参与乡村治理？如何发动在农村最有示范效应的志愿者参与乡村治理？北川羌族自治县桃龙藏族乡创新探索实践了嵌入式吸纳志愿者参与社会治理的模式，具有普遍推广价值。

* 昝宝毅，四川省社会科学院禹羌文化研究所副所长，研究方向为旅游社会学、青少年犯罪、青少年教育。

关键词： 乡村治理 乡村振兴 志愿者 社会组织 北川羌族自治县

进入新时代，为了适应新时代中国特色社会主义主要矛盾新变化的需要，党的十九大报告进一步强调了社会治理“党委领导、政府负责、社会协调、公众参与、法制保障”的五位一体思路；明确提出要“打造共建共治共享的社会治理格局”，“加强社区治理体系建设，推动社会治理重心向基层下移，发挥社会组织作用，实现政府治理和社会调节、居民自治良性互动”。

党的十九大开启了中国社会治理共建共治共享的新格局，如何更有效地推进社会治理体系和治理能力现代化，已成为全社会共同探索的实践课题。

为了深入贯彻落实党的十九大会议精神，有效推进乡域社会治理体系和治理能力现代化，更好地满足人民群众日益增长的个性化、多样化、差异化需求，夯实党的执政基础，建设共建共治共享的和谐社会，桃龙藏族乡党委和政府认真领会中央精神、紧密结合本乡实情和中心工作，创新、务实地探索实践了嵌入式吸纳志愿者参与社会治理的模式。

一 北川桃龙藏族乡基本情况

桃龙藏族乡隶属四川省北川羌族自治县，是该县唯一的藏族乡，乡域有14个民族的居民，是典型的多民族杂居地区。该乡辖6个行政村、35个村民小组、1个街道居民委员会。2018年，该乡总计981户、3298人；其中农业人口842户、2807人，占总人口的85.11%；非农业人口139户、491人，占总人口的14.89%。

桃龙藏族乡有一个党委，下设8个党支部，2019年底，共有党员215人。2019年底，全乡注册志愿者483人，志愿者年龄结构：40岁以下的有71人，占14.7%；40~59岁的有379人，占78.5%；60岁及以上的有33

人，占6.8%。志愿者政治面貌：中共党员114人，占23.6%；群众369人，占76.4%。志愿者职业：党政机关、站所、学校干部职工37人，占总数的7.7%；农村居民注册志愿者446人，占总数的92.3%。农村居民中，尚有上百名志愿者参与志愿服务，但没有注册。

二　探索实践

面对居民日益增长的个性化、多样化、小众化的物质和精神需求（特别是精神需求），面对打造多元参与、共建共治共享社会治理的新格局，桃龙乡党委、政府依据本乡实情，以建设新时代精神文明实践所（站）为切入点，创新探索嵌入式模式，积极引导志愿者参与社会治理工作。其主要做法如下。

（一）赋责赋能　推行志愿者组织化

志愿者组织化包括自我组织化和社会协商组织化。

1. 自我组织化

志愿者都是分属于社会各阶层的个体，自愿开展志愿服务是其自我的需要，在最初的阶段，志愿服务往往是自发的、自觉的个体行为。个体自身的技能和志愿服务偏好，制约着其参与自愿服务的领域，因而志愿服务受众和服务水平受到极大的限制，志愿者个体的价值实现也受到极大的限制。为了实现志愿服务价值和社会效益的最大化，2016年，桃龙乡志愿者依法建立了桃龙藏族乡志愿服务队，建立了相应的组织机构、制定了志愿者章程和相应的管理制度，实现了自我组织化。

2. 社会协商组织化

自我组织化是志愿者自身的组织化，志愿者在其基本的属性上是独立的主体，具有最原真的自愿性。自我组织化整合了志愿者的资源，集结了较强的服务力量，拓展了志愿服务的领域，提升了志愿服务的能力。但志愿组织依靠自主独立运行依然不能更广泛、更深入地参与社会公共服务和社会治理的领域，受自身资源和社会权利的限制，其延续性和长久性面临巨大的挑战。为了充分发挥志愿者组织积极的社会作用，开创共建共治共享的社会治理格局，2019 年，桃龙乡党委、政府以创建新时代精神文明实践所（站）为契机和结合点，引入志愿者组织，参与社会治理，对志愿者组织实行了嵌入式的社会协商组织化，成立了以乡党委书记为所长、乡长为副所长、乡党委成员及各村（社区）党支部书记为成员的新时代精神文明实践所，实践所以志愿者为主体，以志愿服务为活动方式，志愿者组织被赋予更深层、更广泛的社会治理职能。

（二）分区分类　打造服务队伍

桃龙乡志愿者组织的结构为 1 +7 +9 模式。

1. 1支队伍

通过整合全乡志愿者资源，成立了桃龙藏族乡志愿服务队。志愿服务队负责人由乡党政负责人担任。乡域机关、学校、医院等政府职能部门、站所负责人为志愿服务队领导成员，乡域注册志愿者为志愿服务队队员，非注册志愿者参与志愿者活动，等同志愿服务队队员。

2. 7个志愿服务小分队

志愿服务队按照 6 社 1 社区的行政区划，分别建立志愿服务小分队，负责本区域内志愿者管理和志愿服务工作开展。

3. 9个特色志愿服务小分队

志愿服务队依据志愿者自身的技能、专长和兴趣，按照志愿服务队的职能和服务领域，设置了 9 个特色志愿服务小分队，以提升专业对口的志愿服务能力。9 个特色小分队分工如下。

宣传宣讲志愿服务队：承担党和国家的方针政策、法律法规等宣传宣讲职能。医疗志愿服务队：组织协调医疗人员开展免费体检、义诊、健康知识宣传等志愿服务活动，开展特殊困难群体上门诊疗服务。教育志愿服务队：组织协调教师、大学生送教上门，开展社会主义核心价值观、爱国主义教育，留守儿童及未成年人关爱保护等志愿服务活动。科技志愿服务队：组织协调技术专家、致富能手、返乡创业农民工开展科学技术、农业种养殖技术等志愿培训服务。文艺志愿服务队：动员组织乡域文艺骨干开展文艺培训，文体节目编排和文娱活动。生态环保志愿服务队：组织环保业务骨干、党员、群众开展农村环境综合整治、人居环境美化提升、环保知识宣传等志愿服务活动。新乡贤志愿服务队：组织新乡贤开展为桃龙经济社会发展建言献策、提供发展支持等志愿服务活动。高校志愿者服务队：对接高等院校，组织师生开展藏族语言、舞蹈、民族文化传承等培训宣传志愿服务活动。社会爱心团体志愿服务队：对接爱心协会、团体，开展扶贫济困、留守儿童、困境儿童关爱保护等志愿服务活动。

（三）整合资源　构建志愿服务平台

组织化的志愿服务开展有别于志愿者个性化的自愿服务，需要规模化、专业化的服务平台，这也是志愿服务专业化、精准化、规模化的需要。服务平台的打造依据服务内容和受众的需要而定，按专业、特色分类，统筹协调运行。

1. 理论宣讲平台

整合乡党委党员活动室、日间照料中心、村（社区）组织活动室等场所，组织协调有理论基础、宣讲能力的专家学者、党员干部、先进模范等人士，打造理论政策宣讲“直通车”。

2. 教育服务平台

整合乡小学、道德法治评议堂等场所和平台组织协调专业人士、新乡贤、先进分子，打造开放、共享的自然生态环境、道德法制、文明礼仪等教育平台。

3. 文化服务平台

整合乡藏羌文化展览馆、文化站、村级文化活动室等场所，动员组织群众开展各类文化娱乐活动，打造群众性文化娱乐平台。

4. 科技服务平台

整合乡农技服务站点、乡村农家书屋、农民夜校等场所，打造科技宣传培训、农技教育培训服务平台。

5. 体育健身服务平台

整合乡小学运动场、乡村文化活动广场等场所，动员组织群众参与全民健身运动，打造体育健身服务平台。

（四）核心引领　建立协商共治机制

桃龙乡党委、政府依据“五位一体”的治理思路，嵌入志愿者力量，协商共治，建立了相应的运行机制。

1. 联席会议制度

乡党委联系协调乡卫生院、桃龙小学、畜牧站、村（社区）、志愿服务队等单位和组织，整合资源、统筹规划、协商分工、各展所长、各尽其责、凝聚合力。

2. 协调运行机制

志愿服务工作以村（社区）为基点，各志愿服务小分队依据全乡协商分工计划，结合区域实际情况，常态化开展自愿服务，定期上报工作开展情况和拟开展志愿服务项目。

3. 志愿服务积分激励机制

建立志愿服务积分登记制度，根据服务时长、服务项目类型等因子，量化志愿者参与的志愿服务。志愿者服务积分是评先树优的依据。同时志愿者服务积分可兑换物质奖励。

4. 志愿者利益保障机制

自愿服务队为每名志愿者购买了人身意外保险。与信用社等金融部门衔接，将志愿者参与志愿服务业绩与个人信用挂钩，享受贷款优惠等金融服务。

（五）按需归类　规划发布志愿服务项目

1. 志愿服务领域

志愿服务队建立后，针对本乡公共服务规划和居民的实际需求，按需归类，以主题活动方式，有组织、有计划地常态化开展志愿服务。主要的参与领域如下。

①“邻里守望、爱在身边”主题志愿服务。针对空巢老人、残疾人、留守（流动）儿童、农民工、失地农民等特殊困难人群开展关爱帮扶志愿服务。②“关爱自然、你我同行”主题志愿服务。针对全乡居民开展保护河流森林、爱鸟护鸟、垃圾分类、环境保洁等方面的宣传教育志愿服务活动。③“牢记宗旨、服务人民”主题志愿服务。围绕技能培训、创业指导、帮教助学、法律援助、环境治理、治安巡逻、文化宣传、医疗保健、民事调解、职工维权等民生项目开展志愿服务。④“关注农村、服务农民”主题志愿服务。以帮农、助农志愿服务方式，定期与不定期深入田间地头、农户农家开展农业科技咨询、生产性技术指导等志愿服务。⑤“关爱生命，文明出行”主题志愿服务。“倡导六大文明交通行为”“摒弃六大交通陋习”“抵制六大危险驾驶行为”“完善六类道路安全及管理设施”。⑥传统节日及重大节庆、重要活动主题志愿服务。组织开展庆典接待、安全、卫生、交通疏导等保障性志愿服务。⑦植绿美化志愿服务。组织开展公共区域、交通道路两边、房前屋后、河滩荒山的花草树木栽植、养护等志愿服务。⑧清洁城乡志愿服务。组织开展农家农舍、公共活动场所、重点污染区域和源头的环境卫生整治、维护志愿服务。⑨抢险救灾应急志愿服务。针对自然灾害和突发公共卫生安全事件，开展抢险救灾和应急救护志愿服务。

2. 前瞻发布志愿服务项目

志愿服务项目设定来自两方面：一是各志愿服务小分队，依据本区域内居民的实际需要，汇集上报确立；二是乡党委、政府依据全乡居民的公共服务需要，统筹设立。志愿服务项目设立后，由乡政府和乡志愿服务队统筹安排，分区分类发布给各志愿服务小分队和特色小分队，小分队按计划组织实施。一般志愿服务项目的发布在时间进度上具有超前性和计划性。突发性志愿服务项目，按应急反应级别，快速启动。

桃龙的志愿者和志愿服务在推行组织化特别是嵌入式组织化以来，深度参与社会治理，志愿服务领域进一步扩展、志愿服务能力进一步强化，志愿服务专业化、精准化、智能化水平不断提升，自愿服务的受众成倍增加，有力、有效地推进了桃龙乡的社会治理工作，为实现志愿者的价值、创建共建共治共享的和谐社会做出了实实在在的贡献，受到了居民的好评和省市县政府有关部门的多次表彰。

三　探讨与结论

吸纳志愿者深度参与社会治理是一种有益的尝试，相关的问题值得讨论。

（一）探讨

1. 主体地位与治理体系中结构地位

志愿者是志愿服务生产者和供应者。在自发、自觉的志愿服务阶段，志愿者提供志愿服务完全依靠自我的爱好、需求和价值选择自发行动，志愿者具有完全的自我主体地位和权利。进入组织化阶段，志愿者必须遵从志愿者组织的规则，个体的志愿变成了志愿者组织的集合志愿，既代表了多数志愿者的意愿，也忽略了少数志愿者的意愿，产生了一定的异化。在来自非志愿者组织以外的自愿服务中，志愿者个体的自愿意愿只代表一种态度和服从的取向，组织的意愿和外来服务需求者的意愿集合往往成为主流的强势意愿，个体服从组织，具有较强的异化性质。

在嵌入式深度参与社会治理的阶段，志愿者组织涉及与党委、政府、社会其他方面和服务对象的合作与协商，志愿者组织脱离了单纯的自愿意愿，合作协商的意愿替代了纯粹的自我意愿，志愿者个体和志愿者组织的自我意愿发生了较大的异化，自我意愿趋向态度化和价值取向化，志愿服务行为被赋予更广泛、更深刻的社会价值，从单纯的自愿行为转变为一种富有社会责任和受权力制约的社会行为。这种转变既是志愿者组织化的结果，也是多元社会治理体系中，公共服务生产、供应和需求方多方合作协商的产物。嵌入多元的社会治理体系，志愿者组织不再是纯粹的自愿服务生产者和提供者，而是被赋予调节社会关系、平衡社会利益、维护社会秩序等责任的行动者，获得了参与社会治理的协商主体地位。自愿、合作、协商成为一种结构式的运行规则。

2. 辅助功能与主体功能

自发的志愿服务具有散、小、灵、快的特点，以个体的点对点方式实现志愿服务的供给，小规模、随意的个体志愿服务，在服务内容、领域、对象等方面都体现出不确定性，持续性和公共性较低。从社会层面上讲，志愿者和志愿者组织的服务功能不具有普遍的公共性，而且规模有限，是社会公共服务的补充，仅具有辅助功能。

步入组织化特别是嵌入社会治理体系后，志愿者组织确立了结构性的协商主体地位。志愿服务的开展要依据社会治理系统的需要，统筹、有计划、有序、持续地进行。规模化、专业化、精准化的要求规范提升了志愿者组织的服务技能和能力。协商确定的志愿服务内容、领域和对象具有普遍的社会公共性，志愿服务的供给更具有组织性和前瞻性，因而，志愿者和志愿者组织的服务功能具有社会公共性，属主体功能。

3. 志愿服务成本与收益

志愿服务在本质上是一种爱心奉献，不是一种市场交易行为，具有不计成本、不营利的特质。但志愿服务的生产和供给实现，特别是组织化的志愿服务供给实现，必然会产生一定的成本，不论是志愿者个体还是志愿者组织，成本的增加和回收都将影响其志愿服务的延续性和持久性。

个体志愿者的服务成本和收益平衡依靠个体的志愿需要和价值满足来实现。志愿者组织的成本收益，仅仅依靠组织内部的资源整合统筹、组织和个体的需要、价值满足来平衡，往往难以为继。在社会治理体系中，志愿服务成本和收益的平衡，需要与党政、社会力量和服务对象的协商，必要的资源支持、激励奖励补偿、社会价值认同和肯定均具有现实的意义。

4. 志愿者组织的组织化和本土化

志愿者属于居民并来自居民，与本地居民具有亲切感，能够精准地开展志愿服务，获得社会认同，取得积极的成效；志愿者与服务对象的近距离接触可以有效地降低服务成本；这是本土志愿者的优势。但其劣势同样显著：服务领域窄，服务内容单一，服务规模小，专业化、公共性较低。

要充分发挥志愿者参与社会治理的积极作用，构建多元参与、共建共治共享的社会治理格局，就需要广泛地动员和组织志愿者，整合志愿者资源，以组织化的方式提升志愿者的专业服务技能，拓展服务领域、扩大服务受众规模，并赋予其参与社会治理的主体职能和权益。同时，要利用本土志愿者的天然优势，有计划地培育孵化本土化的志愿者组织。

（二）结论

桃龙藏族乡以嵌入式模式引导志愿者深度参与社会治理，是一种有益的尝试，发挥党政的领导和主责职能、协调社会和居民力量，通过志愿者组织化、志愿服务队伍、志愿服务平台建设、运行机制建设、保障措施落实等系统的培育，赋予志愿者参与社会治理的协商主体地位和权益，构建了共建共治共享的社会治理格局。

嵌入式引导志愿者参与社会治理，以组织化的方式赋予志愿者在多元治理体系中的协商主体地位和权益，发挥了志愿者的主体治理功能，强化了志愿者参与社会治理的公共性，实现了志愿服务的广泛社会认同和社会价值提升，本土化和激励补偿机制的建立，保障了志愿服务的持续性。

从总体上讲，志愿者嵌入式参与社会治理的模式是符合农村特点和实际情况的一种模式，具有普遍的价值。但应该注意的是，嵌入式引导必须把握好志愿服务志愿性异化的度，把握好志愿者组织对政府的依附度。

B.10

重大疫情对社区发展治理的影响及应对策略

——以成都华阳街道为例

李 羚 郑钧蔚*

摘 要： 提升社区发展治理有效性是当前加强新冠肺炎疫情防控与推进经济社会发展的关键。总体来说，社区治理成为促进社区疫情防控的重要优势，不仅为防疫提供了组织体系、干部队伍，还为社区提供了社会资本，促进了社区防疫的效能，也拓展了社区发展的新领域和新需求。社区发展治理如何适应城市治理公共性、人民性和精细化新需求？关键在于建立以人民为中心的社会治理体系；完善街道（乡镇）党建引领社区协同治理新机制；促进社区共同体社会网络建设；加快城市社区治理专业人才发展。

关键词： 新冠肺炎疫情 社区治理 社区共同体 成都华阳街道

提升社区发展治理有效性是当前加强新冠肺炎疫情防控与推进经济社会发展的关键。随着疫情防控逐渐下沉至社区，人们开始关注社区治理在疫情防控中的作用发挥。此次抗疫最大的特点是，社区成为联防联控的主战场。

* 李羚，硕士，四川省社会科学院社会学研究所研究员，研究方向为政治社会学；郑钧蔚，硕士，四川省社会科学院毛泽东思想研究所实习研究员，研究方向为政治学。

从疫情的区域看，有疫区和非疫区之别；从防控发展过程看，我们经历了全面封城、动员式防控、常态化防控；从疫情程度看，有高风险区、中风险区、低风险区。在这次抗击新冠肺炎疫情中，社区发展治理体系在组织动员党员干部、推动多元主体参与、及时回应群众诉求等方面发挥了重要作用。总体来说，社区治理成为促进社区防控的重要优势，不仅为防疫提供了组织体系、干部队伍，还提供了社区社会资本，促进了社区防疫的效能，也拓展了社区治理的新领域和新需求。

一　新冠肺炎疫情对社区治理的深刻影响

随着2020年春节前夕湖北武汉新冠肺炎疫情的集中暴发，一场全国的疫情阻击战打响了。各地纷纷启动了一级响应，在国家、各省（区、市）、各部门联防联控，各地区驰援武汉的同时，基层社区疫情防控成为阻断疫情传播的重点。从这次社区疫情防控实践来看，从生活到防疫，从物质到心理，从时间到空间，社区成为全民疫情阻击战的主阵地。这意味着以基层治理为基础的国家治理体系和治理能力现代化的战略是有预见性的。2016年3月，习近平总书记参加全国两会上海代表团审议时强调，基层是一切工作的落脚点，社会治理的重心必须落实到城乡、社区，这标志着上海社会治理创新示范引领全国各地实践。2018年11月，习近平总书记在上海考察时再次强调，城市治理的“最后一公里”就在社区。随后，中共中央、国务院出台《加强和完善城乡社区治理的实施意见》，全面推动城乡社区治理法治化、精细化、组织化、多元化，由此城乡社区成为基层社会治理的重点。这些重要论述，充分体现了习近平总书记对基层治理的高度重视，抓住了社会治理的关键环节，是我们推进社会治理的根本遵循。此次疫情对社区治理带来了深刻影响。从实践来看，我们认为发生了四个深刻变化。

首先，社区受到前所未有的重视，社区防控是中国抗疫过程中理念和方式的创新。建设社区共同体，社区具有基础性、关键性地位。成都4357个社区（村），就是4357个疫情阻击“阵地”。社区党委作为社区联防联控的一线“战斗部”，积极承担主要责任，推动社区股份合作公司、社会工作组织、物业公司、楼栋长等各方面力量有效整合，科学调配各种资源，切实抓好排查、劝导、隔离，核实住户情况，为隔离家庭配送生活必需品等各项防控工作。疫情中的封闭管理和居家生活，让居民对社区的依赖更强。居民通过办理出入证、健康证等各项事务加强了与社区的联系。疫情使社区与广大居民联结成共同体。

其次，社区多主体协作共治得到前所未有的彰显。在重大疫情面前，从封城到常态化防控，各种防控措施对社区的人力、空间、资源和动员机制都是巨大的考验。成都涌现出的红旗商场和小区物业管理公司等主体成为社区防控必不可少的有机体。据报道，疫情发生后，四川省 7633 家物业服务企业 45.3 万名物业人第一时间响应省委省政府号召部署，投身到抗疫一线，成为落实社区疫情防控责任的重要力量。截至 2020 年 3 月 5 日，全省物业服务行业完成 2.6 万个小区和 345.1 万外来人员的排查任务，设置废弃口罩专用回收桶 10.7 万个，累计消杀面积 51.9 亿平方米，为做好社区防控工作发挥了重要作用。作为这场重大疫情的见证者和亲历者，人们增强了发展生活性服务业、建设高品质和谐宜居生活城市的思想自觉和行动自觉，为切实做好各项防控工作发挥保供稳价作用，为社区群众居家隔离生活秩序提供了思想支撑和物质保障。四川“三社联动”社会治理体系得到巩固和发展并进入了新发展阶段，标志着企业参与社区发展治理为社区联动防控提供了坚实的基础。

再次，实现了社区治理“三治”机制融合的突破。以往社区治理最大的难点是群众参与不足。此次疫情与以往疫情最大的不同是，具有较强的传染性，封城、封路、封小区是阻隔病毒的关键防线。社区是外防输入、内防扩散的第一关口。家庭成为自我防疫的重要关口。戴口罩、讲卫生、不聚集、少出门，成为家庭防疫的重要举措。以家庭为主体的主动防疫，依法防疫，为他人健康自律行动，既是最大限度地动员群众，也是践行社区治理自治德治法治融合的集中体现。它涉及公共利益与个人利益之间的平衡，也涉及尊重他人生命权与守护家人的责任平衡。家庭隔离为社区防疫取得成效发挥了关键作用。

最后，青年社会组织和志愿者队伍融入社区工作得到了强化。这一次社区联防治理中一个突出的现象是社会组织和志愿者成为社区防疫的重要力量。青年成为抗疫一线的主力军，不怕苦、不怕牺牲。从志愿者参与此次疫情救援情况来看，志愿者参与程度之深、覆盖范围之广前所未有。就年龄层次而言，志愿者包括大专院校学生、员工、退休人员等；就志愿者所在组织而言，有共青团等官方组织，有 NGO，有社会组织，也有自发形成的志愿者团体；就志愿者提供的服务而言，包括远程线上指导、小程序等协助工具开发，当地一线物资运送等；就志愿者所援助的群体而言，有重症患者、一线医护人员、留守老人、怀孕母亲等群体。总体而言，志愿者参与抗疫救援的人数众多，参与形式多样，覆盖群体广泛，发挥了公民参与的力量，成为弥补政府力量不足的重要支撑，促进基层应急体系的秩序化和常态化。①

二　华阳街道的社区发展治理实践和发展短板

经过两个多月的抗疫奋战，中国的抗疫阻击战已经由“遏制阶段”走向“缓疫阶段”。经过全国上下和广大人民群众的艰苦努力，疫情防控取得阶段性重要胜利，经济社会秩序快速恢复。从理论上来说，这是党的十八届三中全会以来推进国家治理体系和治理能力现代化战略的结果。从实践上看，各地创新党建引领城乡社区发展治理建设高品质和谐宜居生活社区的行动成效显著。中国—世界卫生组织新冠肺炎联合专家组到成都考察时，对成都联防联控、群防群控等工作给予了充分肯定和高度评价，认为成都“组织动员力强、执行力好”。社区治理体系和治理能力不断完善提升为社区正确应对突发重大公共卫生事件打下了坚实的基础。成都天府新区华阳街道就是一个生动的例子。华阳街道在全面城市化进程中，积极应对城市社会关系的变化，通过增强社区党委的组织动员能力、完善社区治理体系、培育和发展多元参与主体、凸显居民在社区自治中的主体地位等一系列举措，调适社

① 正荣公益基金会：《应对新冠疫情，中国志愿者参与救援的模式梳理与反思》，2020 年 4 月。

区各主体关系，构建起高品质美丽宜居和谐共治的社区生活共同体，同时也对坚决打赢疫情防控阻击战和外防输入、内防反弹起到关键性作用，是新时代社区发展治理需要研究的样本。

华阳行政建制经历了从县治到乡镇再到城市街道的演变历程。目前，华阳街道面积38.5平方公里，建成区近32平方公里，综合城市化率达85%。在城镇化到城市化进程中，治理单元从传统建制村变成了城市新型社区。2015年实施社区建制调整，华阳由原18个社区增加到28个社区，社区平均面积由原来的2.1平方公里/个，缩小到现在的1.38平方公里/个，社区服务人口由原来的平均2.71万/个，缩小到现在的1.74万/个。截至目前，城市总人口约55万，达到了一个中等城市的人口规模。伴随国家级新区建设与发展和快速城市化，各类人群迅速集聚，各种问题迅速叠加。2017年共受理市民热线2.5万余个，总量约占新区13个镇（街）的60%。华阳社区治理面临“市民诉求多元化、服务要求高、矛盾纠纷多、历史遗留问题复杂”的现状。城市发展要求有与之相适应的社区治理新思路。划转新区以来，华阳街道面对基层基础薄弱、发展任务重、矛盾纠纷多、服务对象多等现状，聚焦公园城市建设重大战略发展任务，紧紧围绕建设高品质和谐宜居生活社区目标，并结合社区发展治理“五大行动”三年规划，聚焦老旧院落改造、特色街区打造、平安社区建设、社区服务提升等行动计划，着力强化社区党组织、居委会以及环境和物业治理专委会，搭建多元化参与平台。华阳街道先后探索实施了“1+4+3”基层治理机制、“五线社区工作法”、“五邻社区营造法”等在全省、全市、全新区有示范性的创新做法，为全面体现新发展理念的公园城市社区发展治理提供了华阳实践样本。

华阳街道主要做了四件事：第一，以城市规划为引领，强化社区城市生活功能和服务体系建构。根据社区规模和人口服务数量，以社区价值尺度和人性尺度为指引，以社区的舒适度、安全度、可识别度、人文温度“四度”为标准，切实推动社区服务体系建设，围绕打造社区“15分钟便民生活服务圈”，提出“一带三路五中心N街”的社区生活服务产业布局，积极引进伊藤生活馆、京东7FRESH、省商务投新零售、BOSS直聘（互联网就业）

等现代社区服务应用场景。采取公建配套、开放共享、买租等方式，运用商业运营逻辑，升级打造出潜溪书院、二江坊、天顺步行街等一批公共文化设施和商业步行街区，构建起居民交往文娱购物服务的“15 分钟社区生活服务圈”。同时，深化安全社区创建工作，在社区便民服务中心及 11 个小区安装 42 寸智慧平安社区便民服务触摸终端，提高平安社区便民服务信息化程度，切实为居民甜美生活提供坚实保障。

第二，注重以街道党工委为重点的“三社”联动社会治理体系的平台建设。在推动城乡社区发展治理过程中，按照新区党工委建设高品质和谐宜居生活社区总体要求和目标，围绕公园城市社区的功能定位，完善“1 + 5 + N”长效机制，创新党建引领，融合现有资源，多元参与，深入推进社区大党委建设，实现“大党委、大服务、大治理”的党建引领城乡社区发展治理新格局。切实构建起社区、社会组织、社会工作的“三社联动”机制，推动社会组织以“项目化”方式参与社区治理工作。引进和培育社会组织 196 个、自组织 203 个，全年采购社会组织服务项目 183 个，投入经费 1300 余万元，形成“社区 + 社会组织 + 社工”三社联动格局。健全志愿者指导中心、工作服务站、服务点三级志愿者服务体系，大力发展城市志愿者，组建志愿者队伍，积极开展志愿服务活动。以街道为中心的基层治理体系为国家治理现代化提供了坚实的基础。

第三，以“强小区”作为“强社区”的有力支撑，推动微治理机制建设。华阳街道城市化进程加快，带动了房地产业的大发展。华阳街道流动人口多，小区物业矛盾多，促进城市物业健康发展，是政府与群众的共同利益。在社区创新设立环境和物业治理委员会、平安建设委员会等专委会，健全“一核多元、睦邻自治、物业协管”小区院落治理模式。大力推行红色物业等做法，健全小区“微治理”长效机制，筑牢社区和谐稳定的根基。出台《华阳街道社区居委会下属委员会设置方案》，制定楼栋长、居民小组长考核激励办法等，建立社区物业服务指导中心，同时，以“美化生活环境，增进睦邻关系”为主题，在 18 个院落实施邻里关系营造行动，进一步增进社区居民邻里关系。在居民小区补齐治理短板，通过建立微中心补齐基础配套短板、设立微平台补齐多元参与主体不足的短板、培育微组织补齐组织引领弱化虚化的短板、完善微机制补齐制度缺失不可持续的短板、开展微服务补齐民生短板，先后建立了小区居民活动室、微生活馆，组建乡贤队伍9支，制定垃圾五分类和十不准等居民公约，推选楼栋长1293名、街长191名，“五微”治理实现了社区治理向小区的精细化治理的转变。

第四，以组织力为重点，拓展党群工作方法，优化党组织设置。通过建强社区党委、织密小区党支部、成立楼栋党小组，创新设立街区特色区域化党建联盟，评选党员示范岗、红色商家、红色物业等方式，根据党员年龄和特长划分基层治理、就业创业、困难帮扶等特色党小组30个，在营业厅、社区广场等人流集中区设立党员示范岗48个，有效延伸党组织“触角”，实现党的组织和工作纵向到底、横向到边全覆盖。强化社区党委全域资源整合，不仅与在地企业党委开展党建联建，还与域外医院和各类学校等单位开展党建资源整合、服务供给和党建活动共办、阵地共享等活动，实现了党建资源向治理资源的转化。设立“四大”专委会。为弥补社区居委会“事多人少”的不足，为推动社区治理的精细化、专业化和规范化，积极探索构建环境和物业治理、社区公共服务、社区教育、社区安全等专业治理委员会，实现居民委员与N个治理委员会会员连接，凝聚专业力量，共同参与社区分类治理、精细化服务。创新党员联系群众的机制。采取“中心＋站点＋服务队”模式，成立社区志愿者指导中心，设立志愿者服务站点，组建文明劝导、爱心服务等志愿者服务队伍，开展助老助残、文明劝导、安全知识普及、公共卫生宣传、绿色环保行动等志愿服务活动，推行“承诺、践诺、评诺”机制，以志愿服务量化党员教育管理，构建起“人人做志愿、志愿为人人”的志愿服务人人参与、人人共享模式。通过引智借力、撬动资源，不断丰富服务活动平台载体，形成了“党建引领、志愿服务、群团助力”的工作格局。实现“社区有变化、居民有感受、社会有认同”。此次抗疫过程中社区治理取得成效归功于两点，一是城市发展与社区治理有机融合，明确了以社区为本的城市发展之路；新型社群工作信息化，提升了街道城市管理的组织动员能力和城市生活功能。二是社区发展与社区治理有机融合，明确了社区功能的整体性，提升了社区系统规划能力。尤其是多元社区主体的培育，如社会组织和志愿者队伍的壮大，以社区为本的社会组织力量非常重要。社会组织能够发挥其自身的灵活性和应变能力，在防疫工作中扮演重要的补充性角色。

这次应对疫情既有值得总结的经验，也有要汲取的教训：第一，城市应对突发事件统筹能力欠缺。新冠肺炎疫情在全球多点暴发并快速蔓延，令世界公共卫生安全面临极大挑战。中国政府统一调度和组织执行能力得到了体现，但被动式工作模式显著。这是中国目前普遍存在的一种现象——缺乏应急管理的常态化机制。关键还在于城市全周期管理能力不足，如封城后交通、医疗、市场如何布局，健康码互认、城市流动人员救助、儿童监护、社区配送等方面都一度出现滞后式反应，造成社会恐慌，制度化常态管理不足。第二，社区联防联控基础性防疫地位与社区公共卫生预防体系有效性不足。社区在这次疫情防控工作中起到了中流砥柱的作用，它主要承担了七项工作：社区出入口管控；四类人群摸排（确诊病例、疑似病例、发热症状患者、密切接触者）；转运四类人群至医院/隔离点（应收尽收）；保障民生（生活物资、药品、外出就诊）；创建无疫情社区；开展流行病学调查工作；指导社区消杀工作。社区从源头上遏制了疫情蔓延，为医院减轻了救治压力。但长期以来公共卫生没有纳入社区的工作重点，医疗体系与社区的关联度较低，社区工作责权利不对等的现状也进一步凸显出来。第三，社会组织融入社区治理的空间和专业能力仍然有限。麓湖社区聚集着不少成都的“新市民”，社区很看重能否提供更好的服务。在疫情下，更多社会组织只停留于一般的便民服务，但对疫情的次生灾害侵害对象诸如环境、弱势群体、中小企业员工，还有疫病患者家属等缺乏专业服务。社会组织缺乏整体上的供需双方的信息共享和行动统筹机制。

三　社区发展治理高质量发展的对策建议

中国以其集中力量办大事的体制，强大的基层组织力和动员力，施行了最严厉的管控措施，遏制住了疫情的大规模传播。当前中国已进入统筹推进疫情防控和经济社会发展工作新阶段。这个阶段要求两手抓："外防输入、内防反弹"，防控工作绝不能放松；既要解决短期的问题，也要解决长期的问题；既要解决传染病防治问题，也要促进经济社会发展。这标志着社区治理发展进入一个新阶段，同时也面临一个新挑战：社区发展治理如何适应城市治理公共性、人民性和精细化新需求？具体要做到以下几点。

第一，树立"全周期管理"意识，完善城市治理体系和城乡基层治理体系。城市社会治理是因城市发展带来难以克服的"大城市病"而提出的一种新理念。近年来各地注重差异化认识，缺乏对城市发展规律的共性反思。提高城市治理水平，关键在于提升对"城市"及"人"的认知，在于建立以人民为中心的社会治理体系。在习近平新时代中国特色社会主义思想的指引下，公园城市是全面践行新时代新理念的生动实践，是世界城市发展的高级形态，也是人类社会城市文明的继承创新发展。公园城市是人城境业高度和谐统一的现代化城市，将极大满足人民对美好生活的新期盼，具有极其丰富的时代内涵和示范引领价值。公园城市引领城市发展方式变革，将更加注重城市物理空间和社会治理单元的融合发展，统筹好生态空间、居住空间和产业空间，实现生态、生产、生活"三生"相宜相适相生。公园城市引领社会治理方式变革，统筹政府、社会、市民三大主体，构建起依法治理、智慧治理、多元多层次现代治理体系，兼顾城市治理和社区治理，推动城市发展、社区治理、民主参与，形成共治共建共享的新型社区发展共同体。

第二，以社区为本，完善街道（乡镇）党建引领社区协同治理新机制。社区营造就是在社区层面动员所有的居民一起来做他们想做而且能做的事情。这就是"人人有责，人人尽责，人人享有"的具体落地落实。现在基层社会治理面临的一个突出问题就是，治理需要多元主体形成合力，合作共治。新时代街道体制改革的目标是把街道办事处建设成为基层党建的实施者、城市管理的执行者、基层公共服务的组织者和社区自治共治的引领者。创新参与方式、拓宽参与领域，把更多资源、服务、管理放到基层，才能让治理效果事半功倍。实现这一目标，需要开展区域化党建、加强权责清单制度建设、促进政府购买公共服务，培育社会组织参与社区治理，在推进项目化进程中提升在地社会组织的组织性和专业性。[①] 借助区域化、平台化和技术化方法和手段，统筹基层治理资源，推动执政方式现代化与基层社会治理现代化相融合。要将此次疫情防控中建立的“社区 + 物业 + 自治委员会”“干部 + 党员 + 群众”“网格员 + 志愿者 + 群众”“社区 + 企业 + 志愿者”等联动机制健全为长效机制，创新共建“基层治理共同体”方式方法，引导更多主体参与基层治理，形成科学有效的基层协同治理体系，进一步提升基层公共服务水平和综合治理能力。

第三，以家庭为单元，促进社区共同体社会网络建设。共同体是一种特殊的社会关系模式，能为个体提供健康的社会生活。此次疫情带来的最大的一个深刻变化是，家庭生活、邻里生活、社会生活在一定意义上形成了重叠，促进了社区联防联控有效工作。抗击疫情对人的公共精神提出迫切要求。随着城市不断发展，人的现代化问题已成为时代性课题。如今社会结构发生深刻变化，城市社会管理重心由单位向社区转换，家庭内和邻里间成为社区微治理的重要内容。当前重点是在社区建设中，既培养共同的社区意识、担负共同的责任，又保持丰富多彩的生活方式，保持每个个体和家庭自身的个性。首先，要营造多元并存的文化氛围，使市民对差异的包容性、对新事物的开放心态和面对机会的选择能力得到加强。其次，增进社区公共精神的凝聚力，建立社区的身份共识，增强异质人群对社区的认同感和归属感是社区发展治理的重要方向。最后，增进家庭成员的公共性素质建设，促进公私利益的合作，有利于形成社区内的社会资本网络，构建内生性的自治组织治理体系，进而实现基层社区的自主性治理和现代化治理。

第四，搭建平台，加快城市社区治理专业人才发展。基层社会治理成效如何，基层干部是决定性因素。这次疫情防控工作，考验的是领导干部的治

① 容志、刘伟：《街道体制改革与基层治理创新：历史逻辑和改革方略的思考》，《南京社会科学》2019 年第 12 期。

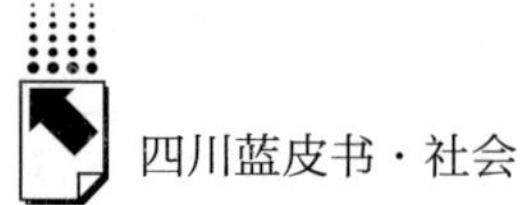

理能力和专业能力。大力提升领导干部应急管理能力，不仅是打赢新冠肺炎疫情防控阻击战的迫切要求，也是推进国家治理体系和治理能力现代化建设的必然要求。习近平总书记要求各级干部特别是领导干部必须“增强必胜之心、责任之心、仁爱之心、谨慎之心”。成都市突出“按需量训”“精准施训”理念，积极探索培训工作与新媒体深度融合新模式，创新开展“云端”培训，精细化、针对性丰富培训内容，推动干部坚定信心、补短提能，为夺取疫情防控和经济社会发展“双胜利”提供坚强的智力支持。强化治理能力培训，把城市治理体系和治理能力现代化作为干部培训的重点内容，增加公共安全、应急管理、卫生健康、城乡基层治理、舆情应对等专题培训班次或课程，组织全市党校系统优秀师资，认真总结提炼全市应对重大疫情、加强联防联控群防群治的有效做法，系统梳理疫情防控经验，开发特色教材、课程和案例。开展先进典型教育，总结挖掘党员干部在疫情防控斗争中涌现出的先进典型和感人事迹，形成典型教学案例，用身边人、身边事教育干部，激励其担当作为。从制度上激励社区干部职业化。鼓励社区工作者主动加强理论学习和资格认证，通过参访、实地调研和建设学习型组织，促进理论研究和社区工作实践结合起来。

B.11
成都市青白江区街道党组织引领社区治理的新探索

黄 进 刘宗英*

摘 要： 街道党组织引领社区治理中普遍存在间接领导群众多直接领导少、党和政府行动多居民行动少、居民自组织自娱自乐的多协商议事的少、社区治理主体多但力量分散等诸多问题。本文在深入剖析成都市青白江区街道党组织探索“一根竿子插到底”引领社区治理案例的基础上，提出进一步改进街道党组织引领社区治理方式的建议。

关键词： 基层党建 社区治理 成都青白江区街道

社会治理是国家治理的重要方面，社会治理现代化也是国家治理现代化的重要方面。只有提高基层社会治理水平才能推进国家治理体系和治理能力现代化。基层党组织是城市基层治理的核心主体。加强和改进城市基层党建工作对于坚持和加强党对城市工作的全面领导，对于夯实党在城市的执政基础，对于推进城市治理体系和治理能力现代化，具有十分重要的意义。党的十八大以来，基层党组织在城市社区治理工作中的作用越来越受到重视。中共中央和国务院出台的《关于加强和完善城乡社区治理的意见》提出，到2020年基本形成基层党组织领导、基层政府主导的多方参与、共同治理的

---

* 黄进，博士，四川省社会科学院社会发展与公共政策研究中心主任、研究员，研究方向为社会政策和社会治理；刘宗英，四川省社会科学院助理研究员，研究方向为城乡基层治理。

城乡社区治理体系。党的十九大报告强调，“推进社区治理的关键在于加强基层党组织建设”，要把基层党组织“建设成为宣传党的主张、贯彻党的决定、领导基层治理、团结动员群众、推动改革发展的坚强战斗堡垒”。党的十九届四中全会更加明确地指出，“健全党组织领导的自治、法治、德治相结合的城乡基层治理体系”。在党中央的引导下，各地积极探索，创新发展基层党组织引领基层治理工作。但是这些探索对于社区“两委”层面关注较多，对于街道党组织讨论相对较少，本文主要探讨街道党组织如何改进领导基层治理的方式。

一　街道党组织在引领社区治理中存在的普遍性问题

第一，街道党组织领导社区治理间接的多、直接的少，党群关系出现疏离。群众路线是党的根本工作路线，然而在基层工作中，却存在一些脱离群众的现象，一些地方基层党组织忙着招商引资、协税护税，“无暇”顾及群众；有一些基层党组织观念陈旧，没有从传统的管理思维转向现代的治理思维；有一些基层党组织在科层制体系下，成为目光向内和向上而非向下和向外的官僚化组织等，这些原因导致一些街道党组织虽然在基层，但是与居民保持着单元长、楼栋长、小组长、社区党委等好几个层级的距离，在基层却又不在基层。

第二，社区“两委”行动多，居民参与少，本该是最重要的参与主体的居民却成为旁观者。一方面，“单位制”时代的惯性使一些基层组织习惯“代民做主”，大包大揽；另一方面，随着社会流动的增加，社区居民呈“原子化”状态，居民的参与意愿和参与能力不足。而与此同时，随着经济社会的发展，居民的需求也更加差异化、个性化，政府“我有什么就提供什么”的服务思路已经不能满足居民的需求。

第三，居民自组织自娱自乐的多，解决公共问题的少，不能有效化解社区矛盾。为推动社会管理向社会治理转变，培育居民的自治能力，近年来，各地都加大了社区居民自组织的培育力度，纷纷放宽登记管理条件，一时间，各类社区自组织犹如雨后春笋般大量涌现，但综观这些自组织，主要是唱歌、跳舞、下棋等丰富居民生活的自娱自乐型组织，其次是互帮互助类的组织，真正组织居民协商解决社区问题的则很少。

第四，参与主体多元，但力量分散，未能形成合力。在城市社区中，机关单位、社区和“两新”组织（新经济组织和新社会组织）等基层党组织共存于同一社区是普遍现象，但这些党组织工作重心不同，党建的内容也往往不同；再加上社区党组织由于职权所限，资源整合能力不强，反映在社区治理上即很难形成合力。此外，工会、妇联、残联等社会团体虽然也在社区开展工作，但这些团体的资源往往也是分散投入的，而分散的资源通常只用于解决社区中的局部问题，对于社区治理的效用不明显。

二　青白江区街道党组织“一根竿子插到底”的探索

（一）问题：农民集中安置小区自身管理效能极为低下

青白江区 HY 街道 SJ 村社区 YC 小区是典型的农民集中安置小区，小区居民来自当地 6 个村（社区），共 1754 户 4468 人。和其他农民安置小区一样，受传统观念和生活习惯等因素的影响，小区自身管理效率效能极为低下，车辆乱停乱放、居民乱搭乱建、商家出摊占道、杂物挤满楼道、宠物随地大小便等乱象始终存在，邻里纷争越演越烈，居民怨声载道，参与小区治理的积极性不高。社区治理成为村两委“唱独角戏”“剃头挑子一头热”。

（二）破题：基层党组织探索“一根竿子插到底”的治理模式

所谓“一根竿子插到底”，是指改变长期以来隐藏在基层治理中从居民到单元长、从单元长到小组长、从小组长到社区党组织、从社区党组织到街道党组织的长链条信息传递模式，让街道党组织与居民零距离面对面地协商议事，以实现资源和需求的有效对接。在 YC 小区，街道和社区党组织以楼栋单元为单位，组织各单元居民代表开座谈会，讲问题、聊想法、寻措施。

YC 小区共召开 21 次协商议事会议，收集各类意见 200 多条，最后提炼出车辆乱停乱放、楼道堆放杂物等亟须解决的主要意见 33 条。“一竿子插到底”使街道党组织对基层治理的领导由间接变为直接，缩短了党组织和群众之间信息传输的距离，有助于降低信息传输损耗，使党组织能够更准确、更及时地了解群众需求，且能在更大范围内整合资源满足群众需求、回应群众的关切，这种互动增进了党群之间的了解和信任，大大增进了党群关系。

（三）治理：整合调动多方力量，促进社区自治回路增强

第一，夯实基层党组织力量，筑牢社区治理根基。首先，完善基层党组织架构。YC 小区 2015 年入住，由于党员均隶属于原村级，考核、评比等都不在现在的社区，致使社区对该小区的党员管理困难，党员作用发挥不足。为此，当地街道重新梳理 YC 小区党员隶属关系，打破行政区划界限，将居住在 YC 小区的党员组织关系从集中居住前的村党小组转入小区，并根据党员数量在 YC 小区成立了 3 个党支部，下设 6 个党小组。这样就形成了“街道党工委—社区两委—党支部—党小组—党员”完整的基层治理党组架构，确保社区治理中党组织的龙头带动作用和主导功能得到发挥。其次，强化党员先锋模范作用的发挥。居民党员做好“一管三带一联”。“一管”即党员要管好自己，通过认领服务岗、参加志愿服务，展现党员形象；“三带”即带好家庭、带领邻里、带动单元参与小区治理；“一联”即对口联系帮扶本单元低保户和五保户。商家党员亮身份亮承诺，带头遵守《商家共治公约》，展现党员的先进性。

第二，完善社区自治组织架构，引导形成规则共识。首先，构建小区居民自治组织体系，协商制定居民行动公约。居住在 YC 小区的居民小组长此前一直分属于原村级管理。为了整合社区治理力量，HY 街道将这些小组长约 90% 的考核权交给 SJ 村社区“两委”，从而激发小组长参与社区治理的动能。随后，HY 街道引导 YC 小区 27 个单元的居民投票推选出了 27 名单元长，108 名居民代表，构建起“居民—居民代表—单元长—小组长—社区”的小区自治体系，小区居民协商制定出了全体居民须共同遵守的《YC

小区文明公约》。其次，引导居民发展自组织，自主解决矛盾、问题。针对小区治理中突出的养狗问题和广场舞扰民问题，社区引导昔日竞相飚音的4支广场舞队伍组建了广场舞文明管理委员会，制定了《SJ村文化广场管理公约》，安装了分贝仪，每晚两名管委会成员按照约定的60分贝上限轮流巡视提醒。针对宠物狗带来的环境卫生问题，社区引导爱狗人士成立养犬协会，制定《文明养犬公约》，在小区公共场所放置宠物拾便纸，帮助居民做一个负责任的宠物主人。最后，引导商户成立商企优居联盟。一楼底商长期私拉乱搭、占道经营、油烟污染、噪音扰民严重影响小区居住环境，居民对此反应强烈。为此，社区引导建立商企优居联盟，进行自我管理、规范经营。

第三，建立多主体利益联结机制，促进参与治理回路增强。积分奖励制度是YC小区行之有效的利益联结机制。居民参与小区公共设施维护、花箱养护、楼栋巡逻、社区活动现场秩序维护之类的社区治理活动、志愿服务活动、社区支持活动都可获得数量不等的积分。居民用积分可以在社区购买书画、烹饪、绘画等公益课程，也可以到参与了社区商企优居联盟的商家兑换商品或服务。这种积分奖励制度至少形成了三个不断增强的“回路”。一是在家庭内部：家里的长辈参与志愿活动获得积分—孙辈使用积分参与社区“和顺书院”公益课程—促进代际交流和提升家庭效益；二是商居关系：居民使用积分兑换商家商品或服务—拉动消费，商家生意更兴隆—商家回馈社区—遵守规约、捐献物资—改善小区环境—居民受益，商居关系更和谐；三是党群关系：居民参与社区治理—治理力量增强—社区治理少花钱且更有效—居民受益，与此同时，居民参与社区治理—更加理解基层党组织的行动—增加党群互信—党群关系更加密切。

第四，多方整合资源，破解治理难题。街道党组织直接对接居民需求，充分发挥资源整合的优势，通过区域化党建等多种方式，整合青白江区行政综合执法局、区国投公司、当地街道派出所、老年大学、多家企业商户等资源，为小区居民规划机动车临时停车位并安装道闸、搭建非机动车停车棚、打造和顺书院、筹建邻里空间等。此外，还利用当地自贸港的优势引进

“一带一路”进社区，引进“婉妈帮帮”等社会企业进驻社区，其利润的10%注入社区基金，增强了社区的造血活血功能。

第五，建立公开公正的评价机制，引导公序良俗好风气。如何引导居民遵守公约，YC 小区采取了“公开奖励 + 公众监督”的办法。组织小组长和单元代表开展清洁单元评选和好公婆、好儿媳、好邻里的评选，并对获选人进行公开奖励。虽然物质奖励并不多，但是荣誉在日渐相熟的居民中却是被看重的。居民为了评选上，自觉按照规定交清物业管理费、遵守公约。公众监督，即在小区大门口立一块 LED 显示屏，播出居民在公共场所的不雅行为，虽然都没有“正面照”，居民也能对号入座，悄悄改变。

（四）成效：环境改善明显，治理氛围渐浓

为了解“一根竿子插到底”基层党建引领社区治理的成效，笔者采用等距抽样的方式对小区居民户进行问卷调查，获得有效样本 414 个，其中男性占 48.89%，女性占 51.11%；年龄从 15 岁到 89 岁，平均年龄 45.34 岁，基本符合该小区居民的实际情况，对整个小区居民来说具有代表性。调查显示，“一根竿子插到底”街道党组织引领社区治理的方式具有明显成效。

一是社区环境明显改善。调查数据显示，97.8% 的居民认为卫生环境变好了；94.4% 的居民认为绿化使环境变好了；95.6% 的居民认为乱停乱放现象有所改观；92.7% 的居民认为邻里关系变好了；92% 的居民认为占道摆摊的现象有改善（见图 1 ~ 图 5）。短期内，小区环境的改善能得到超过九成的居民认可，主要原因是“一根竿子插到底”的方式，一方面缩短了信息传播和反馈的时间，减少了“杂音”，提升了街道党组织与居民的沟通效率；另一方面使街道组织出面统筹整合资源。由于其能力比社区党委更强，能更好地满足居民需求，街道的各类资源直接与群众需求对接，减少了资源在层层传递过程中的损耗和错配，提升了资源的使用效率。

二是基层党群关系更加密切。YC 小区以前是一个脏乱差的小区。如今，小区面貌焕然一新、管理井井有条，成为上级参观、同行学习的“样板”。2019 年，怡城北居被纳入成都市党建引领示范社区点位。对于小区的新变

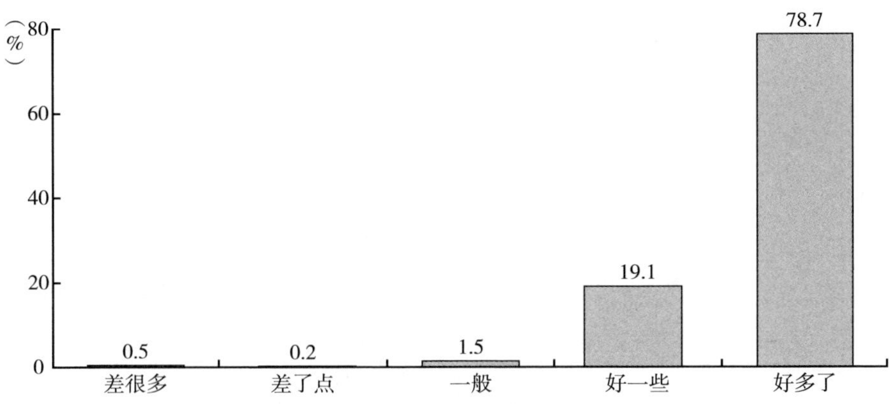

图 1　居民对卫生环境的评价

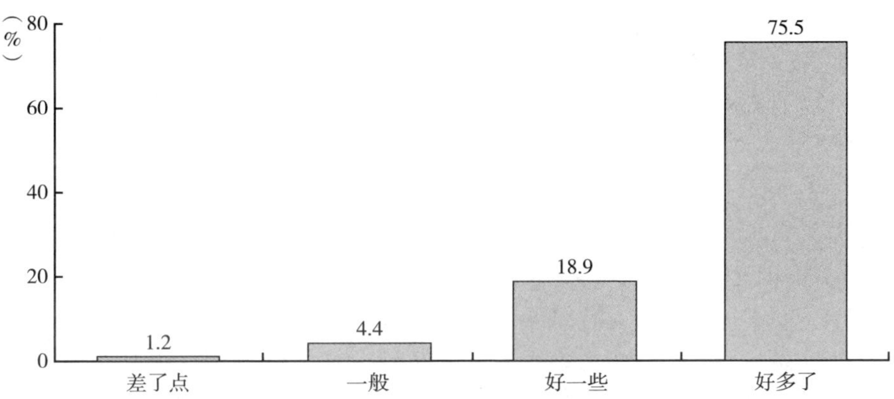

图 2　居民对绿化环境的评价

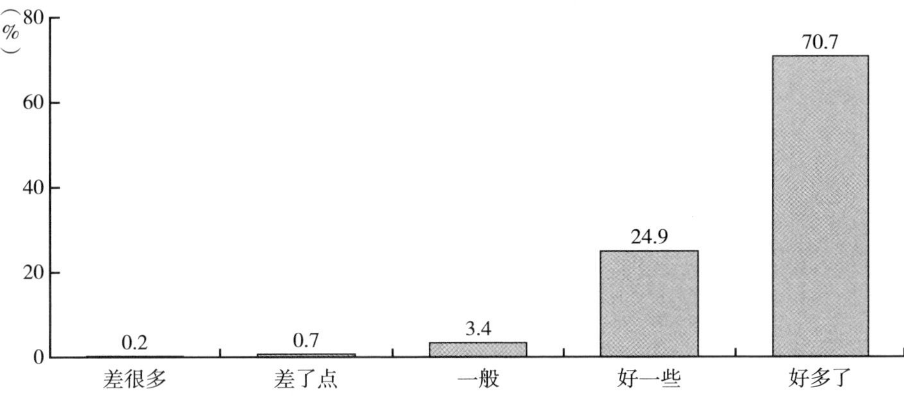

图 3　居民对乱停乱放情况的评价

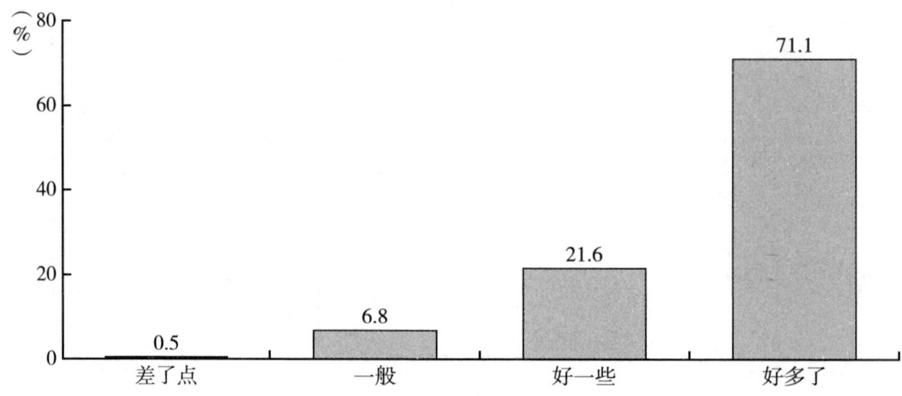

图4 居民对邻里关系的评价

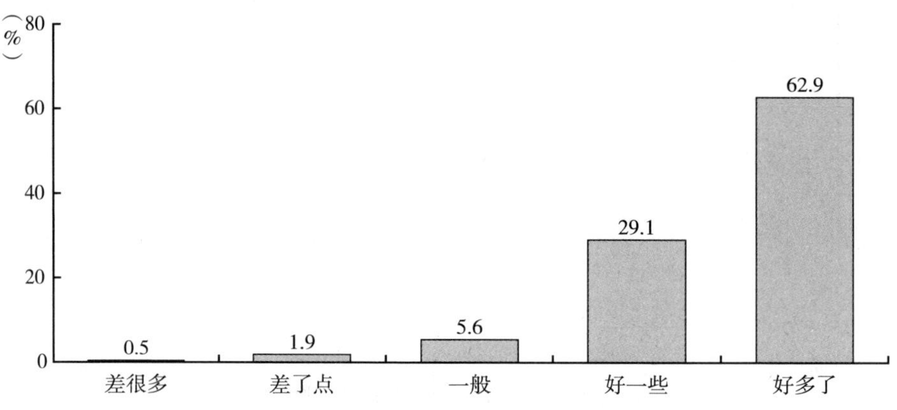

图5 居民对占道摆摊的评价

化，居民认为，第一大原因是“街道和社区党委面对面了解居民的诉求”。对于基层党组织“一根竿子插到底”的领导方式，有78.13%的居民认为这种方式很好（见图6），特别是之前参加了单元会议的居民，认为“很好”的超过九成。

三是社区治理共同体正在逐步形成。以前，YC小区的治理是社区“两委”“剃头挑子一头热”，现在居民、商户等也越来越多地加入这个阵营。小区已有“红心永驻”老兵志愿服务队、“菁彩妈妈会”文明劝导志愿队等10余支志愿服务队共200多名志愿者主动服务小区居民生活。居民主动将

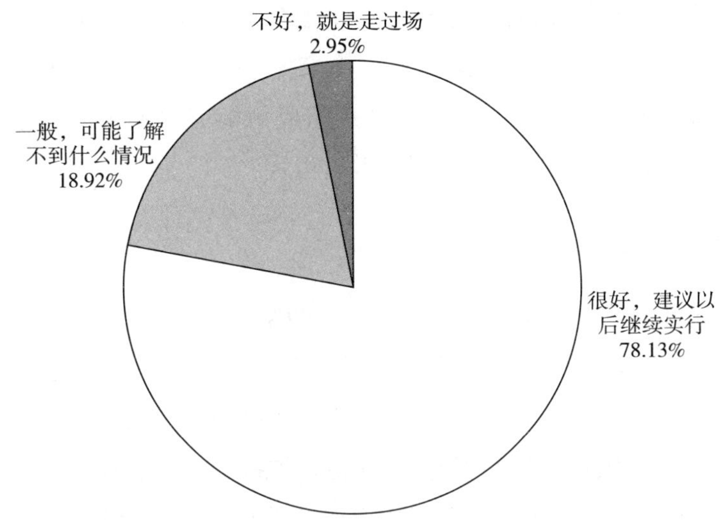

图 6　居民对“一根竿子插到底”的领导方式的看法

自家在“开心农场”种植的蔬菜送给社区特殊困难人群。社区书院师生制作的“蜀绣”“中国书画”“手工纸花”进入社区“文创展陈馆”义卖，所得收入 30% 汇入社区基金。调查数据还显示，超过六成居民愿意发挥自己的特长参与小区治理。

四是居民的协商共治能力大幅提升。以前居民只是抱怨，不知道如何改变。如今，通过搭建自治组织架构，小区居民协同物管，重新规划了车辆出入线路、非机动车停车点位，超过 90% 的单元通过居民协商在楼顶安装了晾衣绳，小区居民自己协商选址、投工投劳修建了 6 个休闲小乐园。商户积极配合小区环境整治，主动拆除占道搭棚，居民、商户众筹资金、自选树种在小区外栽种了 58 棵行道树，满足商户拆棚后遮阴的需求，同时也美化了环境。

三　改进街道组织引领社区治理方式的思考

2019 年，中共中央办公厅印发的《关于加强和改进城市基层党的建设

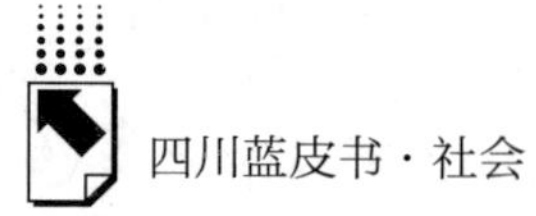

工作的意见》，明确指出要“充分发挥街道党（工）委统筹协调各方、领导基层治理的作用。推动街道党（工）委聚焦主责主业，集中精力抓党建、抓治理、抓服务”。党建、治理、服务逐渐成为街道的主业，街道应该如何抓，结合本文案例，笔者提出如下几点启示。

（一）转变街道党组织职能定位

基层党组织是党全部工作和战斗力的基础。如今社会结构、生产方式和组织形态发生深刻变化，迫切要求基层党组织，尤其是街道党组织转变职能，发挥好宣传党的主张、贯彻党的决定、团结动员群众、维护基层稳定的基层堡垒作用。因此，街道党组织要从协税护税、招商引资等发展经济的工作任务中转移出来，更加突出政治功能和组织力，有机联结单位、行业、社会组织、各领域党组织，构建区域统筹、条块协同、上下联动、共建共享的基层党建工作新格局。在社区治理中，“一根竿子插到底”的方式就是街道党组织把工作重心放在基层治理上的体现。

（二）改进街道党组织领导社区治理的方式

密切联系群众是增强党长期执政能力的基础工程，是党的执政地位得以巩固的根本保证。执政之前，党的领导主要是通过对人民群众的直接领导来实现的，党和群众也在革命斗争和改革实践中建立起了血肉联系。执政之后，党更多地通过运用法律的、市场的和必要的行政措施对社会进行规范和领导，这在客观上增加了党脱离群众的风险。在基层，街道党组织和群众之间看似近在咫尺，却存在着隐形的“垂直层级”关系。街道党组织不能直接听到群众的呼声，整合的资源也不能直接对接群众的需求；街道党组织和群众之间缺乏沟通交流，也缺乏“一起战斗的友谊”，党组织的工作难以得到群众认同。

改进街道党组织领导社区治理的方式，一要从此前的间接领导变为直接领导和间接领导并行。传统的“垂直型”社区治理属于间接领导，由于从上到下链条长，信息和资源层层传递发生损耗，造成治理低效。“一根竿子插到底”方式属于直接领导，由于减少了中间环节使社区治理更加高效。街道党组织不但要维护好原来的间接领导方式，更要和居民建立起制度化、多渠道的经常性联系。二要发挥好街道党组织统揽全局、协调各方的优势，为社区党组织开展工作提供支持。由于制度设置的限制，人员、资金、其他单位部门的支持等问题往往在社区层面无法解决，需要街道或更高层面扫清障碍，理顺社区治理的脉络框架，为社区治理工作提供组织支持和资源保障。

（三）充分发挥社区“两委”的引领协同作用

长期以来，居民委员会是党和政府联系人民群众重要的桥梁和纽带之一。在社区治理中，街道党组织要充分发挥居委会的引领协同作用。其一，以小区为单位，引领居民参与小区治理。当前，社区的规模普遍较大，居民往往只熟悉也只关心本小区的情况。此外，以小区为单位也更容易形成利益共同体而产生集体行动。因此，街道党组织要引导居委会以小区为单位，培育居民自发参与公共事务的意识和能力，引导居民开展自治。“一根竿子插到底”的方式就是基层党组织引领居民循着自己的需求，参与公共事务管理。其二，支持和引导居民成立自组织。对于因趣缘、地缘等组成的小群体，基层党组织要引导他们成立自组织，进行自我管理和自我约束。其三，指导社区做好购买社会组织服务的监督考核工作。承担政府购买的公共服务的社会组织在社区开展服务，居委会要收集居民的反馈意见，为服务质量评价提供依据。其四，指导居委会主动识别其他相关社区治理主体，搭建议事平台，引导各主体协商行为规则和集体行动策略。

（四）指导社区“两委”建立完善治理机制

一是参与主体间的利益联结机制。紧密的利益联结是居民自治良性循环最根本的保证。如果没有足够紧密的共同利益，即使地域再相近，文化再同质，集体行动的成本再低，居民参与解决公共事务的动力和热情也不能持续。建立利益联结机制，一方面可以让各参与主体相互促进（YC 小区的积分机制就在居民、商家、社会组织、社区居委会多主体之间形成了良性循环，不仅激发了各主体参与的积极性，也降低小区治理的成本)；另一方面可将各主体“绑在一条船上”，使之成为联结紧密的利益共同体。联结紧密的利益共同体能够促使居民关心公共事务，产生集体行动。因此，可以从社区环境、社区基金会出发构建共同利益。对于缺少资源的小区，可通过在小区放置自助购物机提成或收取租金的方式，增加公共资金池的资金累积。

二是建立践行规则共识的约束和激励机制。作为参与治理的共同体必然要达成规则共识。对于规则的遵守或违反需要有激励或约束机制，以使偏离的行为得到纠正，遵从的行为得以继续。激励和约束机制可以从三个方面考虑。其一，通过评选集体奖，促进集体荣誉感的形成，增强群体成员的自我约束力。其二，通过评选个人奖，倡导正向的行为价值。其三，通过微信群、小区 LED 等公共平台适度曝光违反规则的行为，以强化规则意识。

（五）强化基层党员引领服务群众意识

首先，要有直面问题的智慧和勇气。基层往往各种利益关系相互纠缠、群众诉求多元，甚至还有些“陈年老账”久拖不决，“一根竿子插到底”就必然要直面这些复杂问题。其次，要不忘初心，遇事耐心。和群众直接打交道，就要面对各种家长里短、大大小小的事，必然会增加工作量，基层党组织要始终保持为群众服务的公共精神和民生情怀，才能持之以恒地协调处理好群众的诉求。最后，要持续发挥党员的引领示范作用。党员是社区治理最重要的帮手和抓手，只有牢牢抓住党员，发挥好党员的作用，才能找到解决问题的突破口，使社区治理顺利推进，这就需要一方面摸清党员队伍力量，另一方面转变基层长期存在的干事情“党组织找党员，党员找群众”的做法，强化党员的身份意识、责任意识，以党员的先进性感染、带动身边群众，配合基层问题的解决、良好风气的形成、公共事务的开展。

B.12

成都市青羊区清源社区农转居社区治理的经验实践

李 红　翁泽宇　王 孟*

摘　要： 本研究试图以一种更接近基层实操层面的描述手法，主要从经验层面，对一个农转居社区，也是成都市的明星社区的治理经验，进行操作性与经验性的过程分析，具体从治理困局、主要做法、治理成效、经验总结四个层面解析了青羊区清源社区的治理路径。

关键词： 农转居社区　基层治理　治理实践　成都青羊区清源社区

清源社区位于四川省成都市青羊区，于2017年3月成立，地域覆盖面积0.75平方公里，常住人口5003户，共19945人，现有居民小组20个。社区党委下设4个支部，12个党小组，共有党员123人。辖区内共有6个商业楼盘，2个安置小区。

一　治理困局

清源社区是一个典型的农转居社区，成立之初周边环境与配套设施极不完善、辖区内市政道路不完全畅通、在建工地夜间频现施工扰民，曾是群众

* 李红，中共成都市青羊区委社治委改革统筹科科长；翁泽宇，中共成都市青羊区委社治委常务副主任；王孟，成都市青羊区苏坡街道党工委主任。

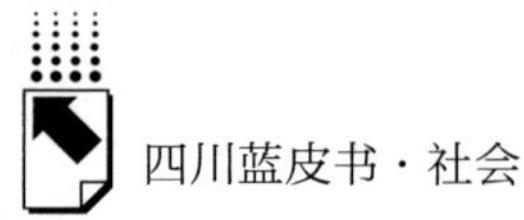

上访的高发地区，长期以来面临的治理困局主要表现在以下三方面。

一是社区治理无序。社区有坚守十年的未拆迁“钉子户”，抵触社区工作，难以融入农转居生活氛围；有其他街道的拆迁安置居民，还没有完全适应新的环境新的理念，对社区共建共治共享保持中立观望姿态，参与度较低。居民彼此之间熟络程度不够，没有形成协商共议的良好氛围。社区治安设施差，社会治安案件频发。

二是社区开发不足。社区没有服务居民群众的本土自组织，缺少联络居民感情、组织各类活动的载体，更没有引入专业社会组织，带动居民自治、参与共建。由于缺少引导和带动，社区志愿者严重不足，社区公益事业缺少广泛关注和参与。

三是社区发展没有依托。虽然是农转居社区，但是清源社区并没有集体资产，社区没有自我造血能力，发展动力不足。没有挖掘和打造出社区文化品牌，没有一张可以传播和扩散的响亮名片，难以凝聚人心，不能依托资源更好地服务居民群众。

二　主要做法

清源社区成立后，“两委”班子牢固树立共建共治共享发展理念，“围绕居民需求开发项目，充分整合资源，植入社区开发的市场化逻辑，引进专业的社会组织、孵化自组织、发展社会组织，进而发展成社会企业，实现社区自我造血功能”①。近年来，清源社区充分依托社区的居民群众，从居民群众的导向出发，一方面依托自上而下的力量建设与打造兼具生态性与公园形态的社区环境；另一方面特别注重对社区居民自我能动性与自我效能感的激发，提升社区“我群体”的自我意识与自我效能感，形成了自我教育、管理、服务的社区居民自主性治理闭环，最大限度发挥居民主体性，增强归属感、获得感、幸福感。清源社区的主要做法如下。

① 陶传进：《清源社区：一个上访高发区的蜕变》，《民生周刊》2019年4月8日。

（一）始终以居民需求为导向，在平台上构建社区治理秩序

诚如前文所述，清源社区早期居民人员结构复杂，熟络程度不够，社区治理局面较为混乱。针对这一现状，清源社区秉承“居民是社区的主人”的理念，以社区居民需求为导向，进行治理破题，围绕社区居民提出的各类需求，创造平台，不仅满足本社区居民的需求，还倡导激发其自我能动性。

一是着力建构社区的基础秩序。针对社区居民人心散、底子薄、基础差的现状，首先从阵地建设入手，打造社区“源缘空间”体系。该体系一方面囊括了党支部建设网格；另一方面以社区源缘空间为原点，各个楼盘建立有特色的小区源缘空间，延展了社区服务供给长度，试图打通社区到小区的距离，也让居民更能接近党组织和公共空间。其次从人才入手，探索了“源缘空间·益基金”社区聚人机制，在社区内广泛发动，通过提供公益基金的方式，发现、扶持、培育社区能人的社区参与积极性；最后从聚拢资源入手，探索了“源缘空间·益起聚”社区优质资源引入机制。

二是以智慧化治理工具助推平安社区建设。社区推出了“互联网+社区综治联动”平台 7×24 小时监控模式。以社区监控指挥室为依托，该平台辐射辖区内各小区楼盘外围的死角、盲点等薄弱环节，具有联网监控、安全通报、治安巡逻调配等功能。同时，在社区层面，以自治组织为单位的信息管理，有利于促进社区居民对社会治安事件的自我处置与自我救援，辖区社会治安案件“零案率”，有效缓解城市管理方面的问题和难题。

三是健全居民议事协商制度。建立清源本地议事规则，居民参与议事协商，“就将原来自己‘举报者’的角色、‘抗议者’的角色，转化为共建者的角色”[①]。除了召开常规的议事会以外，还会特邀辖区小学校长、省社科

---

① 陶传进：《清源社区：一个上访高发区的蜕变》，《民生周刊》2019 年 4 月 8 日。

院教授、生态专家、文化专家等理事会专家参与社区治理协商，专家为社区提供建设性意见和建议，让社区顶层设计更有指导性，也更专业。

（二）找准社区服务项目点，多元共同参与，让社区开发更有力

针对社区没有服务居民群众的本土自组织、没有引入专业社会组织、社区志愿者能力不足的情况，清源社区秉持“为不同的服务项目找到不同的归属”的思路，广泛培育发展各类自组织、社会组织，让居民身兼双重角色，既是服务的受益者，也是服务的提供者。

一是孵化“思源堂”系列社会组织。清源社区整合资源，成立枢纽型社会组织，作为社区服务项目的“孵化器”。通过不断孵化产生了成都启尔思社会工作服务中心、清源龙门茶艺服务中心，同时引进成都桃花源公益组织等本土社会组织。这些社会组织与社区携手开展亲子教育、扶老助残、邻里互助等活动，在为民服务和公益事业方面起到了极大的推动作用，进一步激发了居民群众的参与热情，为推动社区全面治理打下硬实基础。

二是引入专业社会组织开展品牌服务。清源社区抓住老人、幼儿、残疾人和自由职业人群等重点人群，开展了一系列公益服务项目，居民在社区即可享受到优质的服务，归属感极大增强。针对小学生和幼儿园，免费开展读书会，把全职妈妈培育成导读师，不同的导读师轮流主持读书会。成立社区文化宫，串联周边几个社区的优质培训机构，统一招生、统一管理、统一服务，居民享受折扣优惠，课程更加优化，上课时间和空间错开，实现优质教育资源共享。引入四川八一康复中心名下的民办非企业单位——七彩阳光，在提供日间照料服务的同时，常规化地提供针灸、按摩、足浴服务，对本地的居民按年龄设置收费标准，80 岁以上的老人免费，残疾人免费。为社区自由职业人群开设纯公益课程，把不同的课程开设到社区及辖区各个小区的源缘空间内，让居民在家门口就能上课。

三是依靠志愿服务扩大动员能力。居民自发制定居民公约并自觉践行。大力开展社区志愿服务活动，实行利益联结的服务机制，每年参与社区志愿服务的居民群众达3000 余人次。社区“思源堂”文化体验餐厅每周为老年

人、残疾人等人群提供1次免费用餐服务，社区党员、中小学生和企事业单位志愿者主动参与烹饪、餐食发放、配送等义工服务。通过开展各项兴趣班和文体活动，组建了清源义工协会、清源志愿者协会、清源老协、清源残协、清源妈妈互助会、清源文体队和清源夜跑队等志愿服务队伍，争取广大辖区群众参与。这些志愿服务组织在社区综治、安全、环保、助残、为老等社区治理方面发挥了重要作用。

（三）深挖社会企业增长力，促进良性循环，让社区发展有魂

针对社区没有自我造血能力、没有本土品牌名片、发展动力不足的情况，清源社区积极培育孵化社区社会企业，做大做强服务品牌，将盈利收入回馈到社区基金池，反哺社区服务。

一是开发培植本土文化形成专利文创产品。对社区服务场所进行亲民化改造，针对居民爱喝茶的习惯，建起了面积约2000平方米的社区文化广场，广场上设有具有川西民居特色的民俗舞台、农耕文化体验园和民俗茶馆等生活体验场景。引进社会企业成立“盖碗茶”推广中心，以龙门长嘴壶茶艺为载体，打造清源茶文化品牌，设计推出清源专利“晒三花”系列文创产品。通过妈妈互助会、亲子读书会、英语社团等活动形式，开展书法、诵读等传统文化课堂和国学讲座200余堂。

二是做强传统技艺解决居民灵活就业问题。依托成都非物质文化遗产传承人、专业绣娘冯玉英，成立了社区刺绣服务中心，通过网上接订单、制作刺绣实用衍生品等方式，每年实现收入近30万元，将盈余资金注入社区基金池的同时，让55名女性实现居家灵活就业，还让不少全职妈妈成了社区义工。

三是做实便民服务方便居民生活。孵化成立了“源生活配送中心”，将新鲜蔬菜瓜果送进社区，减少中间差价，方便居民生活。提升社区养老服务水平，社区老年协会开办了养老日间照料中心、社区老年食堂、民情茶馆，为60岁以上老人提供免费或低偿就餐服务。目前，清源社区发展中心每年收入约150万元，全部注入社区基金池，形成了良好的社区发展治理资金循环，实现社区可持续发展。

三　治理成效

通过党建引领下的一系列社区发展治理生动实践，清源社区成为一个有着优美舒适宜居环境、创意无限活力团队、高效便捷公共服务、热情包容的清源文化的共建共治共享活力社区。社区居民的精气神较之三年前发生了显著变化，每天多个项目同时或错时进行，每月开展200多次项目，累计参与群众达7万余人次，活动频次高、活动场面大，居民参与度高。居民群众自豪地介绍“我是清源人”“我家在清源”，获得感、幸福感大大增强。

四　经验总结

清源社区坚持将社区治理主动权交给社区居民，并努力激活社区内的发展性资源，因此巩固了社区治理的基础。清源社区的工作路径提示我们，一是提升社区动员能力是社区治理的重要前提。清源社区在一定程度上激活了社区内的非政府投入性治理资源，社区治理不完全依赖政府投入，把辖区居民和单位的资源动员起来，发挥资源集成优势。二是专业技术服务为社区治理多元主体的有序互动提供了孵化力。清源社区针对社区早期存在的各类问题，聚焦居民需求，引入专业社会组织和社会企业，孵化带动本社区的各类自组织，逐步形成以点带面的发展势头。三是社区治理需要促成多维度的认同与接纳。清源社区“通过各种项目，广泛发动和带动辖区各类人群参与，造信任、造联结、造关系网，逐步建设一个居民有认同感和自豪感的精神生活家园”①。四是社区发展与治理特别需要提高市场运作能力。清源社区开发培植本土文化品牌，创办社区社会企业，遵循社区引导、居民主体、商业化逻辑的思路，进一步激发社区发展活力，实现社区可持续发展。

---

① 陶传进：《清源社区：一个上访高发区的蜕变》，《民生周刊》2019年4月8日。

参考文献

陶传进：《清源社区：一个上访高发区的蜕变》，《民生周刊》2019 年 4 月 8 日。

李自强：《成都苏坡街道清源社区党委：社区自我造血提升居民幸福感获得感归属感》，《成都日报》2019 年 7 月 10 日。

皮书

智库报告的主要形式
同一主题智库报告的聚合

✤ 皮书定义 ✤

皮书是对中国与世界发展状况和热点问题进行年度监测，以专业的角度、专家的视野和实证研究方法，针对某一领域或区域现状与发展态势展开分析和预测，具备前沿性、原创性、实证性、连续性、时效性等特点的公开出版物，由一系列权威研究报告组成。

✤ 皮书作者 ✤

皮书系列报告作者以国内外一流研究机构、知名高校等重点智库的研究人员为主，多为相关领域一流专家学者，他们的观点代表了当下学界对中国与世界的现实和未来最高水平的解读与分析。截至 2020 年，皮书研创机构有近千家，报告作者累计超过 7 万人。

✤ 皮书荣誉 ✤

皮书系列已成为社会科学文献出版社的著名图书品牌和中国社会科学院的知名学术品牌。2016 年皮书系列正式列入“十三五”国家重点出版规划项目；2013~2020 年，重点皮书列入中国社会科学院承担的国家哲学社会科学创新工程项目。

中国社会发展数据库（下设 12 个子库）

整合国内外中国社会发展研究成果，汇聚独家统计数据、深度分析报告，涉及社会、人口、政治、教育、法律等 12 个领域，为了解中国社会发展动态、跟踪社会核心热点、分析社会发展趋势提供一站式资源搜索和数据服务。

中国经济发展数据库（下设 12 个子库）

围绕国内外中国经济发展主题研究报告、学术资讯、基础数据等资料构建，内容涵盖宏观经济、农业经济、工业经济、产业经济等 12 个重点经济领域，为实时掌控经济运行态势、把握经济发展规律、洞察经济形势、进行经济决策提供参考和依据。

中国行业发展数据库（下设 17 个子库）

以中国国民经济行业分类为依据，覆盖金融业、旅游、医疗卫生、交通运输、能源矿产等 100 多个行业，跟踪分析国民经济相关行业市场运行状况和政策导向，汇集行业发展前沿资讯，为投资、从业及各种经济决策提供理论基础和实践指导。

中国区域发展数据库（下设 6 个子库）

对中国特定区域内的经济、社会、文化等领域现状与发展情况进行深度分析和预测，研究层级至县及县以下行政区，涉及地区、区域经济体、城市、农村等不同维度，为地方经济社会宏观态势研究、发展经验研究、案例分析提供数据服务。

中国文化传媒数据库（下设 18 个子库）

汇聚文化传媒领域专家观点、热点资讯，梳理国内外中国文化发展相关学术研究成果、一手统计数据，涵盖文化产业、新闻传播、电影娱乐、文学艺术、群众文化等 18 个重点研究领域。为文化传媒研究提供相关数据、研究报告和综合分析服务。

世界经济与国际关系数据库（下设 6 个子库）

立足“皮书系列”世界经济、国际关系相关学术资源，整合世界经济、国际政治、世界文化与科技、全球性问题、国际组织与国际法、区域研究 6 大领域研究成果，为世界经济与国际关系研究提供全方位数据分析，为决策和形势研判提供参考。

法律声明

“皮书系列”（含蓝皮书、绿皮书、黄皮书）之品牌由社会科学文献出版社最早使用并持续至今，现已被中国图书市场所熟知。“皮书系列”的相关商标已在中华人民共和国国家工商行政管理总局商标局注册，如LOGO（ ）、皮书、Pishu、经济蓝皮书、社会蓝皮书等。“皮书系列”图书的注册商标专用权及封面设计、版式设计的著作权均为社会科学文献出版社所有。未经社会科学文献出版社书面授权许可，任何使用与“皮书系列”图书注册商标、封面设计、版式设计相同或者近似的文字、图形或其组合的行为均系侵权行为。

经作者授权，本书的专有出版权及信息网络传播权等为社会科学文献出版社享有。未经社会科学文献出版社书面授权许可，任何就本书内容的复制、发行或以数字形式进行网络传播的行为均系侵权行为。

社会科学文献出版社将通过法律途径追究上述侵权行为的法律责任，维护自身合法权益。

欢迎社会各界人士对侵犯社会科学文献出版社上述权利的侵权行为进行举报。电话：010-59367121，电子邮箱：fawubu@ssap.cn。

社会科学文献出版社